El Seminario «La angustia», de Lacan: una introducción

De Roberto Harari en esta colección

¿Cómo se llama James Joyce?
A partir de «El Sinthoma», de Lacan

Las disipaciones de lo inconciente

El Seminario «La angustia», de Lacan: una introducción

Roberto Harari

Amorrortu editores
Buenos Aires - Madrid

Biblioteca de psicología y psicoanálisis
Directores: Jorge Colapinto y David Maldavsky
El Seminario «La angustia», de Lacan: una introducción, Roberto Harari

Primera edición, 1993; segunda edición, 2007

www.amorrortueditores.com

Queda hecho el depósito que previene la ley n° 11.723

Industria argentina. Made in Argentina

ISBN 978-950-518-123-0

Harari, Roberto
El Seminario «La angustia», de Lacan: una introducción. - 2ª ed. - Buenos Aires : Amorrortu, 2007.
224 p. ; 23x14 cm.- (Biblioteca de psicología y psicoanálisis / dirigida por Jorge Colapinto y David Maldavsky)

ISBN 978-950-518-123-0

1. Psicoanálisis. I. Título
CDD 150.195

Impreso en los Talleres Gráficos Color Efe, Paso 192, Avellaneda, provincia de Buenos Aires, en julio de 2007.

Tirada de esta edición: 1.500 ejemplares.

Al Centro de Extensión Psicoanalítica:
por quienes me acompañaron,
por quienes me escucharon,
por quienes lo prosiguen.

«No preguntes
cómo será
lo que esperas,
no dejes
que nadie
te lo nombre».

H. A. Murena, *El demonio de la armonía*

«A medio camino entre el Deseo y la Idea aparece, sin embargo, el platónico concepto de Eros productivo, ese impulso que no se calma con visiones sino con obras, ni con contemplaciones sino a través de acciones. No es la visión pura de la Idea la verdadera entelequia del proceso sino la acción productiva».

E. Trías, *El artista y la ciudad*

«No. Cansancio, ¿por qué?
Es una sensación abstracta
de la vida concreta
—algo así como un grito
por dar,
algo así como una angustia
por sufrir,
por sufrir completamente
o por sufrir como...
Sí, o por sufrir como...
Eso mismo: como...
¿Como qué?
Si lo supiese no habría en mí este falso cansancio».

F. Pessoa (Alvaro de Campos), *No, no es cansancio...*

Índice general

Prólogo para la segunda edición

I

He concebido esta obra en una línea de orientación similar a la de mi libro *Los cuatro conceptos fundamentales del psicoanálisis, de Lacan: una introducción,* cuya primera edición data de 1987 (Buenos Aires: Nueva Visión, Colección Freud ◊ Lacan). En ese volumen —que tiene la fortuna de continuar recibiendo una muy cálida y estimulante aceptación por parte de mis amigos lectores, al punto de encontrarse casi agotada su tercera edición— explico que sus páginas constituyen el resultado re-escrito de las diez clases que brindé acerca del tema en el Centro de Extensión Psicoanalítica del Centro Cultural San Martín, de Buenos Aires, en 1986. Pues bien, este libro reconoce idéntico origen e idéntico tenor introductorio: se trata de nueve reuniones que versaron, durante el ciclo anual siguiente, sobre el *Seminario* lacaniano anterior al nombrado, esto es, *«La angustia»*. Cabe aclarar que tal elección no fue el fruto de una inocente y empírica aproximación temporal entre *Seminarios*, sino que se debió —y se debe, ahora como publicación— a una serie de diversas circunstancias que tornan a dicho *Seminario* especial y necesariamente indicado para su trabajo y procesamiento. Veamos, entonces, algunas entre ellas: a) *«La angustia»* sitúa con rigor, precisión y riqueza clínica «mostrativa» al que Lacan llamó —no sin una modestia rayana con la *boutade*— su «único invento» en el psicoanálisis, es decir, el objeto *a*; b) demuestra lo impropio de las críticas realizadas al maestro francés —debidas a la ignorancia o a la mala fe— por el hecho —dicen— de que habría desestimado, o incluso escotomizado, la consideración del siempre escurridizo *afecto,* al que es tan proclive —o tan afecto— el otro psicoanálisis; c) señala mojones que incitan a proseguir desarrollos solamente esbozados de manera programática en el *Seminario*; d) a mi entender, conforma una de las mejores presentaciones de «temas-clave» (o «llave») de la enseñanza lacaniana referidas al modo en que ella incide en la cura analítica, sea subvirtiéndola con fecundidad, sea ensanchando su alcance.

Como se podrá apreciar a lo largo de la lectura del libro, el acápite encabezado c) se encuentra puesto en acto mediante una serie de articulaciones, de grafos, de gráficos, de cuadros, de textos e, incluso, de conceptos, cuya entidad rebasa los límites del *Seminario*, de acuerdo con el objetivo de ayudar a su mejor intelección. Empero, tengo la convicción —que anhelo sea compartida por el lector— de que dicho afán didáctico no pagó el elevadísimo precio del bastardeo nocional. Por último, debo subrayar algo una vez más, a riesgo de incurrir en un lugar común: no todo aquello considerado por Lacan en el *Seminario* resultó incluido en mi «Introducción». Pero, más allá de esta obviedad, quiero resaltar, a partir de ello, dos puntos: 1) las «líneas-fuerza» que vertebran lo consular de la enseñanza del *Seminario* han sido contempladas integralmente; 2) mi libro no se propone como alternativa del *Seminario*, sino que pretende erigirse en un modo de conducir hacia él.

II

De este *Seminario* existe en la actualidad una versión oficial, publicada en castellano por Editorial Paidós en 2006, que fue realizada por el familiar de Lacan nombrado legalmente para ello. Lamentablemente, esa versión no resuelve los problemas que destaqué —en la primera edición de esta «Introducción», en 1993— como evidentes ya en el trabajo efectivizado por el mismo encargado respecto de otros *Seminarios* lacanianos dados a conocer de igual manera. A saber: un estilo de resumen universitario apodíctico que sanciona como unívocas opciones cuando menos cuestionables, sin colocar al margen cuáles podrían ser otras alternativas valederas de intelección a partir de la escucha de la grabación respectiva. Porque esta, claro, no es necesariamente transparente, más aún en una lengua que, como la francesa, ofrece tanto margen para las homofonías, recurso por otra parte utilizado una y otra vez por Lacan. Por supuesto, la honestidad intelectual de este demuestra, en las distintas desgrabaciones circulantes por diferentes medios, cómo sus propuestas son eso: postulaciones tentativas, y no dictados al modo de la «bajada de línea» propia del saber de un iluminado asertórico.

A más de lo apuntado, cabe señalar que el criterio regulador de esas ediciones tiende a omitir —en efecto: a omitir— o, si no, a simplificar los tramos oscuros y/o dubitativos y/o contradictorios, y ello a pesar de sostenerse que, en esta precisa ocasión, pudo contarse con una dactilografía corregida por el propio dictante del *Seminario*. ¿*Magister dixit*? Además, la edición aludida insiste en su tesitura de obviar —tal cual lo ha hecho y lo sigue haciendo con la edición ulterior de otros *Seminarios*— la realización de todo tipo de índices —analítico, onomástico y de obras citadas, como mínimo—; en fin, no da cuenta del desarrollo circunstanciado de la participación de Lacan en las jornadas institucionales coetáneas al dictado del *Seminario* (octubre de 1962 y marzo de 1963), en las cuales abundó en puntuaciones pertinentes, ampliatorias y aclaratorias de él. Ahora bien, todo este imprescindible e insoslayable aparato crítico fue puesto en acto en una publicación en francés, y fuera de comercio, del *Seminario 10* —también lanzada luego de la primera edición de mi libro—: me refiero a la realizada —con cuidadosa minuciosidad— por el psicoanalista Michel Roussan. En resumen: es tarea de cada quien la postulación de una lectura, la cual, así, entra en el legítimo terreno de lo debatible, siempre y cuando su responsable sepa, y pueda, brindar los fundamentos de sus opciones, a distancia de cualquier temerario subjetivismo perspectivista.

Pues bien, eso es lo que intenté poner en acto en estas páginas mediante un procedimiento de lectura confrontativa intra e intertextual, no dejando librado al azar o a la intuición el sentido de mis elecciones. Por eso, mi cometido en el libro ha procurado en todo momento situarse en una tesitura radicalmente diversa de la llevada a cabo por el familiar aludido en orden al respeto —compartido— por uno de los valores intelectuales más remarcables del *Seminario*: el hecho de que constituye un *ensayo*. El cual, como tal, se encuentra imbuido por las notas de la provisoriedad y de la audacia del pensamiento.

III

A partir del texto desgrabado de mis clases, la licenciada Alejandra Cowes puso a punto una primera redacción, realizada con la idoneidad y el empeño que la caracterizan. Por eso, vaya de nuevo para ella mi más sincera gratitud. Sobre dicha versión trabajé luego durante catorce meses, hasta dar con el texto final, integrativo de la primera edición, y sobre el cual he retornado —en los meses iniciales de 2007— a los fines de incluir, en esta nueva versión, una serie de precisiones, de aclaraciones y —por qué no— de correcciones. Ahora bien, con respecto a mi libro sobre *Los cuatro conceptos. . .*, el presente toma mayor distancia en lo atinente al rango coloquial a partir del cual ambos fueron concebidos. En congruencia con ese propósito, las preguntas y respuestas que estimé pertinentes con respecto a lo desarrollado se encuentran en esta ocasión englobadas en el cuerpo del texto.* Como se deduce, cada capítulo corresponde a una clase, en tanto que los títulos de los capítulos los he concebido para esta publicación. Lo propio acontece con las notas al pie de página; la bibliografía, en cambio, corresponde con estrictez a la utilizada en las clases.

IV

Tal como lo hice en el aludido libro que inició esta serie, concluyo con un voto renovado: el de que esta «Introducción» pueda llegar a constituirse en una herramienta apta para el trabajo de delineación de las características intransferibles, singulares y eficaces de *una* clínica psicoanalítica lacaniana.

Buenos Aires, febrero de 2007

* El mismo criterio presidió la factura de otras dos obras también basadas en sendos cursos dictados en el San Martín —con posterioridad— acerca de *Seminarios* de Lacan. A saber: *¿Cómo se llama James Joyce? A partir de «El Sinthoma», de Lacan* (Buenos Aires: Amorrortu, Biblioteca de Psicología y Psicoanálisis, 1996) e *Introducción del psicoanálisis. Acerca de «L'insu. . .», de Lacan* (Madrid: Síntesis, Colección Psicoanálisis, 2004).

1. Afecto, señal, cuadro matricial

El *Seminario 10* de Jacques Lacan, «*La angustia*», posee —como los restantes— un recorrido asaz riguroso, lo que se verifica tanto en su discurrir expositivo como en su concatenación lógica y temporal con dos momentos claves de su enseñanza. Así, en este último sentido, cabe recordar que precede al ya clásico *Los cuatro conceptos fundamentales del psicoanálisis*, el primero de los *Seminarios* cuya versión fue publicada. Por otra parte, su dictado es inmediatamente posterior al de «*La identificación*», lo cual obliga a tomar en consideración estos datos para advertir que los temas que van surgiendo no lo hacen al estilo de una asociación libre. Lacan se preocupa de marcarlo ni bien comienza a impartir este *Seminario*, en noviembre de 1962. Allí señala que retomará una problemática que, de algún modo, había quedado pendiente desde el año previo. No nos extenderemos aquí sobre el *Seminario* anterior, salvo para puntuar que en él cabe fechar el inicio —sistemático— de la apoyatura lacaniana en la topología de superficies, posterior a su trabajo con los grafos. Sin lugar a dudas, la cuestión de *la identificación se prestaba a ello, ya que tales superficies topológicas permiten pensar ciertas condiciones donde lo interno y lo externo juegan de una manera harto singular.* En el *Seminario* de 1961-1962, Lacan se propuso traspasar las concepciones psicoanalíticas ingenuas de la identificación, establecidas por lo habitual en términos de proyecciones e introyecciones. Así, a las clásicas consideraciones sobre un sujeto que toma objetos del exterior para interiorizarlos, o que expele desde sí ciertos aspectos para ubicarlos fuera, responde con planteos topológicos —no intuitivos ni imaginarios— donde la dupla dentro/fuera, interior/exterior, pierde todo valor palmariamente obvio, por cuanto es puesta en cuestión.

Ahora bien, aquel *Seminario* donde entró en funciones la referida rama de la topología —cuya utilidad se prefiguraba en alusiones como la del *Discurso de Roma* [1], en el cual cabe encontrar una temprana referencia al *toro*— no podía sino dejar algunos puntos pendientes. Al comienzo de *«La angustia»*, el propósito será tratar las cuestiones diferidas; de ese modo, Lacan estimó congruente *articular la identificación con la angustia.*

Abordar la angustia como tema central del *Seminario* de 1962-1963 fue, además, una manera propicia, estratégica, de responder a una objeción que ya entonces —y antes también— se le formulaba a la enseñanza lacaniana, imputándole un excesivo intelectualismo. Quienes sostenían dicha acusación —y todavía hay quien la mantiene— pretendían que lo decisivo para las preocupaciones de los analistas radicaba en la temática de los afectos. Lacan, sin duda, no se centraba en los evanescentes «aspectos afectivos»; de allí la crítica ya tradicional esgrimida por autores como André Green en su obra *Le discours vivant,* conocido en castellano como *La concepción psicoanalítica del afecto. El discurso viviente.* Para ese autor, en la obra lacaniana se deja de lado el rango afectivo que él considera crucial para el psicoanálisis, disciplina que conforma un ámbito donde prima la «heterogeneidad del significante». Como es sabido, la psicología suele hacer cierta división que se pretende sencilla: el psicoanálisis trataría sobre los afectos, en tanto que otras vertientes, por ejemplo la piagetiana, abordaría el sesgo cognitivo. De ese modo se conserva la vieja distinción entre el sentir, el pensar y el querer, aprovechando de paso para absorber el psicoanálisis dentro del campo psicológico. Muchos han intentado, fundándose en estos presupuestos, realizar cruzas forzadas entre los presuntos diversos cognitivismos y afectivismos. El resultado no podía pasar de consistir en una serie de híbridos estériles, de los cuales el de Green no es uno de los menos conocidos.

En *«La angustia»* es importante destacar el lugar que Lacan le otorga al *afecto*, por cuanto lo que titula el *Seminario* es algo que para autores como Green entra de lleno en el territorio de lo afectivo, a partir de una óptica cuasi fenomenológica: *la angustia afecta al sujeto.* No obstante, la postura lacaniana implica el centramiento en *un afecto que no es cualquiera, sino aquel que más interesa a la práctica analítica.*

En efecto, desde los inicios mismos de la empresa freudiana es factible encontrar la presencia de la angustia. Por ejemplo, puede advertírsela en los pasajes en que se intenta *diferenciar la neurosis de angustia de la neurastenia*, o cuando surge la cuestión de la *histeria de angustia*, a veces sinonimizada —aunque no es fácil aceptar esta homologación a pie juntillas— con la fobia. Por lo tanto, la angustia no es un afecto más, ni puede servir de base para una eventual «teoría de los afectos», de esas que dan lugar a lo que Lacan denominó el «método del catálogo»; esto es, aquella enumeración —como paradigma— donde se da cabida a una serie de sentimientos más o menos organizados en lo aparente, aunque la serie oculte una absoluta discrecionalidad, una injustificable arbitrariedad de tipo yuxtapositivo. Listas similares suelen forjarse respecto de los instintos. Según puede advertirse, deben de existir, con seguridad, tanta cantidad de instintos como autores teorizaron al respecto; con los afectos sucede algo similar.

Ante este panorama, Lacan deja deslizar una afirmación fuerte, de aquellas que utiliza *pour épater*, para conmover: somos psicoanalistas —apunta—, y no psicólogos; por lo tanto, las teorías clasificatorias aleatorias, caóticas y enumerativas no hacen al campo de nuestra práctica; nos interesa, por el contrario, lo marcado por Freud como central y decisivo: la angustia. Articula esta consideración con una referencia clínica que puede leerse en forma cruzada con un pasaje de *Los cuatro conceptos*. . . En él afirma que la angustia importa, ni más ni menos, para *saber bajo qué condiciones y hasta qué punto el analista puede soportar la angustia de su analizante*. En el *Seminario* siguiente, señalará que *la angustia del analizante debe ser dosificada por el analista*. La recomendación implica no constituirse en una suerte de inductor —analista ansiógeno por definición— ni tampoco en un domesticador de la angustia, que ni bien emerge este fenómeno —porque también es tal— intenta colocar presurosas barreras de contención. Con frecuencia, *la valla consiste en dar un nombre que otorgue un sentido imaginario a lo que le ocurre al analizante*. La angustia, así, puede llegar a disminuir en forma hasta inmediata, pero a la vez se sofoca lo que a través de ella quería decirse. Vana empresa, porque el retorno denunciará la falacia del proceder ¿analítico?

Con la mención de algo que quiere decirse por medio de la angustia, ya estamos avanzando una idea que se halla en Freud y que Lacan rescata en su justo valor, destacando que se encuentra en los inicios mismos de su derrotero: la angustia es una señal. El mero hecho de apuntar esto implica considerarla como algo que remite a otro orden. No se trata, pues, de un fenómeno autorremisible, sino que, por el contrario, posee una condición de reenvío a otro régimen. O sea que no se representa a sí misma.

El *Seminario 10* fue dictado a comienzos de la década de 1960, en momentos en que el ambiente cultural europeo —y muy especialmente el francés— se encontraba impregnado del pensamiento existencialista que había tomado altura en la segunda posguerra. Enfocar la problemática de la angustia implicaba no desdeñar a toda una serie de autores que, desde la filosofía, habían atendido la cuestión. Lacan, entonces, entró en el tema —casi diríamos inevitablemente— por el sesgo del existencialismo. Pero lo hizo para luego diferenciarse mejor de dichas postulaciones. Es que, en tales tramos, el *Seminario 10* se adueña de puntuaciones propias del discurso filosófico; simula, semeja, confundirse con él, pero de inmediato toma distancia a su respecto. Es esta una manera inteligente de utilización, por parte del psicoanálisis, de cuestiones que le son atinentes, aunque surjan o se planteen inicialmente en el terreno de la filosofía.

Los planteos iniciales de Lacan en el *Seminario* se refieren —como no podía ser de otro modo, tratándose de las concepciones existenciales predichas— a un texto *princeps*: *El concepto de angustia*, del danés Sören Kierkegaard. No sería esta la única remisión lacaniana al citado pensador; en efecto, a más de citarlo —como veremos— al final de este *Seminario,* un año más tarde volverá a trabajar su obra a través del texto *La repetición.* Kierkegaard había sido reclamado por diversos pensadores, y en reiteradas ocasiones, en tanto precursor directo del existencialismo contemporáneo. Lacan agrega que fue *el más osado investigador del alma anterior a Freud.* La tradición filosófica kierkegaardiana, que ubica en la existencia el punto de partida de toda reflexión, ostenta implícitamente una posición crucial en el *Seminario 10.* No obstante, no será este el único filósofo de referencia. Los nombres de Martin Heidegger, Gabriel Marcel, Léon Chestov y Nikolai Berdiaeff también son mencionados en la clase inicial del *Seminario.* Una lista heterogénea, ya que resulta notorio que no se trata de autores cuya producción pueda encontrarse en un plano de equiparabilidad, sea en lo ínsito a sus formulaciones, sea —dice Lacan— en cuanto a lo «utilizable» de ellas por parte del psicoanálisis. Sin embargo, los desarrollos de dos de ellos son «utilizados» de modo prioritario para *la apropiación psicoanalítica de lo que considera pertinente.* En muchos pasajes de la obra lacaniana puede advertirse la influencia y el uso de concepciones enunciadas por Heidegger. Lacan no dejó, a lo largo de su enseñanza, de profesar un profundo respeto por la palabra del filósofo alemán. Además, entre los «no menos grandes» —son sus propias expresiones— ubicó a su compatriota Jean-Paul Sartre, a pesar de las diferencias que tanto los separaban. Basado en los conceptos de ambos pensadores, elaboró en el *Seminario 10* un pequeño esquema para orientar a su auditorio.

Resulta curioso que luego de trabajar con las complejas superficies topológicas en *La identificación*, Lacan recurriese a un diagrama tan sencillo como el que sigue. Quizá procurase, en la clase inicial que nos ocupa, tan sólo el hacerse comprender. En ese sentido, el esquema es válido. Remitiendo a nociones que ofician como pilares en Sartre y Heidegger, realiza la siguiente disposición:

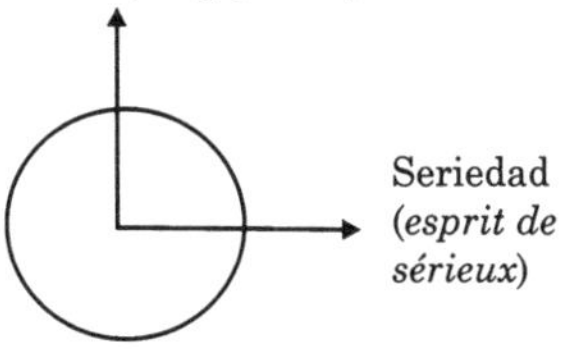

La seriedad (*esprit de sérieux*) es, tal como ha sido definida en *El ser y la nada*, un concepto opuesto a la angustia. Escribe Sartre: «La angustia es, pues, la captación reflexiva de la libertad por ella misma; en ese sentido es mediación, pues, aunque consciencia inmediata de sí, surge de la negación de los llamados del mundo; [. . .] se opone a la seriedad, que capta los valores a partir del mundo y que reside en la sustantificación tranquilizadora y cosista de los valores» [2]. *Lacan opta en este momento por no definir a la angustia; se limita a hacer referencia a algo que por experiencia, es de suponer, todos padecemos.* Esta ausencia de definición hace que la concepción lacaniana no entre a jugar con las concepciones de Sartre o Heidegger; por otra parte, permite permanecer en aquello que, de modo presuntivo, no habría que tomar en consideración: algo así como la *vivencia en bruto* de lo que implica la angustia.

En un vector divergente —no contrapuesto— al sartreano, ubica a lo que define como *souci*, y que no es otra cosa que su traducción de *Sorge*, concepto basal del pensamiento heideggeriano. Traducido al castellano como «preocupación», o más a menudo como «cuidado», la edición en nuestro idioma de *El ser y el tiempo* aporta el término que consideramos más feliz: *Sorge* se vuelca como *cura*. Lacan mismo parece haber optado por este vocablo, en sus reiteradas referencias a la *cura* analítica. En la obra citada, Heidegger define a la cura como ser del *Dasein*, correlativo al «fundamental encontrarse de la angustia» [3]. Así, lo que traduce el *Seminario 10* como *souci* no es otra cosa que *la cure, palabra mediante la cual es reemplazado con éxito un término vetusto, que acarrea consigo el riesgo de toda una ideología médica: el de tratamiento.* Al hablar de la cura psicoanalítica, Lacan rinde un homenaje más a Heidegger, expresando con otro vocablo lo que en *«La angustia»* aparece como *souci*; ambas son alusiones inequívocas —a nuestro entender— a los planteos de *Sein und Zeit.*

Lo que cabe puntuar en el esquema esbozado por Lacan —¿no parece un reloj con sus manecillas?— es que, mientras un autor se preocupa por el *Sorge*, el cuidado al que lleva el encuentro del que la angustia es testimonio, el otro se extiende en la determinación mundana de la seriedad. Es de resaltar que «seriedad» también fue una noción utilizada por Kierkegaard, de modo que la alusión sartreana encuentra raigambre en la tradición; al menos, en un precursor destacado. Sin extendernos más en textos filosóficos, lo anterior sirve para advertir que la temática freudiana, lejos de ser primigenia en todo respecto, se inserta en un contexto del cual debe diferenciarse para adquirir autonomía.

La angustia es, por lo visto, un tema que ha preocupado a no pocos grandes pensadores. Por ende, los desarrollos freudianos arriban a un campo representacional previamente alambrado. Allí es donde irrumpe, en consecuencia, el célebre trípode de Freud: *Inhibición, síntoma y angustia.* Habría alguna vez que pensar qué significa esta triple articulación que se repite en otros textos, como «Recordar, repetir y reelaborar», por citar solamente dos trabajos donde la tripartición se hace evidente desde el mismo título. ¿Por qué trazaba, o trenzaba, las cuestiones de ese modo? Sin duda, entra aquí en juego un recurrente dispositivo textual, pero lo que ahora nos importa es señalar que, entre los tres elementos puestos en correlación en *Inhibición, síntoma y angustia*, debe haber algo tal que permita articularlos. Ahora bien, lo sorprendente —y que Lacan apunta— es que *en dicho ensayo «se habla de todo menos de la angustia»*. No es ocioso reiterar la invitación lacaniana a recorrer una vez más ese texto, que es susceptible de enlazarse con otro crucial a los fines que nos interesan: «Lo siniestro». En este último trabajo sí existe, aunque podría decirse que de manera impensada, inconfesa, *una teoría freudiana sobre la angustia*, bajo el análisis de una modalidad particular, la del *sentimiento de lo siniestro. El afecto conocido como* das Unheimliche *debe incluirse dentro de la órbita de la angustia.* Paradójicamente, a partir de su singularidad, como núcleo, puede comprenderse esa —ahora— especie denominada angustia, en su forma general. De modo que el abordaje lacaniano se detiene, en primer término, en el análisis de lo expuesto en *Inhibición, síntoma y angustia*. Y en el mismo título comienzan a surgir los interrogantes. Así, podemos preguntarnos: ¿Existe una homogeneidad entre inhibición, síntoma y angustia? ¿Por qué, si no es así, se utiliza la conjunción? Por otra parte, si no pertenecen a un orden homogéneo, ¿esto implica, de modo necesario, que son heteróclitos? ¿Se condicionan entre sí, mantienen una relación de causalidad o de exclusión recíproca? Estas son sólo algunas de las preguntas que una lógica elemental plantea desde la lectura inicial. Pues bien, para aclarar los términos, nos parece que Lacan utiliza implícitamente el esquema de los vectores divergentes que marcaban la diferencia entre el *Sorge* y el *esprit de sérieux*, poniéndolo —al reloj— ahora «cabeza abajo»:

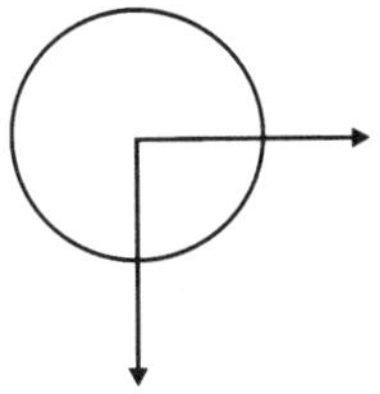

Si eliminamos la circunferencia, contamos con dos coordenadas indicativas, dentro de cuyo campo podrán disponerse la inhibición, el síntoma y la angustia. Lacan —lo reiteramos— no precisa, en el *Seminario 10*, la torsión efectuada entre la referencia a Sartre y a Heidegger y su lectura situacional del trípode freudiano; no obstante, aparece con claridad en el diseño de esta futura matriz una relación indudable con el esquema anterior:

La intención es ubicar a los tres elementos en juego dentro de una disposición en la que hay cierto orden, que no es de coimplicancia. Los conceptos son localizados, de ese modo, en un escalonamiento inicial que resulta indicativo de una posición diversa respecto de las coordenadas en juego:

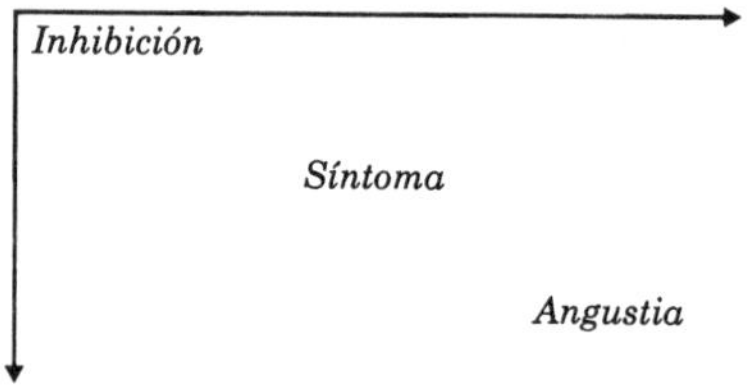

Una vez estipulado este orden, sienta el significado de los vectores: el horizontal aludirá a la dificultad; el vertical, al movimiento:

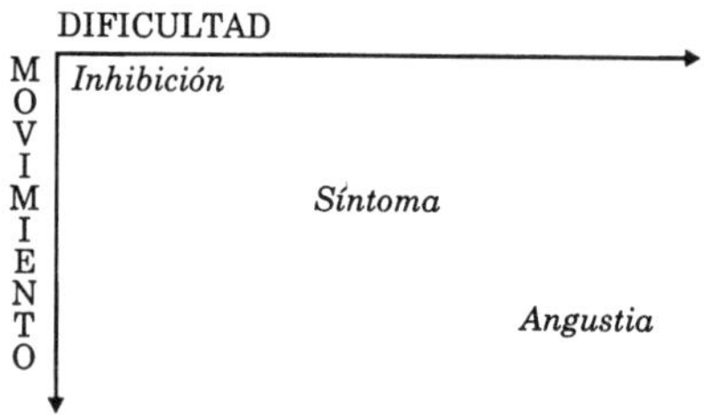

Con suma sagacidad, Lacan, una vez más —tal como debería siempre ir de suyo—, *utiliza el psicoanálisis para el psicoanálisis*. Apenas comienza *Inhibición, síntoma y angustia*, como se recordará, Freud menciona varios ejemplos de analizantes de los que cabría predicar que están padeciendo una inhibición. ¿Qué sucede con ellos? Tomemos el caso de quien sufre una inhibición motriz que afecte su capacidad de locomoción. (Una referencia clásica es la astasia-abasia padecida por Elisabeth von R., según consta en los *Estudios sobre la histeria*: no podía caminar, ni siquiera mantenerse en pie.) Destaca Lacan que dicha referencia no es aleatoria; si Freud la elige, es que está pensando en algo relacionado con la locomoción, *tomada esta en su valor de apólogo*. Un fenómeno, entonces, que tiene que ver con *el movimiento* —propio de toda función— y, en particular, con *la detención del movimiento*. Sin embargo, si nos atenemos a lo fenomenológico, comienzan los problemas.

Freud advierte las implicancias de la consideración fenoménica, en tanto ella lleva a callejones sin salida. Retornemos al caso donde la inhibición recae sobre una función vital como la de la locomoción. ¿Qué frontera habría entre esa afección y un síntoma? ¿Por dónde pasaría el criterio de diferenciación? Podría alegarse que con la inhibición se resta, disminuye o sustrae una función, mientras que con el síntoma se genera algo novedoso. De ese modo, alguien puede ser afectado por una inhibición en cuanto a su capacidad de desplazamiento, o a su posibilidad de ingerir alimentos. Por el contrario, lo sintomático consistiría en una serie de agregados; por ejemplo, los rituales observados por un sujeto para poder conciliar el sueño. En efecto, los ritos obsesivos son, en su abundancia y complejidad, una muestra sobresaliente de algo que aparece adicionado; *el síntoma podría ser considerado, de esa manera, como la complejización tortuosa de una función*. No obstante, esta presunta diferencia se desploma casi de inmediato.

Clasificaciones como la anterior son inútiles, desde el momento en que no atienden a la estructura, sino que se limitan a la descripción fenoménica de aquello que aparece a primera vista. ¿No sabemos acaso que la anorexia —además de ser una inhibición, en términos descriptivos— es un síntoma grave, que obtura la función alimenticia? Por otra parte, ¿cómo considerar, por ejemplo, la impotencia eréctil? Evidentemente, hay allí una función no cumplida; sería entonces una inhibición. ¿Pero no es también un síntoma? En este caso podría serlo de una subestructura histérica. *La atención estricta a lo descriptivo, como puede verse, da pie tanto a una interpretación como a la otra*. Con su habitual astucia, Freud nos coloca frente a la esterilidad de estos planteos. Parece conducir hacia una argumentación convincente, sólo para derrumbarla a continuación. Este recurso retórico es habitual en sus trabajos y presenta una efectividad ejemplar. La presentación y demolición de los desarrollos consiste en una forma particularmente aguda de conducir al lector hacia una mayor captación de lo expuesto, reforzando la persuasión verosímil del texto. La presencia de estos desvíos estratégicos nos obliga, de consuno, a una pequeña digresión, que creemos justificada con plenitud.

El capítulo tercero del ensayo titulado *Lo inconsciente*, perteneciente a la *Metapsicología* freudiana, se encuentra encabezado por el subtítulo de *Sentimientos inconscientes*. Parece a todas luces una afirmación; de lo que se tratará en dicho capítulo es, al parecer, de los sentimientos que son propios de lo inconsciente. Pues bien, apenas comenzamos a leer advertimos que el decurso freudiano se dirige a demostrar la inexistencia de dichos sentimientos o afectos. Habría que redefinir el título, entonces, por ejemplo con una pregunta: *¿Sentimientos inconscientes?* La respuesta es: no los hay.

El ejemplo vale, además, para demostrar la puntillosidad con que Lacan ha leído a Freud. *El texto no dice que no hay afectos, sino que se dirige a demostrar que no los hay en tanto reprimidos. El afecto no hace sino afectar.* Esto indica la no pertinencia, por ejemplo, de la teoría de las ansiedades profundas. Para expresarlo con una preterición, convengamos en que no hace falta recurrir básicamente a Melanie Klein para encontrarnos frente a desarrollos como el referido. La consideración de una ansiedad profunda indicaría la presencia de una suerte de mente de doble fondo, en donde abajo, detrás o dentro de lo que aparece manifiesto cabe presuponer una angustia que no se muestra ante nosotros. El psiquismo sería así concebido como una especie de alforja dentro de la cual residiría una angustia más allá de lo perceptible. Pensar en ansiedades profundas implica, además, la posibilidad de contar con *un modelo de inconsciente coextensivo a la consciencia, de manera que cada fenómeno consciente contaría con un correlato en el doble fondo.* Cada producción del sujeto sería susceptible —como lo sugiere el kleinismo— de una interpretación, debido a que mantiene una relación estable con un contenido de lo inconsciente:

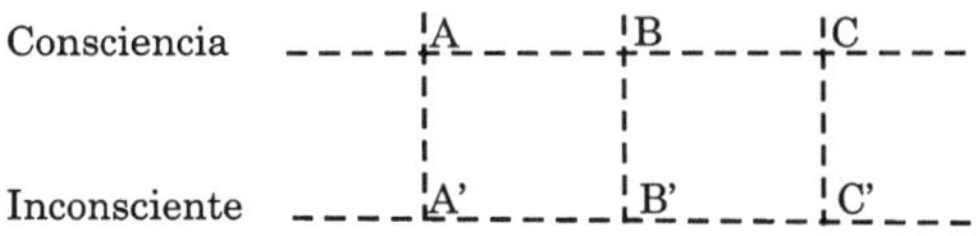

El planteo no es otro que el de una correspondencia biunívoca entre fenómenos conscientes y significados ocultos. Esto autoriza, llevado a última instancia, a interpretar cualquier cosa, y de modo incesante. *Todo resulta interpretable, ya que la remisión biunívoca siempre «llega» a lo Imaginario que se estima «latente».* Es contra esta difundida concepción del otro psicoanálisis que se levanta la empresa lacaniana, fundada en una ajustada lectura de Freud. *La angustia existe en tanto afecta al sujeto.* Indudablemente, hay defensas contra ella; el *fantasma* es una, como veremos más adelante. Pero la puntuación del maestro francés de ninguna manera presupone una coextensividad, sino que responde a lo estipulado por Freud, en el sentido de que hay *formaciones de lo inconsciente.* La alusión a formaciones implica que hay *un efecto de lo inconsciente padecido por un sujeto.* Y padecido significa aquí *«atropellado» por un significante que se demuestra como proveniente de un otro discurso, el del Otro.* Las formaciones de lo inconsciente demuestran la existencia de un lugar que discurre, ajeno al yo, y que irrumpe de modo inesperado en los dichos del sujeto. La experiencia obvia es el lapsus, formación que no nos deja muy bien parados en la pomposidad de nuestro prestigio yoico. Allí hay un llamado a la interpretación, pero no se trata de algo que marque una correlatividad con cierto hipotético significado inconsciente, sino que *acusa una hiancia en la cadena discursiva.* No hace falta recurrir a nada con presunción de profundo: ansiedades u otros afectos. Hay una cadena, y en ella se dispone, por omisión, aquello pasible de ser reprimido. Pero reprimir no consiste en enviar a ningún fondo, en donde lo omitido permanecería a la espera para filtrarse con astucia en el momento más inesperado. *Lo reprimido no es otra cosa que lo que retorna.* De lo contrario, se concebirá a lo inconsciente de acuerdo con el modelo de un doblez de la consciencia, esto es, como un personaje inoportuno que aguarda el instante de salir a escena. Es que esta teoría falaz surge, en verdad, de la representación que cada quien posee de su yo, la que es «trasladada» a un supuesto subsuelo. En esa concepción se recusa por completo *la legalidad propia de lo inconsciente, que por supuesto, sin ser caótico, se organiza según reglas distintas de las de la consciencia yoica.*

La estrategia freudiana en *Lo inconsciente* permite desechar la idea de que hay sentimientos inconscientes. *No hay afectos, sino* Gedanken, *pensamientos inconscientes.* Por lo tanto, la angustia es algo que el sujeto padece, siente; está afectado en acto. Se presenta fenoménicamente; no hace falta inferirla o conjeturarla, al modo de: «Si pasara tal o cual cosa, usted padecería —por consiguiente— tal o cual tipo de angustia». Observaciones como la antedicha no hacen al psicoanálisis, sino a *una suerte de presunta prevención que se construye mediante el recurso a universos imaginarios.* En ella, el trabajo con los *tiempos de la anticipación* hace que el sujeto derrape en ellos, erigiendo un mundo homogéneo y consistente acerca de eso que prevé. Cuando llega al momento del acto, la anticipación henchida de sentido es lo que perturba, en particular, para que el sujeto pueda obrar conforme con su deseo. Valga entonces la extensa digresión para marcar que *una discriminación fenomenológica entre inhibición y síntoma poco o nada sirvió a Lacan para organizar su esquema sobre el trípode freudiano.*

El *cuadro matricial* que obtendrá por medio de la disposición de los tres términos en el campo signado por la dificultad y el movimiento origina una trama en la que es posible observar seis lugares vacantes, donde articulará otros conceptos:

DIFICULTAD

MOVIMIENTO			
	Inhibición	X	X
	X	*Síntoma*	X
	X	X	*Angustia*

Se trata, según se aprecia, de un modelo bidimensional, simple. No obstante, eso no lo invalida, a pesar del terrorismo ideológico de algunos que, reclamándose de la enseñanza lacaniana, liquidan desde el inicio cualquier uso de gráficos debido a su dimensión imaginaria; para ellos, no vale sino la topología (¿cuál, por otra parte?). Evidentemente, puede haber problemas con este tipo de cuadros;* es que valen para el lugar donde han sido generados y en su específico contexto de producción enunciativa. Al ser extraídos de su relación con el texto de referencia, es cuando pueden comenzar los inconvenientes. Por otra parte, vale la pena aclarar que con este diagrama —como con el del «reloj»— Lacan no pretende escribir algún dato de estructura, sino graficar de modo didáctico una serie de relaciones atendibles, en función de los dos ejes de referencia, para procurar dar cuenta de los acaeceres «afectivos» con que el sujeto puede toparse en su aproximación al deseo. Así, un cuadro matricial tan «inocente» como el que estamos desarrollando resulta valioso para inteligir toda una ristra de cuestiones ligadas al concepto que nos ocupa. En cuanto a la lectura de la lógica del gráfico, es harto sencilla. Los vectores que representan la dificultad y el movimiento van de menor a mayor, en el sentido direccional de las flechas. El cuadro representará así parentescos y relaciones. Por ejemplo, a partir de la detención llamada inhibición ubicará, en un lugar que implica *un movimiento mayor*, aquello que denominará como *emoción* (*émotion*):

DIFICULTAD →

MOVIMIENTO ↓

Inhibición	X	X
Emoción	*Síntoma*	X
X	X	*Angustia*

Como puede apreciarse, con la introducción de este término permanecemos casi en la fenomenología, de modo que no debemos llamarnos a equívocos: *la episteme del gradiente* nos dice muy poco respecto de una definición estructural.

* Cabe destacar que un diseño semejante en cuanto a disposición y número de términos en juego es localizable en el *Seminario 4* de Lacan, titulado *«La relación de objeto y las estructuras freudianas»*.

Tanto en la sorpresiva apelación a la emoción como en los conceptos que ocuparán el lugar de las «x» restantes, *Lacan se centrará en forma decisiva en la raíz etimológica de los vocablos empleados*, lo cual es harto recomendable para des-cubrir cómo están inscriptos en cada lengua los términos escogidos. Las palabras, es sabido, no son impolutas. Tienen una historia, una tradición con la que cargan; no se trata de un significado oculto que sólo es accesible a los filólogos o a quienes tienen acceso a las claves etimológicas. La referencia no está en un más allá, sino en las palabras mismas. En cuanto a «emoción», conviene destacar un punto: el del efecto de sentido que sobreviene al eliminar el afijo «e». El resultado es «moción», movimiento, impulso. De modo que *la emoción contiene una referencia al movimiento que es incuestionable, en cuanto hace a su deriva etimológica puesta en acto en el presente.* Es algo por tomar en consideración, aunque no implique, desde ya, que el sujeto incurso en esta condición tenga la posibilidad de moverse con libertad. Al respecto, recordemos que estamos pensando desde la lógica de lo opuesto, es decir, desde las formas de la detención de la función. En ese orden y según la aprehensión de los psicólogos, quien «cae» en ese estado denominado emoción sufre una cierta disminución en sus aptitudes locomotrices, y esto vale para todas las teorías de las emociones, que las hay muy diversas. Así, ellas señalan que el sujeto emocionado pierde una suerte de dominio racional de la situación, en tanto está «tomado» por la emoción. Podríamos decir que se encuentra en un estado cercano —como el cuadro lo refleja lateralmente— al síntoma, entendido este por el sesgo del descontrol y de la ineficacia volitiva. Ahora bien, el grado aún mayor de esta alteración se presenta, según Lacan destaca, en el caso de la *turbación* (*émoi*):

	DIFICULTAD →		
MOVIMIENTO ↓	*Inhibición*	X	X
	Emoción	*Síntoma*	X
	Turbación	X	*Angustia*

La alusión a un estado de turbación parece ser una buena elección para traducir el original *émoi*: *el que está turba-*

do, no sabe qué hacer; le falta la acción. La turbación va acercando el padecimiento del sujeto a la angustia. Henos entonces ante los tres estados dispuestos según su relación con el movimiento, en la columna de la inhibición.

En cuanto a su graduación relativa a la dificultad, la inhibición se verá incrementada por lo que Lacan denomina *impedimento* (*empêchement*), vocablo de raíz latina, derivado del verbo *impedicare*, obstaculizar, ser tomado en, o por, una trampa. Se trata, pues, de una dificultad de orden mayor que la mera inhibición:

MOVIMIENTO ↓ / DIFICULTAD →			
	Inhibición	Impedimento	X
	Emoción	*Síntoma*	X
	Turbación	X	*Angustia*

En un plano de dificultad aún más marcada —y esto lo señala en español, en virtud de sus ecos etimológicos— se ubica el *embarazo*, en la columna que llama «del sujeto». Esta situación denota, además de una superior dificultad, la condición reproductiva, y lo que implica el estado concreto de la mujer embarazada en cuanto al obstáculo que conlleva su condición:

MOVIMIENTO ↓ / DIFICULTAD →			
	Inhibición	Impedimento	Embarazo
	Emoción	*Síntoma*	X
	Turbación	X	*Angustia*

Con independencia de las resonancias propias del embarazo biológico, todos saben lo que es *una situación embarazosa.* Esta procede como tal de la propia captura del sujeto respecto de la dificultad, para poder enfrentar y salir airoso, eventualmente, de dicha condición embarazosa. Por otra parte, dado que el término correspondiente en francés es *embarras,* puntúa allí la *barra* (*barre*), la misma que reconocemos, como experiencia, en la condición del sujeto barrado ($).

La cuestión crucial es cómo inteligir el síntoma —que nombra a la segunda columna vertical— entretejido como está en esa serie de relaciones de vecindad, donde pueden colegirse, en sentido aristotélico, las características propias de cualquier definición: género próximo y diferencia específica.

Mientras el género próximo avala la articulación en un nivel de isotopía, la diferencia específica es lo que permite mantener al síntoma con una mínima condición de singularidad; empero, ello no obsta para que aparezcan parentescos muy estrechos. Así, *«estar impedido es un síntoma»*, señala, aunque agrega a continuación que *estar inhibido «es un síntoma puesto en el museo»*. El estar puesto en el museo comporta, en primer lugar, la afirmación de un resto de lo vivido. De hecho, Lacan piensa, con este símil, en un museo que poco tiene que ver con las galerías de arte moderno; la connotación que evoca es la que liga al museo con la conservación de objetos testimoniales ligados con el pasado ofertado a lo visivo, a su exposición, y con cierto tipo de estatismo (dinamizado, claro está, por las lecturas retroactivas). Así, la inhibición aparece a una significativa distancia del síntoma, y más lejos aún de la angustia. La condición museística se relaciona además con algo caduco, testimonio de lo que fue. Por ende, no posee para el sujeto el mismo grado de implicación que tiene, en cuanto al trastorno en el movimiento y la dificultad inherente, un síntoma. Eso determina que *frente a la inhibición no suela presentarse, como alternativa ineludible, la demanda de análisis.*

La característica museística propia de la inhibición se enlaza con lo que hemos denominado *goce sígnico pegajoso* [4]. La cualidad sígnica se debe a la presencia vivencial de una correlación biunívoca, donde el sujeto sostiene creencialmente, respecto de su inhibición, tan sólo lo que él afirma, sin dejar un resquicio apto para el equívoco propio de la intervención psicoanalítica. En la particular cosmovisión que despliega a partir de la inhibición aparece, además, *una relación de adherencia o viscosidad, una soldadura en donde es poco factible que se le «cuele» un interrogante.* Muchos de los trazos que convierten a la inhibición en un síntoma puesto en el museo son atinentes a afirmaciones tales como la del tango: «Si soy así, qué voy a hacer». Allí se manifiesta una suerte de semblante de resignación gozosamente interesada, que bien puede ser reemplazada por una modalidad reivindicativa: «Sí, soy así. ¿Y con eso qué?». En este último caso no está ausente un tinte paranoide, que inclusive puede incrementarse, en tanto blasonante de una imagen que faliciza el trazo. Lo cual, en suma, trae como resultado una legitimación de la inhibición. Por ejemplo, muchas de las *fobias cotidianas* que no se reconocen como tales poseen esta dimensión propia de lo museístico. Se presentan con *una racionalización fundada en el goce sígnico pegajoso que convierte a la inhibición en una mera cuestión de disgusto o gusto.* En ella se oculta un pacto contractual, en donde puede encontrarse la argumentación siguiente: «Si nadie me molesta respecto de mis preferencias, yo no fastidiaré a los otros cuando manifiesten sus gustos o disgustos». De allí la posibilidad de pactar; cada uno podrá llevar consigo esa especie de testimonio de lo que fue, reivindicando, además, los valores de una paródica «libertad».

La alusión a un testimonio de lo que alguna vez fue nos remite, por ejemplo, a la hipotetizada «superación» de ciertos padecimientos. Lo que fue una fobia infantil podrá ser reemplazado, presuntamente «superado», por su transformación en pieza de museo, en tanto se diluya en una difusa condición de timidez. Ya no habrá una fobia localizada, dirigida a un particular objeto fobígeno; *el sujeto no le tendrá mucho temor a algo específico, sino un poco de miedo a todo.* De ese modo puede comprobarse, en el recurso a la inhibición, que aquello «atravesado» no es la neurosis particular de un niño, sino *la neurosis infantil*, denominación fuerte utilizada por Freud para señalar que la circunstancia neurótica es inevitable en la infancia; por eso, dicha neurosis no puede sino dejar sus secuelas, de las cuales la inhibición es una de las más frecuentes.

El cuadro que hemos venido desarrollando en las páginas anteriores, como es fácil deducir, no queda completo. Dos «x» no fueron reemplazadas; permanecen como incógnitas. Lacan mantiene en suspenso el llenado de ambos lugares, lo cual es un buen medio para mantener el deseo. Nosotros no nos adelantaremos a su estrategia expositiva; tan sólo nos limitaremos a recordar su cercanía al síntoma y a la angustia, vecinos comunes a las dos incógnitas. La diferencia específica estará dada por su articulación, en un caso, a la turbación y, en otro, al embarazo.

Como dijimos, al no completar el cuadro, Lacan sostiene el deseo, lo que resulta esclarecedor para avalar un nombre con el cual el autor se denomina y que, por extensión, aplica a todos los analistas: el de *erotólogos.*

Erotología no es sexología, ya que no supone ninguna adecuación sexual, sino que, teniendo en cuenta el deseo, lo toma como una dimensión intrínseca al sujeto que de modo redundante se denomina parlante. Si es sujeto, lo puede ser por estar constituido como efecto de la condición interlocutiva que lo ha generado. *El sujeto no es sino efecto del significante.*

La atención al deseo de este hablante da lugar a que Lacan, en una vuelta de tuerca, nos recuerde —como ya destacamos— que *no hay afectos inconscientes*, sino que ellos van a la deriva. La emoción inserta en el cuadro, por otra parte, no es sinónimo de afecto; la inexistencia de afectos inconscientes —ya que lo reprimido son los significantes que los amarran— es demostrada por Lacan mediante un sesgo en él recurrente, aunque aquí especialmente sorpresivo y fecundo. El texto que considera mejor la temática de los afectos —en su dependencia de los «hilos», de la «red» retórica— es, según lo expuesto en el *Seminario 10,* la *Retórica* de Aristóteles.

Como es conocido, la *Retórica* primigenia intenta codificar ciertas modalidades de discurso, aconsejando y enseñando a sus lectores cómo disponer la argumentación en una alocución persuasiva. Se dirige sobre todo al orador, centrándose en la situación prototípica, por ejemplo, de un juicio público. ¿Cómo lograr la benevolencia del auditorio?, es una de sus preguntas. Aristóteles realiza un fundamentado desarrollo al respecto, donde lo que importa es aquello que suscita por medio de la acción retórica. Según se vaya conformando el discurso del orador, emergen, en el campo de lo interlocutivo, de los oyentes, los sentimientos. Para ejemplificar hasta qué punto el pensador griego abordaba con pertinencia la cuestión de los afectos, podemos reparar en una reflexión psicoanalítica *avant la lettre*: la efectuada en torno de *la envidia.*

Pese a lo divulgado con vastedad a partir de concepciones del otro psicoanálisis, la envidia no reside en atacar, en procurar destruir lo que tienen otros sujetos. Esto parece coincidir con la opinión tradicional, que estima que la envidia consiste en buscar el mal del otro, o en intentar apoderarse de lo que el otro tendría, visto desde una posición minusválida. Desde Lacan contamos con una intelección bastante más ajustada al respecto. La envidia no finca, en rigor, en una moción tendiente a arruinar lo que posee el otro. *No se envidia a otro sujeto ni al objeto que presuntamente tiene, sino a un acople que se supone ideal entre el otro y aquello de lo cual parece gozar.* Por lo tanto, la envidia se dirige a ese estar como colgado del objeto, en una relación idílica, idealizada. Esto es lo que, apoyado de manera magnífica en un pasaje de las *Confesiones* de San Agustín, demuestra Lacan, con referencia a cómo el hermano mayor sufre al contemplar la lactancia del bebé de su madre. ¿Qué envidia? ¿El pecho? ¿La leche? ¿A su madre? ¿Al hermanito? Veamos, entonces, la caracterización que de esto hace Aristóteles: «También es cosa clara sobre qué materia se siente envidia y contra quiénes, y en qué estado de ánimo, si la envidia es cierta tristeza por la abundancia manifiesta de los bienes dichos, sentida contra los iguales, no con el pretexto o deseo de que algo sea para uno, sino por ellos mismos; sentirán envidia, por consiguiente, estos tales de aquellos que son iguales a ellos o lo parecen. Llamo iguales a los que lo son en linaje, o en parentela, en edad, en hábitos, en fama, en bienes de fortuna. También son envidiosos aquellos a quienes les falta poco para tenerlo todo —por eso los que realizan grandes cosas y son felices, son envidiosos». El párrafo es llamativo por sus sorprendentes puntuaciones. El primer ítem a destacar es que no se siente envidia ante alguien que está ubicado a una distancia abismal, sino frente a un par. Por otra parte, ¿cómo puede ser que quien posee casi todo sea envidioso? ¿Acaso no envidia más aquel a quien más le falta? La cuestión es que al primero no puede dejar de faltarle algo para conseguir ese todo; sabemos que dicho todo es, por demás, una postulación imaginaria; no hay tal. Al respecto puntualiza Lacan: todo es cualquier parte y cada una; en ese sentido, cada cual podrá ser un-todo, pero eso no implica que haya el Todo-completo. Frente a esa imposibilidad es que se envidia ese poco que se sostiene que falta para poseer el hipotético Todo. Podemos suscribir casi a la letra lo que Aristóteles agrega sobre el punto: «[. . .] los que son honrados sobremanera en algo especial, y mayormente si es por la sabiduría o la felicidad. Y los que ambicionan honores son más envidiosos que los que no los ambicionan. Y los que se creen sabios, porque ambicionan los honores que corresponden a la sabiduría». Vale decir que cada uno va tras la imagen fálica de la que carece, aquella que vendría a recusar lo que Lacan, en su notación algebraica, escribiría como $(-\varphi)$, *la castración imaginaria.* Para culminar el pasaje, el filósofo remata: «Y, en general, los que ambicionan la gloria en algún campo determinado, son envidiosos en lo que a ello se refiere» [5].

Como podrá notarse, las postulaciones de Aristóteles se dirigen a *concebir a la envidia como un afecto dirigido esencialmente contra los iguales, fundado en pequeñas diferencias muy reconocibles por los analistas.* Se trata de una propuesta más que conciliable con la enseñanza lacaniana, y situada en el extremo opuesto de la concepción kleiniana, en donde predomina el afán destructivo a partir del modelo de un lactante que envidia el pecho materno y su contenido, en tanto objeto parcial. ¿Qué situación de mayor disparidad subjetiva podrá imaginarse que la presentada por Melanie Klein? Un bebé en estado de desamparo, ante una madre que puede o no conceder su leche. Aquí estamos, nos dice Lacan, no en el plano de la pretendida omnipotencia infantil, sino en el de la omnipotencia del Otro primordial: la Madre. La envidia, entonces, es otra cosa.

Ahora bien, ¿por qué introducir en nuestro desarrollo la cuestión de la envidia? Pues para poder advertir que se trata de una situación significante, que marca lugares topológicamente. En la envidia importa, de modo crucial, quien está cerca; quien ocupa el lugar vecino, merced a su diferencia específica, no puede dejar de hacer caer, como sedimento, la envidia. Esta consideración obligaría a replantear aquello que en Freud está escrito como al pasar, acerca del *narcisismo de las pequeñas diferencias*, ubicando a la envidia como elemento decisivo en esta relación. No hace falta recordar, para ilustrar este fenómeno, que las guerras se realizan por lo general entre países vecinos, o, más aún, que las guerras civiles son las más sangrientas. ¿Cómo podrá ser que hombres tan iguales, unidos por la lengua, la tradición, la historia, lleguen a enfrentarse en situaciones tan difíciles de concebir? Es que, por el contrario, se trata de hechos perfectamente concebibles fundados en la lucha por la pequeña diferencia. En definitiva, no dejan de ser cuestiones que hacen a la imagen narcísica y a la preservación de la falta.

La alusión reiterada que efectuamos a la obra kleiniana, respecto de su concepción de la angustia, no es ociosa. Es importante introducir dicho sesgo, que habla de ansiedades profundas, de una envidia al objeto parcial, etc., ya que *la concepción kleiniana se centra en la angustia*. Por lo habitual se la piensa como una teoría de las relaciones de objeto. A nuestro entender, esto correspondería más bien a conceptualizaciones como la de W. Ronald D. Fairbairn. Por el contrario, Melanie Klein elabora una teoría de la angustia, o, mejor aún, de las angustias: paranoide y depresiva (Herbert Rosenfeld le agregaría a la serie la angustia confusional). Debe marcarse, entonces, la manera en que Lacan, prosiguiendo con el cuadro aún no completo, ahonda por la senda freudiana, ayudándonos implícitamente a formular distingos con la orientación kleiniana, que implica un derrotero diverso.

El recorrido de Melanie Klein y sus seguidores ubica a los afectos —la angustia entre ellos— de acuerdo con una suerte de estadios evolutivos prefijados. De ese modo, ocupan un lugar radicalmente distinto del de sedimentos precipitados de, y por, la cadena significante. Son puntos de partida divergentes que marcan, a partir de allí, decisivas consecuencias que no pueden dejar de abarcar a la clínica; no se trata de lúdicras lucubraciones abstractas, y tampoco es una mera cuestión de gustos. Está en juego ni más ni menos que la dirección de la cura. Hace treinta, cuarenta años, era frecuente el recurso, en los controles vernáculos, a consideraciones como la siguiente: «El paciente XXX es muy envidioso; lo que no tolera es que usted lo pueda curar. Como la envidia es constitucional, se trata de una situación irreductible». De esa manera, el otro psicoanálisis arribaba a un fin del análisis, una roca viva desde la perspectiva kleiniana, determinada por algo concebido como biológico. Para esta corriente, el analizante, en su condición envidiosa, era incapaz de curarse más allá de cierto punto, ya que ello presuponía tolerar la recepción de esa leche que desde el analista lo alimentaría. La envidia lo hacía renunciar, de modo irreversible, al amamantamiento por parte del pecho analítico. Podrá parecer una argumentación inconcebible —fantasmática, finalmente, antes que conceptual—, pero durante mucho tiempo consideraciones como la anterior obturaron el conocimiento de lo que sucede en ese fenómeno que Freud dio en llamar *reacción terapéutica negativa.* Hay varias y complementarias articulaciones en juego, dentro de la meneada «R.T.N.»; una de ellas gira en torno del hecho libidinal de poder seguir en análisis, como Freud mismo lo indica. El primer factor por considerar, en cuanto a magnitud, es la operancia, en el sujeto, de la pulsión de muerte, y su consiguiente compulsión a la repetición. Cuando parece que se está avanzando, surge *una seria recidiva —a la que hemos denominado «peoría»— en el síntoma.* Aquí, los textos freudianos consideran que la recaída opera como ratificación de que *la neurosis es, para el sujeto, un castigo: una necesidad de castigo, para ser más precisos.* Y muchos encuentran, ante el análisis, que el mejor negocio para seguir transitando la vida es pagar sus deudas y culpas con su neurosis como baluarte. Es esta una perspectiva en apariencia sombría, pero Freud, como buen erotólogo, se preguntaba cómo hacer para que el análisis concluya. La problemática del fin del análisis aparecía también como una derivación lógica de la R.T.N. Como él mismo señalaba: al principio no sabía cómo hacer para que los analizantes siguieran en análisis, y luego no sabía cómo hacer para que lo abandonaran.

La teoría, en su articulación con la clínica, es indispensable para sostener un análisis. Dirigir la cura en función de la envidia involucra, aunque parezca —o sea— una afirmación dura, una falla de orden ético por parte del analista. De modo que no se trata de una opción por lo más moderno, o por la mezcla propia del gusto de los eclécticos. *Aunque a primera vista pareciese una intromisión, la aparición de la envidia en la problemática de la angustia es útil para marcar —con la ayuda de Aristóteles— la distintividad entre una teoría instintivista, que encuentra en el afecto el «no más allá» del psicoanálisis —concepción aún vigente en no pocos círculos—, y la concepción lacaniana, que lo postula como efecto del significante.*

Referencias bibliográficas

[1] J. Lacan, «Función y campo de la palabra (habla) y del lenguaje en psicoanálisis», en *Escritos I*, México: Siglo XXI, 1976, pág. 137.

[2] J.-P. Sartre, *El ser y la nada*, Buenos Aires: Losada, 1966, págs. 83-4.
[3] M. Heidegger, *El ser y el tiempo*, México: Fondo de Cultura Económica, 1971, pág. 204.
[4] R. Harari, *La repetición del fracaso*, Buenos Aires: Nueva Visión, Colección Freud ◊ Lacan, 1988, págs. 143-51.
[5] Aristóteles, *Retórica*, en *Obras*, Madrid: Aguilar, 1967, pág. 165.

2. No . . . sin objeto. El grafo de la angustia

En torno del sostén del análisis, de acuerdo con los conceptos lacanianos, resulta indispensable la articulación de una noción decisiva: la de objeto *a*. En efecto, *el analista intenta, o debe tratar de, ocupar el lugar de semblante del objeto* a.

Sin pormenorizar por el momento la noción de semblante, conviene ubicar ya mismo eso que Lacan ha denominado como su «único invento» en el psicoanálisis. Ha sido, efectivamente, una propuesta o descubrimiento a la que bien le cuadra la calificación que él prefiere; es un invento teórico. En primer lugar, como se encargó de apuntar, es un modo de incluir una nueva letra en la notación algebraica —que tiene que ser diferenciada en forma neta del álgebra, en sentido estricto— valedera para el procesamiento de nuestra disciplina.

Ahora bien, a los efectos de sustentar el lugar de semblante de objeto *a*, el analista mantiene una determinada relación con su analizante, en la cual trata de apartarse de la problemática propia de la vinculación interhumana. Esto implica *no caer en ningún tipo de psicología del vínculo*, fundada en ciertas características de los lazos duales, como los que suelen transitar las psicoterapias. Si hay algún lugar específico del analista, se relaciona con el *a*. Pero cabe entonces preguntarse: ¿qué es este objeto?

El a, *que como letra no connota nada, posee una importancia tan decisiva que no es factible referirse a muchos conceptos, entre ellos la angustia, de no remitirnos a él de manera sistemática. En ese sentido, el objeto* a *es la otra cuestión básica del* Seminario *sobre* «La angustia», *aparte de la que señala el título.* Incluso, Lacan llega a aseverar en un momento que *el único correlato subjetivo que podemos poseer de este* a *es precisamente la angustia.* Esta afirmación inaugura una intelección novedosa de algunos problemas planteados con insistencia por la psicología, y nos permitirá, por un rodeo, procurar asir la cuestión del *a*. Tomando como punto de partida el criticado «método del catálogo», se torna viable el despeje de algunas relaciones sorprendentes a partir de *clasificaciones clásicas, más bien analógicas*. Existe una divulgada con creces: se trata de la elemental taxonomía, de inspiración fenoménico-descriptiva, que diferencia *ansiedad, angustia* y *miedo*. Lo que esta clasificación nos propone es lo siguiente:

Ansiedad
Angustia
Miedo

Sin lugar a dudas, este tipo de distingos resulta harto inteligible, dado que se apoya en un considerable grado de simpleza y es comprensible por vía intuitiva; fascina, así, por la propuesta que conlleva. En efecto, los psicólogos suelen señalar que cierto sentimiento de malestar y de desasosiego, ubicado en el estricto plano de la vivencia, sin compromiso corporal, es aquello que se conoce como ansiedad. Coincide además con la consideración psiquiátrica habitual que, como es sabido, es eminentemente descriptiva. Ahora bien, si la ansiedad interesa (y aquí cabe entender al vocablo en sentido médico) al cuerpo, perturbándolo en alguna forma y grado, esto ya hace a otro orden. Puede tratarse de un órgano, como el corazón, o de un sistema, como el respiratorio; lo esencial es que lo corporal se halla involucrado por este fenómeno. Allí encontramos lo que suele llamarse —conforme con una denominación equívoca— un «componente» o un «equivalente» de la angustia; la ansiedad se trocó —por la participación del cuerpo— en algo distinto (dejándose sin resolver la cuestión de si la angustia es un ítem, y su «equivalente» corporal, otro):

Ansiedad
↓
Angustia

Miedo

Lo que liga a la ansiedad con la angustia, en términos fenoménicos, es un dato basal: la presunta falta de objeto. El sujeto está ansioso o sufre la angustia, *sin saber por qué o ante qué.* Ambos padecimientos, a pesar de su diferencia, se unen por el sesgo de la indefinición, del no saber a qué atribuirlos. Para la aludida intelección fenoménica, este es un punto capital: no se puede localizar al hecho que provoca la ansiedad o la angustia. El caso es que *si se llega a ubicar el tan buscado objeto, se pasa a otra dimensión; se está, entonces, en presencia del miedo:*

Ansiedad
↓
Angustia
↓
Miedo

El objeto de referencia podrá entonces ser racionalizado como perteneciente al mundo conocido como «exterior». En ese sentido proporcionaría un alivio cierto, dado que si el foco amenazante está circunscripto, podrán idearse tácticas o maniobras estratégicas para poder sortearlo con mayor o menor éxito.

El miedo permite delimitar una frontera. En los dos conceptos anteriores, en cambio, se permanece en la imprecisión, en la indefinición, vale decir, en la inermidad propia de aquella situación que Freud designó con el término *Hilflosigkeit*: *un estado de desamparo psíquico y motriz en el cual el sujeto no posee recursos para poder enfrentar aquello que lo afecta.* Los medios surgen, en cambio, cuando se trata del *miedo*; allí podrá tomar forma, por ejemplo, una *fobia.* En esta neurosis hay un objeto empírico localizado y una obvia táctica de evitación que, por lo general, fracasa, porque *debe fracasar.* La cuestión es que la clasificación, en síntesis, es harto comprensible; cualquiera puede aprehenderla, sin necesidad de mayores conocimientos, y allí está el problema. Es que *en estas taxonomías no se produce sino una tautología.* Se dice lo obvio, lo que ya se sabe de modo imaginario, y de ahí surge la transparencia acrítica de este tipo de formulaciones. En ese sentido, todos somos psicólogos, y *las aseveraciones de la psicología no hacen más que confirmar lo que se marca en el plano intuitivo de la doxa.* El caso es, sin embargo, que aquí intentamos situarnos en el terreno del psicoanálisis, lo que conlleva una crucial ruptura.

La conceptualización psicoanalítica suele postular enunciados que no son obvios de por sí; aun más, que pueden llegar a provocar efectos revulsivos: peyorativos, hilarantes, indignantes, entre otros. Lo que entra en juego es, a menudo, la quebradura del sentido común, de lo convencional. En lo atinente a la clasificación expuesta, se trata de romper con la perogrullada empirista que implica el decir que tan sólo en el caso del miedo nos encontramos ante un objeto. Aquí irrumpe, en consecuencia, con tal propósito, *un insólito aforismo lacaniano: «La angustia no es sin objeto»*. Esta aseveración es, por cierto, novedosa. La angustia pasa a ser algo distinto que una reacción del sujeto ante algo que falta, que no está presente ante sí. Esto corresponde, sin lugar a dudas, a los dichos comunes de los analizantes: «No sé por qué me angustio, si no hay nada que lo provoque», etc. Afirmaciones como la citada son propias de evidentes sinceramientos de los sujetos que padecen angustia. La cuestión es que *reproducir en la teoría la falta de objeto no comporta sino calcar la falaz evidencia fenoménica. Por el contrario, el psicoanálisis tiene por mira el procesar este enunciado*. Y un buen modo de lograrlo consiste en poner a prueba el fuerte postulado lacaniano. Es conveniente entonces detenernos en el sentido de dicha formulación. Ahora bien, observamos que el aforismo no señala que la angustia posee objeto, sino que elípticamente recurre a una singular operación, con un «no» seguido de un «sin». Allí se cifra esta especial enunciación lógica de una forma de la negación, que debemos intercalar en la clásica serie que nos sirvió de punto de partida:

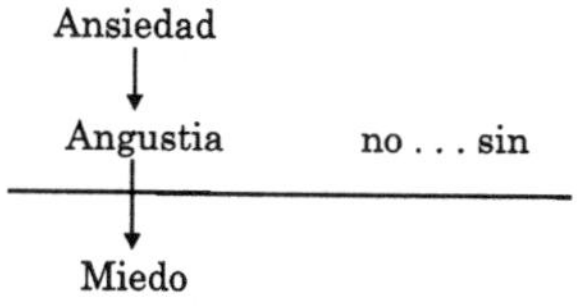

Estas dos partículas, «no . . . sin», estructuran el aforismo de modo que pueda dar cuenta de una *condición oscura, imprecisa, del objeto en cuestión*. De tal manera, dicho objeto resulta caracterizado como algo que se encuentra muy lejos de ser obvio o evidente:

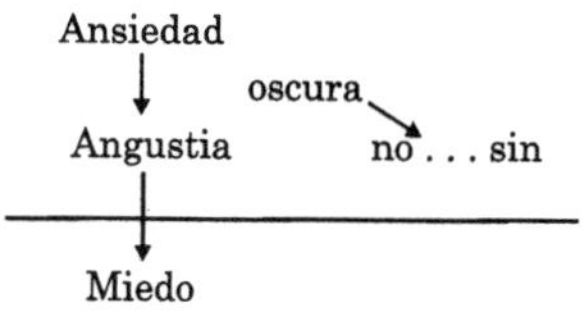

Esta oscuridad es similar a la que se expresa, ante un discurso especialmente sugestivo en su ambigüedad, señalando que «no será sin alguna intención». No está claro de cuál intención se trata, pero se sospecha que la hay. Por ende, la adopción del «no . . . sin» se dirige a adoptar en primer término una posición respecto de la oscuridad —y *no* del oscurantismo, claro— de la cual el aforismo es testimonio. Pero, además, existe otro rasgo, que apunta a *una condición que podríamos denominar como extraordinaria, en el sentido de algo más allá de lo concebible o esperable a la usanza pactada*:

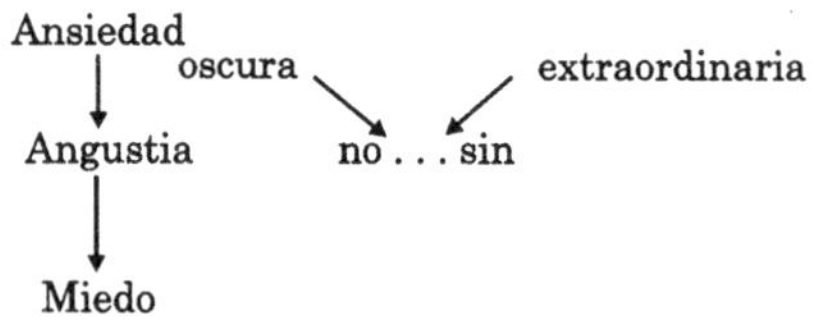

El recurso lacaniano a la operación retórica del «no . . . sin» queda inscripto en otros tramos de su enseñanza. Por ejemplo, en el *Seminario 6, «El deseo y su interpretación»* —divulgado inicialmente por el conocido resumen que de él efectuó J.-B. Pontalis—, puede encontrarse, en sus tramos finales, una definición en torno de las posiciones masculina y femenina que ronda esta formulación: «[. . .] él no es sin tenerlo (*il n'est pas sans l'avoir*: él no deja de tenerlo)». Frase que alude, por supuesto, al falo y a la condición masculina, dejando traslucir la presencia —en tanto falta— de la castración. Tal afirmación es suplementaria del siguiente modo: «Se podría decir con una fórmula análoga que la mujer *es sin tenerlo* [. . .]» [1]. Esta puntuación de un previo «no . . . sin» es otra prueba de la diferencia entre la dialéctica psicoanalítica y la filosófica. Es que *no permanecemos involucrados en la oposición entre el ser y la nada, sino en aquella que reside entre el ser y el tener.* No es otra que la postulada por Freud en el capítulo III de *El yo y el eso*, cuando trabaja la temática de la identificación: *el sujeto tiene, o, si prescinde del tener, es, por vía de la identificación.* De ese modo, volviendo a lo destacado por Lacan en *«El deseo y su interpretación»*, y retomado en *«La angustia»*: el varón no es sin tener (el falo), por cuanto la identificación fálica hace a una localización corporal precisa, lo que no ocurre en la mujer, quien es sin tenerlo, mediante una identificación con el falo que inviste la totalidad de su cuerpo.

Presentados los términos mediante un «no . . . sin» respecto del objeto de la angustia, se quiebra la falaz perspectiva fenoménico-psiquiátrico-psicológica. Por el momento tan sólo dejaremos por sentada esta ruptura, que será retomada en otros pasajes ulteriores.

Nuestros hilos tratan de proseguir, tal vez con otra textura, el decurso del *Seminario 10.* Los cuadros y diagramas aquí presentados con fines didácticos intentan dar cuenta de algunas relaciones que, en nuestra lectura de *«La angustia»*, nos parecen plausibles. Con el designio de apresar algunas de las más significativas entre aquellas, vamos a diseñar un esquema cuyo comienzo radica en *el posicionamiento de la angustia respecto de dos fenómenos vecinos, como lo son el deseo y el goce.* Tal esquema podría iniciarse de la siguiente forma:

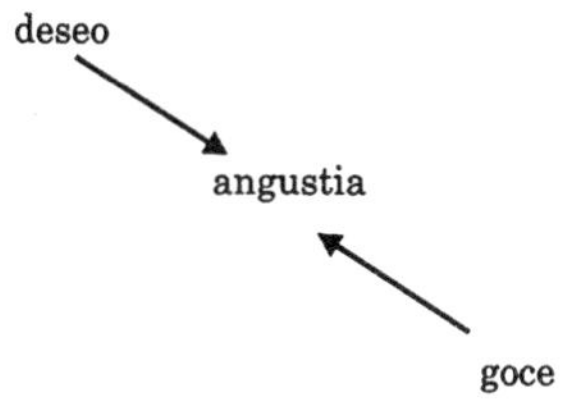

La angustia aparece ubicada en el lugar central; cumple, así, una función media, compresiva, entre el deseo y el goce. Ella se sitúa como la señal que aparece cuando comienza a borrarse la división entre aquellos con los cuales hace borde. Deseo y goce amenazan confundirse, y la angustia opera como alerta; es una señal de algo que se creía suficientemente escindido, diferenciado en la vida psíquica, pero que en un cierto punto tiende a borrar sus límites; por eso, *es un «fenómeno de borde».* Cabe recordar, ya que procuramos construir un esquema de relaciones, que, en la notación algebraica propuesta por Lacan, *el deseo se escribe por el punzón* (◊); *en efecto, una de las lecturas de este último es «deseo de».* Pues bien, *este deseo se articula, por un lado, con aquel que se conoce como sujeto deseante, o barrado,* ($), *que es quien padece la angustia señalizada por el yo:*

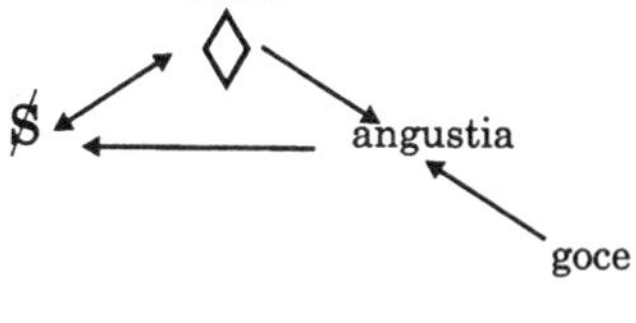

A su vez, *el deseo del sujeto barrado lo es por referencia a lo que lo causa: el objeto* a, de lo cual da cuenta la fórmula del fantasma: ($\$ \lozenge a$). En el diagrama, las relaciones pueden representarse así:

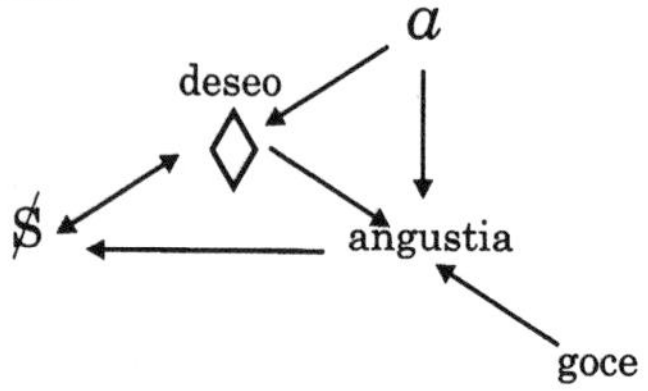

El *a*, como señalamos, es *el correlato subjetivo de la angustia*, por lo que surge un nuevo vector apuntando hacia el concepto central. Pero, además, el deseo remite en particular a uno de los puntos nodulares de la enseñanza lacaniana: su postulación del *Otro, en tanto «memoria simbólica», como distinto del otro, en tanto semejante.* Ese lugar virtual, que sin duda permite concebir al *deseo como deseo del Otro*, debe ocupar un sitio en el esquema que brinde testimonio de su relación con la notación del deseo y con el objeto *a,* el cual, por otra parte, también proviene de su campo:

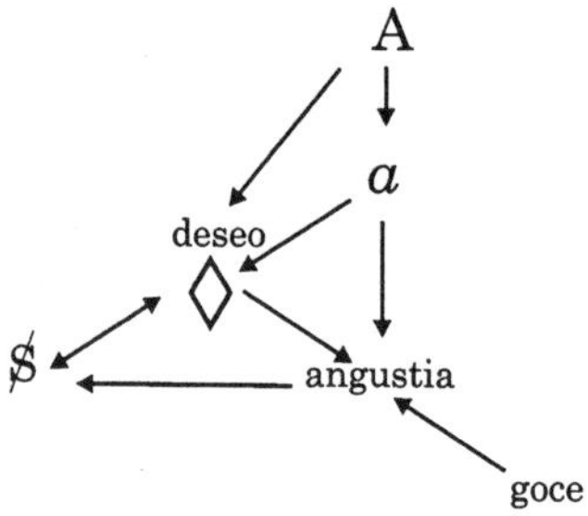

Uno de los indicadores, *una de las «patencias» del objeto* a *lo sindica como forma —entre otras— de manifestación del Otro, el que se hace presente a través de este objeto.* Según puede advertirse, el entramado de relaciones de la angustia se hace cada vez más fecundamente complejo. Ahora bien, en Freud, pensar la angustia implicaba la postulación convergente de un concepto que luego fue sustituido u omitido, en especial —mas no tan sólo— por parte de la escuela kleiniana. Lacan rescató, en cambio, la propuesta freudiana que había sido postergada o, mejor dicho, forcluida: se trata, claro está, de la *castración.*

El complejo de castración, en tanto concepto nodular, fue recuperado de allí en más. Como hemos dicho, *la castración, en la notación lacaniana, pasó a escribirse como* (– φ). *No puede pensarse al objeto* a *sin una remisión a la castración.* A la vez, la angustia no es concebible sin su relación primordial con el mismo concepto:

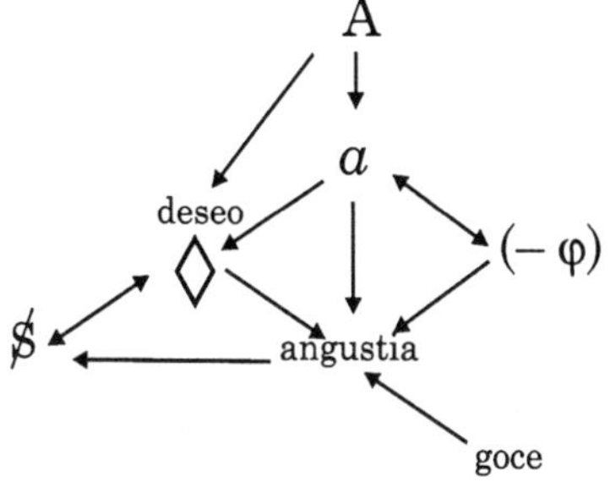

Lacan llegará a señalar que *el objeto* a *aparece donde* (– φ) *falta.* Debe mantenerse siempre presente esta aseveración, porque en muchas oportunidades resulta arduo realizar un distingo entre ambos conceptos. El hecho de que el *a* aluda, en última instancia, a la castración es inseparable de la relación que une a esta con la angustia, como queda evidenciado en el diagrama. (Este ítem lo retomaremos en el próximo capítulo.)

En cuanto al punzón, como es sabido, posee múltiples usos en la enseñanza lacaniana. Otra de las fórmulas que lo utiliza es, además de la citada, la relativa a la *pulsión*: ($ ◊ D). *En ella, el sujeto barrado se articula a la demanda* (D). También deberemos tener en cuenta a la pulsión dentro del esquema:

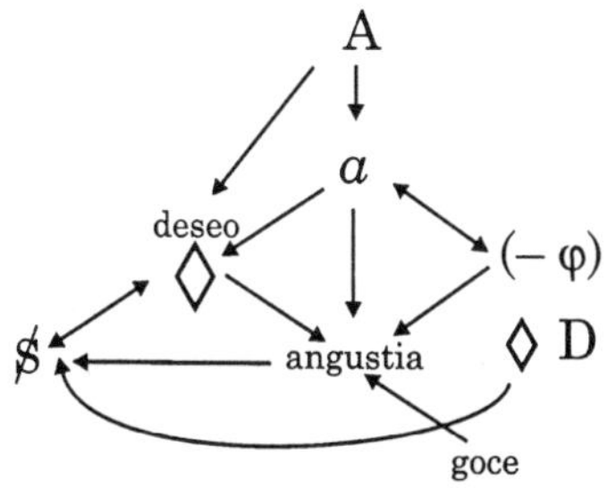

La demanda juega un papel capital en el *neurótico*; así, lo que este intenta es hacerse pedir, *hacerse suplicar aunque —señala Lacan— sin pagar el precio que ello comporta.* La nombrada es una observación de notable fineza clínica: si el analista sabe entender que quien está pidiendo no lo hace por aquello que pide, sino por otra cosa, constituirá un craso error responder al pedido efectuado, pues ahogará el deseo allí enmascarado. En algunas traducciones de Lacan al castellano, como, por ejemplo, la del *Seminario 20, «Encore»*, se ha optado por traducir el original *demander* por «pedir», en lugar de «demandar». Sin duda, la demanda nada tiene que ver con el pedido puntual y empírico de algo determinado, siendo que, por otra parte, se le resta así *el matiz jurídico que connota exigencia reivindicativa ante un «daño»*. Pues bien, la demanda es introducida mediante el *significante* (Ste.) *que se articula —barrándolo— al Otro*, lugar este último que también constituye el gozne con el deseo:

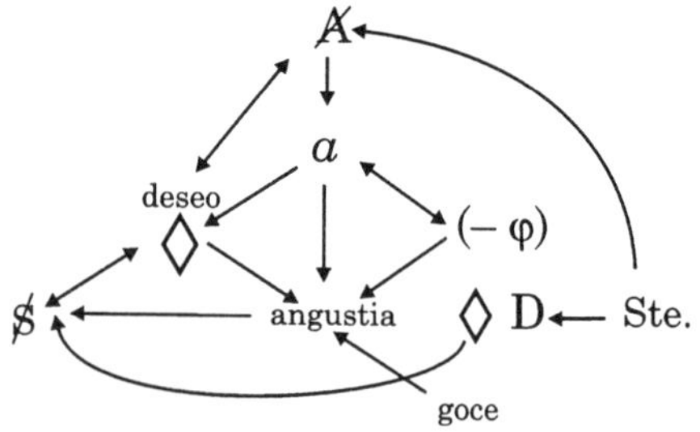

Merced al significante ocurre algo que no es factible que suceda entre los animales: el engaño. Claro que el engaño en una variedad muy sutil, de la que Lacan da cuenta con notable precisión. Podemos engañar mostrando lo verdadero como falso, cosa que el animal no puede hacer; a lo sumo engañará en su modalidad más elemental, fingiendo o apelando al camuflaje, o borrando sus huellas. En tal orden acotará: «[. . .] un animal no finge fingir. No produce huellas cuyo engaño (*tromperie*) consistiría en hacerlas pasar por falsas siendo las verdaderas, es decir, las que darían la buena pista» [2]. Fragmento interesante de *Subversión del sujeto y dialéctica del deseo en lo inconsciente freudiano*, donde además *se precisa una clara distinción entre huella y significante*, sobre la que cabe volver una y otra vez.* Al respecto, algunos semiólogos han reconocido esta capacidad de engaño como privativa del ser humano. Umberto Eco, por ejemplo, lo formuló de manera en extremo pregnante. En efecto, no se trata en la semiótica de la omniabarcatividad de lo Simbólico, señaló, sino de estudiar «todo lo que puede usarse para mentir» [3]. Esto reduce de modo notable el alcance de lo Simbólico —demostrando su inexistencia en los ani-

* De acuerdo con ello, retomaremos esta perspectiva en el capítulo 4.

males, por ejemplo—, lo cual es saludable, dado que de lo contrario podría caerse en un *pansimbolismo* como aquel en que incurrió, desde la filosofía neokantiana, Ernst Cassirer. Desde ya, no es esa la posición de Lacan; el significante implica algo mucho más acotado, y que guarda relación con la angustia, la cual se encuentra mediatizada por una dicotomía que ahora consideraremos. En ella anida una discriminación fundamental ilustrada por otro aforismo lacaniano, de aquellos que apuntalan su enseñanza. Aunque el riesgo siempre latente es que se acometa de modo ecolálico con estas condensaciones conceptuales, vale la pena reiterarlas. El que traemos a colación es el que asevera que *el significante engaña, pero la angustia es aquello que no lo hace —vale decir, es lo que brinda certeza—*. Henos aquí, entonces, ante la dicotomía en juego: la de certeza/engaño:

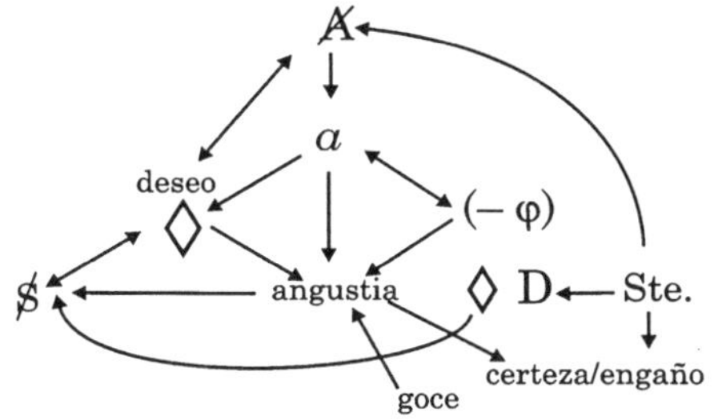

La angustia provee, por ende, certeza. Sin entrar en toda una serie de apoyaturas de raigambre filosófica (como la certeza sensible hegeliana) o especulaciones metafísicas paralelas, cabe destacar que *la certeza, en lo que aquí nos ocupa, es aquello que, por más significantes que se le articulen, no se puede tornar reductible. No hay posibilidad, por parte del sujeto, de convertirla en un elemento deslizable, aprehensible en, y por, la cadena significante.* El hacer metonímica una cuestión implica desplazarla a través de una red, con lo cual se logra el aplacamiento del afecto. Esta funcionalidad del significante «consigue», como llega a decirse, reducir el nivel de angustia, conforme puede suceder —y sucede— en la cura. Ahora bien, cuando Lacan introduce esta característica, agrega de inmediato la siguiente aclaración: en puridad, *la certeza adviene al sujeto a través de la acción.* A la vez, *la acción es aquello que le sustrae certeza a la angustia, «apropiándosela».* En tanto está involucrado en una acción —no cualquiera, sino de aquellas que son impulsivas, irrefrenables—, el sujeto se ubica en un escalón previo a la angustia, para no quedar atrapado en, y por, ella.

Dos variantes fundamentales de la acción, postuladas por el psicoanálisis, serán incorporadas a este diagrama. Pero antes nos remitiremos a la matriz de relaciones presentada en el capítulo anterior, en la que dos lugares permanecieron vacantes: estos serán ocupados por los dos conceptos en cuestión, que son el *acting-out* y el *pasaje al acto.*

En el citado *cuadro matricial de doble entrada,* el *acting-out* (A. O.) se situará en un lugar vecino a la angustia, debido a su mayor grado de movimiento respecto del síntoma. *Implica, en ese sentido, una convocatoria a la interpretación, efectuada en forma harto llamativa:*

MOVIMIENTO ↓ / DIFICULTAD →			
	Inhibición	Impedimento	Embarazo
	Emoción	*Síntoma*	X
	Turbación	*Acting-out*	*Angustia*

Por último, completando la restante incógnita, debe ubicarse en las coordenadas el *pasaje al acto* (P. al A.), *ese modo destacado de la acción en el cual el sujeto cae, identificado con el* a, *como modo último de evitación de la angustia.* Dicho acto se posiciona en un grado extremo, como puede apreciarse, de dificultad:

MOVIMIENTO ↓ / DIFICULTAD →			
	Inhibición	Impedimento	Embarazo
	Emoción	*Síntoma*	Pasaje al acto
	Turbación	*Acting-out*	*Angustia*

El cuadro matricial de la angustia

Una vez ubicadas estas dos modalidades de la acción en las redes de relaciones tejidas en torno de la angustia, cabe —volviendo al concepto de certeza— proseguir con el diagrama:

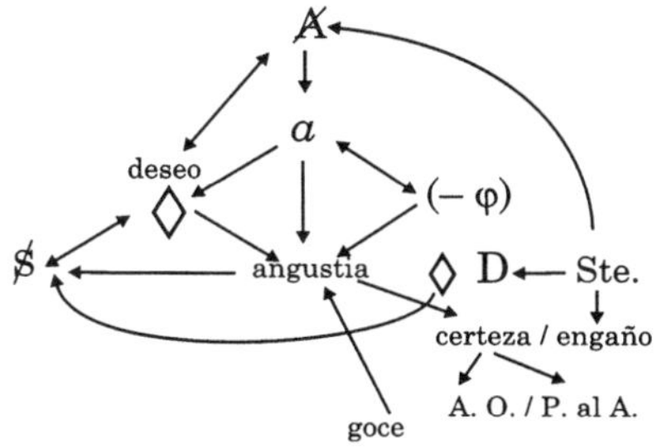

La certeza, entonces, hace de gozne entre la angustia y estas dos variedades de la acción, aquellas que interesan, en particular, al psicoanálisis. ¿Por qué? Porque en ellas puede apreciarse una singular relación del sujeto con el Otro, establecida para resolver ciertas cuestiones, que luego pormenorizaremos.

Queda por representar en el diagrama una relación más, que da cuenta de un sujeto por venir, esto es, un *pre-sujeto (S),* sobre el cual obra el significante para escindirlo, para barrarlo:

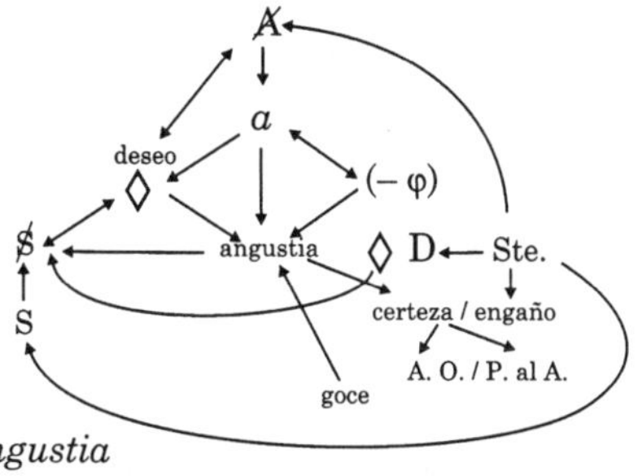

El grafo de la angustia

Por acción de la eficacia significante, el circuito de relaciones se cierra, aunque de manera provisoria. Es posible seguir articulando nuevas ligazones, por ejemplo con *los conceptos de demanda del Otro y goce del Otro,* pero para lo que ahora nos ocupa estos vectores nos parecen suficientes. El discernimiento de cada una de estas relaciones ya determina, de por sí, un trabajo arduo. En el *Seminario 10*, Lacan enhebrará una a una estas cuestiones que están muy lejos de enlazarse de modo unilineal, dado que se entraman en un complejo recorrido de idas y vueltas. En el esquema que hemos planteado —¿por qué no darle el estatuto de *grafo*, finalmente, dado que satisface sus requerimientos?—, como puede advertirse, no aparece un orden de privilegios. En todo caso, si hay que jerarquizar algo es —tal vez por las múltiples determinaciones que provoca al modo de un eje, y la neutralidad de su notación, sin efecto de sentido— al objeto *a*. En resumen: *el grafo de la angustia, según proponemos denominarlo, nos servirá de hilo rector a los efectos de dilucidar el marco relacional de la angustia.*

Hacia el comienzo del *Seminario*, su autor destaca que el ideal de toda enseñanza es la simplicidad. Brinda una serie de razones para procurar dar cuenta de dónde proviene *este afán —tanto del que enseña como del que aprende— por la sencillez, lo singular y lo simple.* ¿A qué obedece esto? Al respecto, en tales pasajes introduce, de modo explicativo, uno de aquellos conceptos freudianos que en su lectura se aísla y privilegia, adquiriendo un estatuto teórico y clínico que en los textos de Freud sólo poseía en forma larvada. Se trata del *trazo unario*, estrictamente postulado en *Psicología de las masas y análisis del yo*, y traducido en la nueva versión castellana como «único rasgo (*einziger Zug*)».

Mediante el trazo unario, el sujeto puede incorporarse como un *Uno* en lo Real. Y lo hace por aquello que lo preexiste: el significante. Así, Uno puede contarse, y con ello abre paso a una discriminación entre dos conceptos decisivos que el psicoanálisis diferencia: el *Uno contable* y el *uno unificante.*

El concepto de trazo unario —o único— es crucial para entender lo que está en juego en el Uno contable. En el capítulo del recién citado ensayo freudiano dedicado a «La identificación», puede leerse: «[. . .] la identificación es parcial, limitada en grado sumo, pues toma prestado un único rasgo de la persona objeto» [4]. No es una suerte de imitación global, sino que el trazo unario basta para sostener la identificación. De ahí, entre otras cosas, ese afán por lo simple y por lo parcial. Tomado en el plano del síntoma, es viable advertir cómo, por ejemplo, la paciente de Freud se apropiaba de la tos de la persona amada. Mimetizaba el síntoma de su padre, castigándose a la vez —en tanto enferma— por pretender un objeto prohibido. De otra manera: la tos oficiaba —en tanto trazo unario— como castigo, pero, a un tiempo, y por medio de la identificación parcial, le permitía a la paciente «ser» el padre, el objeto amado, en lugar de tenerlo.

El trazo unario es el instrumento conceptual mediante el cual Lacan intelige el modo en que se estructura el Ideal del yo. Es alrededor del Uno contable que se va enumerando —mediante la operación del sucesor, de *n* + 1— al *parlêtre, al «hablaser»*, como uno más entre los sujetos, pasible de ser nombrado y diferenciado del uno unificante.

El uno unificante es la cerrazón narcísica, representable, graficable, a través de la figura de la esfera. Este uno total y completo concierne a la problemática, harto difundida, del estadio del espejo. Es esta fase la que posibilita la aparición del uno. Como Lacan observa, la imagen anticipatoria que caracteriza a dicho estadio da origen a toda una serie de teorías idealistas. La psicología evolutiva hablará, por ejemplo, de un niño egocéntrico en el comienzo, que se encuentra referido todo el tiempo a sí mismo, de manera unificada, hasta que en determinado punto rompe esa suerte de cascarón que lo separa del mundo externo y logra conectarse con el otro. Teorías como esta son propias del idealismo subjetivo, en tanto parten de la hipótesis de un sujeto que construye, que segrega, un mundo a su alrededor. *En todo idealismo el objeto aparece luego, por la acción de un yo omnímodo que lo organiza.* La condición de unificante estaría, de ese modo, dada desde un principio. Para Lacan, por el contrario, *la unificación se posibilita tan sólo por la mediación del otro, debido a la identificación del yo con su imagen especular: i(a).* El estadio del espejo posee, como es sabido, un correlato empírico afectivo: el *júbilo* del niño ante su propia imagen en el espejo, contemplándose íntegro. La concepción lacaniana dista de ser evolutiva, ya que ni siquiera propone que al principio habría pedazos dispersos, que en cierto momento se consolidan unitariamente. En efecto, la *imago del cuerpo fragmentado* (*morcelé*), que Lacan también postula —y que puede ser verificada, según él mismo lo señala, en expresiones artísticas como las pinturas de Hieronymus Bosch o en innumerables padecimientos esquizofrénicos o hipocondríacos—, no es ningún estadio inicial, sino que a partir de la unificación determinada por el espejo se imaginariza, por retroacción, una eventual fragmentación corporal. *Sólo la aparición del uno unificante puede dar cuenta de la viabilidad de su pérdida*; no hay una suerte de inteligencia prospectiva, o de destino de cada fragmento, preestablecido desde los comienzos del *infans* con vistas a una juntura ulterior. Eso implicaría presuponer una supuesta sabiduría de la especie, primer paso para concebir luego el armado de un organismo perfecto, en donde cada pieza encastra en el conjunto con divina armonía, debido a la mano previsora y planificadora del buen Dios.

Al centrarnos en el trazo unario y en el uno unificante, nos ubicamos en un punto decisivo de la enseñanza lacaniana: el de la constitución del sujeto. *Se trata de una cuestión que atañe directamente a la angustia, en tanto esta se localizará en los intersticios, en las rajaduras, que este proceso constitutivo no puede dejar de provocar. El Uno contable, cabe señalar, se relaciona con la identificación simbólica marcada por el trazo, y que remite al campo del Otro*. Por su parte, el *uno unificante* está ligado, según indicamos, a la *identificación imaginaria*:

Ⱥ	⟶	trazo unario (contable): identificación simbólica.
i(*a*)	⟶	imagen especular (unificante): identificación imaginaria.

Esta discriminación, que en apariencia se pierde en meandros desviándose del tema central del *Seminario 10*, sirve a Lacan para arribar, por caminos poco previstos, a la angustia. *Concebirá, entonces, a la constitución del sujeto, que no concluye en la presunta completud proporcionada por la imagen especular. Para ello ubicará, en un campo, al Otro, ese que es prerrequisito para la creación de un sujeto. En el sector opuesto, situará a un sujeto por venir:*

A	S

Una vez localizados ambos términos, el Otro (A) y el proto-sujeto (S) —«no existente»—, plantea una división necesaria, ya que *el sujeto aparecerá como barrado* —cociente, en virtud del trazo unario que viene de A— en tanto y en cuanto el Otro pueda mostrarse con alguna inconsistencia, no completo; vale decir, *también barrado*:

A	S
$	Ⱥ

Que el otro aparezca como inconsistente en el campo del hasta entonces proto-sujeto implica que algo le falta —que desea, por ende, mas sin saber(lo).

Pero, además, se requiere incluir aún un dato; en esta operación de división aritmética elemental existe un resto que no queda asimilado por los términos que se han llegado a constituir. *Lo que permanece caído en el lado del Otro, como «residuo», no es otra cosa que el objeto* a, *«esa prueba y única garantía de la alteridad del Otro»:*

A	S
$\$$	$\not{A}$
a	
lado del Otro	mi lado

Interesante paradoja, ya que las operaciones entre ambos lados involucran un intercambio que rompe por completo con toda una tradición de la epistemología clásica, la que hasta hoy cultiva, por ejemplo, el positivismo. Ella supone que existe un sujeto contrapuesto a un objeto del mundo —y que va de suyo—, el que se encuentra a disposición de un observador que puede, o no, llegar a conocerlo. Aquí hay un punto de ruptura fundamental del psicoanálisis respecto de la ciencia entendida en tal tesitura. Aquel que conoce, *el sujeto de la ciencia —señala Lacan—, tiene en común, con el sujeto del psicoanálisis*, la condición de ser un sujeto barrado, pagador de su constitución a través de la pérdida de un objeto. Mas, en lo tocante al lugar de la singularidad, uno y otro son correlatos antinómicos, porque *la ciencia forcluye al sujeto que el psicoanálisis busca reintroducir.* En efecto, el papel en la ciencia de *la anonimia* y el de *lo comunitario* —la «ciudad científica», decía Bachelard— señalan los campos de incompatibilidad con una praxis que, como la nuestra, intenta que cada quien se articule con su palabra.

Es en, y desde, el campo del Otro, que surge el sujeto barrado, y también el objeto *a*. Si con el punzón articulamos ambos términos, advertiremos que *el fantasma, de acuerdo con su fórmula* $(\$ \lozenge a)$, *se escribe con precisión en el lado del Otro:*

A	S
$\not S$ $\lozenge$ a	$\not A$
lado del Otro	mi lado

El fantasma suele escucharse con nitidez, como una constante, en el análisis de neuróticos. Pueden ser hasta convencionalmente terribles, flagelantes, llenos de variantes y peripecias que *no* se relatan con facilidad. En tanto implican axiomáticamente la vida sexual del sujeto, muchas veces culminan en una masturbación. *El neurótico, como bien marcaba Lacan, toma prestados sus fantasmas del perverso, quien los pasa al acto.* No obstante, esto no implica que «en el fondo» todo neurótico sea un perverso, pues no hay continuidad entre estructuras. Lo que nos limitamos a destacar es que, en lo que nos compete, el fantasmatizar también proviene del campo del Otro. ¿Qué queda entonces del lado del sujeto?

Desde el campo que reconocemos como «nuestro» se inscribe el Otro barrado, que discurre, al que denominamos lo inconsciente. Es decir que en este lado permanece lo inconsciente en tanto aquello que, imposible de alcanzar —Real—, ilustra una búsqueda estructuralmente infructuosa. Vale la pena destacar que el modo lacaniano de pensar la constitución del sujeto hizo que de inmediato fueran apareciendo el objeto *a* y el fantasma, con la angustia operando en los intersticios de dicho proceso constitutivo. Con ello, Lacan intenta, al parecer, no limitarla (a la angustia) a un mero fenómeno psicopatológico o clínico; se trata de algo correlativo e inevitable en la meandrosa constitución de cada sujeto. Hasta podría decirse que *le asigna a la angustia un carácter existencial,* sobre todo en el sentido de ek-sistere (existir o permanecer fuera), de presentarse en una condición que trasunta el no recubrimiento del *parlêtre* consigo mismo. *La angustia, así, da cuenta de que el sujeto no es un uno unificado, irrumpiendo con su certeza, con su permanencia.* No engaña; en efecto, ello se viabiliza a través de una imprecisión manifiesta ante la que el sujeto debe situarse, en forma obligada, en un *estado de vacilación* o *fading.*

Respecto de la constitución del sujeto es que Lacan hará, en el *Seminario 10*, las primeras precisiones sobre el objeto *a*, al que aún estamos lejos de poder acotar a esta altura de nuestro trabajo. Con un nuevo rodeo, deberemos seguir a continuación otro trayecto aprehendiente: el propuesto por el texto freudiano *Introducción del narcismo.* En este ensayo se alude a la ficción teórica que postula un trasvasamiento de la libido, en el sentido de concebir un circuito de ida y vuelta, donde en algún momento puede —la libido— recubrir al yo, y en otro, al objeto. No obstante, tal proceso cuenta con legítimas limitaciones. Freud no pensaba en un sistema de vasos comunicantes merced a los cuales podría trasladarse de un lugar a otro toda la libido, convirtiéndose según el caso en narcísica u objetal, yendo y retornando en forma masiva. Lejos de la transformación absoluta, *siempre permanece un resto, una reserva localizada que no llega a transferirse, a la que le es imposible convertirse en libido objetal. Existe entonces —remarca Lacan— una imagen especular (narcísica) que se encuentra con un límite. Este es, en rigor, el impuesto por la castración.* Recurriendo una vez más a la notación algebraica, la situación puede formularse así:

$$\mathrm{i}(a) \;\Big|\; (-\varphi)$$

La *castración* es algo que por su condición particular, su localización, y la angustia que conlleva por ser un significante de la diferencia de los sexos, mantiene una organización que no es pasible de ser «trasladada». *En cuanto a su escritura, recordemos que se trata del falo precedido por su negativización:* $(-\varphi)$*. Esta operación incluida en la notación significa que la castración se preserva, que no-todo es especularizable, en la medida en que la castración marca un límite.* Sin duda, nos encontramos aquí con una nueva remisión a la condición de la falta, que conviene tener en cuenta en la oposición entre ambos términos:

$$\begin{array}{c|c} \mathrm{i}(a) & (-\varphi) \\ & \downarrow \\ & \text{falta} \end{array}$$

De todas maneras, es necesario aclarar que *no se trata de una falta empírica. Al hacer referencia a la castración, nos ubicamos en aquella serie planteada por Freud sobre las pérdidas que todo niño padece.* El destete, el escíbalo, son ejemplos demasiado evidentes de objetos que se pierden. En especial en el segundo caso; Lacan, gongorinamente, se refiere al escíbalo y no a las heces. Es que la elección tiene su pertinencia; se trata de ese trozo de materia que de modo repentino, y como bolo, se desprende del cuerpo, y cae. *Esta condición de lo súbito, desde ya, también involucra a la angustia.* Hasta allí, la comprensión psicológica de lo que sucede opera de manera admirable: nos remitimos a perder lo que se poseía. Pero en cuanto tratamos de trasladar el argumento hacia la castración, todo se complica. En los casos mencionados es muy fácil representarse y aprehender la situación de pérdida, en tanto desaparece algo que hasta allí estaba presente, y la angustia iría de suyo, según el presupuesto imaginario de que siempre se intenta conservar lo que se posee. Freud mismo lo afirmó: nos cuesta, enseñaba, renunciar a las posiciones libidinales alguna vez alcanzadas. Sin embargo, esto no debe ser entendido al modo psicológico, concluyendo que la cuestión reside en que el sujeto tiene «resistencia al cambio», según veremos luego.

En cuanto a la serie de pérdidas en las cuales de modo abrupto irrumpe la castración, *es poco acertado pensar a la angustia como correlativa a los sucesivos alejamientos.* En los casos del pecho y del escíbalo, la imaginarización es impecable; angustia por el destete, en un caso, y angustia por la pérdida de una parte del propio cuerpo —convertida en prenda de amor bajo una suerte de trueque simbólico—, en el otro.* El caso es que con la castración, como decíamos, el problema se hace más complejo. No se trata, por supuesto, de una emasculación, ni siquiera en la amenaza concreta del «mira que te lo corto», aunque esto sea eventualmente dicho. Lo que está en juego es una condición distinta de lo que cabría esperar, en el terreno de lo visible. *La de la castración es la falta que Lacan denomina falta central del deseo.* Esta condición faltante posee tal peso que inclusive llega a determinar, mediante la retroacción, a las que son sus presuntas antecesoras cronológicas en lo oral y en lo anal. Si el destete tiene que ver con el pecho y el escíbalo con la expulsión de materia fecal, *la castración se relacionará con el falo.* Pero el problema es que *el falo en cuestión nada tiene que ver con el pene, ni con la posibilidad de castración «física».*

* Punto que ampliaremos en el capítulo 8.

Aunque parezca obvio, es decisivo recordar, una vez más, que *el pene no es el falo.* Este último es un significante deslizable que «encontramos», en forma empírica, mas siempre de acuerdo con una lectura simbólica, de acuerdo con las ocupaciones libidinales. Podría hablarse, de manera eventual, de «encarnaciones» fálicas, con cierto tinte alegórico. Para procurar aventar la confusión en la que se incurre con mayor asiduidad de lo que se piensa, digamos lo siguiente: *para el psicoanálisis, el falo no es el órgano, pene o clítoris, al que él simboliza.* Así lo enseña Lacan en su texto *La significación del falo.*

La discriminación entre falo y pene permite a Lacan entender con agudeza ciertas cuestiones, como, por ejemplo, un difundido prejuicio respecto de las histéricas y su negativa al coito, que las convierte en algo así como un espécimen perteneciente a los monstruos castradores. Suele acotarse al respecto que tal dama es «muy castradora» —término que ha pasado, con gran éxito, a la vulgata psicológica— porque trata de producir determinadas situaciones fundándose en la promesa de un coito al que, finalmente, se niega. La «clínica del ojo» interpreta en estos casos que existe un resentimiento hostil hacia el hombre, que lleva, por lo tanto, a no dejarlo consumar el coito. La consigna parecería ser no permitirle utilizar el pene tan envidiado. Otro de los lugares comunes es el que afirma que la histérica teme al daño que le provocaría el pene. *Lacan demostrará que el rechazo de la histérica no se dirige al pene, sino a la detumescencia del pene. ¿Por qué? Porque en ese momento se comprueba que el pene no es el falo.* Aquí conviene pensar al falo especialmente en términos priápicos, de acuerdo con lo que conforma un monumento fálico: algo pétreo e inconmovible. Por el contrario, el instante de la detumescencia implica la prueba excelsa de la inexistencia del falo en tanto algo totalizable, puesto al margen y siempre erecto. Claro está que el no pasar por la prueba de la detumescencia le permite a la histérica alentar las esperanzas de la sobrevivencia, a toda costa, del falo. Como puede verse, esta noción es muy distinta de la ampliamente difundida, acusatoria, casi paranoica concepción de la histeria con relación a una supuesta verificación de la envidia del pene, la cual resulta improcedente en la circunstancia mentada. De lo que se trata, más allá de esta aprehensión ingenua, es del sostén del falo inamovible e inconmovible hasta las últimas instancias, donde no se cristaliza la oscilación presencia-ausencia.

El modo en que Lacan piensa lo que acontece en la histeria es, en la clínica, consecuencia inmediata de la rigurosa discriminación conceptual entre falo y pene. Pues, ¿qué sucede en la detumescencia? ¿Hay presencia o ausencia? En tanto allí se patenta la caída del sostén fálico, hay falta de lo que daría una posibilidad de vadear la existencia de la castración. *Pero el verdadero problema —apuntará Lacan con un retruécano digno de Góngora— surgirá cuando falte la falta; allí aparece la angustia.* Algo que no debería haberse expuesto, en tanto destinado a permanecer oculto, se hace presente. La angustia, por lo tanto, está muy lejos de ser sin objeto; y esta nota crucial de la cuestión, para procurar esclarecerse, debe contemplar, como adelantamos, aquello que Freud nominó *lo siniestro.*

Referencias bibliográficas

[1] J. Lacan, *Seminario «El deseo y su interpretación», 6*, 1958/59, transcripción de J.-B. Pontalis, en *Las formaciones del (de lo) inconsciente*, Buenos Aires: Nueva Visión, 1977, bastardillas en el original.

[2] J. Lacan, «Subversión del sujeto y dialéctica del deseo en el (lo) inconsciente freudiano», en *Escritos I, op. cit.*, pág. 319.

[3] U. Eco, *Tratado de semiótica general*, Barcelona: Lumen, 1977, pág. 31.

[4] S. Freud, *Psicología de las masas y análisis del yo*, en *Obras completas*, Buenos Aires: Amorrortu editores (en adelante, *AE*), 24 vols., 1978-85, vol. XVIII, pág. 101.

3. Faltar la falta. *a*-Cosa, *acting-out* y pasaje al acto

Sin duda, el concepto de falta posee múltiples lecturas y otras tantas maneras de ser abordado en la enseñanza lacaniana; por ello, corre el riesgo —y a menudo cae en el peligro— de ser bastardeado. Con frecuencia se acota, de un modo acrítico, que el problema principal del analizante es que «no tolera la falta». A poco de abordar clínicamente la cuestión en detalle, puede advertirse que esto está muy lejos de ser así.

Si la angustia no es sin objeto, el hecho de que surja cuando falta la falta indica algo muy distante de la simple no aceptación de la falta por parte del sujeto. ¿Qué implica Lacan con este nuevo aforismo, al señalar que *falta la falta?*

1) Para comenzar, procuremos el desbroce de algunos de los sentidos otorgados a un concepto que, como dijimos, es tan multívoco en la enseñanza aquí tematizada. Existen muchas alternativas para pensar este aforismo en términos generales, pero pueden remarcarse, a nuestros fines, al menos tres. Una de ellas será la que ocupe en mayor medida nuestra atención, ya que es la que da lugar al tratamiento de la cuestión de la angustia.

A la primera modalidad —ya aludida— de concebir esta situación podemos denominarla —con el confeso propósito de sostener la ambigüedad— de la siguiente manera:

Faltar la falta
(1) Recusar la castración

Este es, como dijimos, un punto relativamente clásico, tradicional en el psicoanálisis. Se desprende, de modo casi literal, de los mismos textos freudianos, en tanto ellos darían testimonio de la castración como una condición a evitar. Empero, *una lectura mínimamente avisada concluye que la castración es normalizante, y que será el complejo correspondiente —y su angustia concomitante— lo que permitirá «superar» —disolver— el Edipo.* Tal rebasamiento inaugura el período de latencia y a su vez instala el superyó en tanto heredero de la definición sexual edípica, permitiendo el acceso a la cultura. Esta última es entendida, por lo tanto, como una deslibidinización y des-exclusivización de las relaciones con la «instancia parental». Como puede advertirse, desde el mismo Freud la castración no constituye de ningún modo un dato terrible, y presto a ser esquivado. Si bien connota, en tanto amenaza, algo en esencia persecutorio, doloroso, ingrato, transporta de consuno el sesgo contrario. Desde la perspectiva del pasaje a la cultura, posee un efecto normalizante. De esa manera, *no es viable negar el efecto salutífero, benéfico, de esta modalidad de la falta; para nada se alega la elusión de la castración como un movimiento omnipresente.* Sin embargo, *en ciertos casos, la patología —en cuanto a una etiología— da cuenta del recuse de la castración*; eso es indiscutible. Pero aquí surge el punto definitorio: *ello no implica necesariamente a la angustia.*

Ante el insistente uso del verbo «recusar», se hace necesaria una aclaración. Si bien es cierto que el psicoanálisis dispone de nominaciones muy precisas para caracterizar a los operadores definitorios de las estructuras en juego (represión/forclusión/renegación), hemos optado por la recusación para definir esta circunstancia en sentido general, concorde con nuestro fin expositivo. Así, la apelación a una temática de neta raíz freudiana en este punto no es azarosa. A partir de 1923 —año de publicación de «La organización genital infantil»—, la castración comienza a contar con su reverso: el falo. Cuando Freud piensa en el primer término, no lo hace sino a través de su remisión al segundo, y viceversa. De allí, por ende, la mencionada notación lacaniana: $(-\varphi)$.

2) La segunda manera de pensar la situación en que falta la falta puede traerse a colación recurriendo a una conocida notación lacaniana, la que da cuenta del *fantasma*:

Faltar la falta

(1) Recusar la castración

(2) $(\$ \lozenge a)$

Aquí importa tener en cuenta que *el fantasma posee una función en el psiquismo a la que se puede denominar como de tapón. De algún modo, protege al sujeto del encuentro con el registro de lo Real.*

El fantasma se encuentra situado en un lugar donde su estabilidad y persistencia —y su convocatoria aparentemente volitiva e inmediata— garantiza al sujeto una situación en donde *la falta se enmascara*, o, para utilizar un término cosmetológico, *se maquilla.* Teniendo en cuenta esto último, cabe puntuar que no será demasiado riguroso, en este caso, pensar que falta la falta. La cuestión es que *el objeto* a *—siguiendo el desarrollo de Lacan al respecto— no tiene por qué indicar o comportar una falta de por sí.* Existen las que podemos denominar *variantes o especies básicas del* a: *el seno, el escíbalo, la mirada, la voz*. El *a*, es claro, tomado en su mínima expresión, no es sino una mera notación algebraica, sin referente alguno. Pues bien, las *variantes del* a lo son porque cada una da cuenta de la operancia activa, eficiente, de *un objeto parcial.* Por otro lado, Lacan teoriza en ocasiones —por lo general, con ulterioridad al dictado de este *Seminario*— haciendo referencia a los que podríamos llamar «a *postizos*», por cuanto se trata de objetos *a* tomados en un sentido alusivo, es decir, *lato sensu*, no específico sino, muy en especial, considerados en el orden de la extensión del psicoanálisis. Tal es el caso de cuando Lacan concibe, por ejemplo, que la nuestra es una civilización donde predominan los desechos, por ser «cloacal», donde los «*aes*» pululan por doquier (como ocurre en los llamados cementerios de automóviles).

Ahora bien, *postulado de acuerdo con cualquiera de las tres maneras válidas enumeradas —letra, objeto parcial caído del cuerpo, postizo legible en la cultura—, el* a *no indica de por sí una falta, ni tampoco una falta de la falta*. En el *Seminario 11*, Lacan comenta esta cuestión con suma sutileza, aludiendo que es atendible que el objeto *a* aparezca como aspirado, vale decir, ocupando con precisión el referido lugar de *tapón* (*bouchon*). No es otra cosa lo que se demuestra en el conocido esquema de la *nasa.* El referido artilugio de pesca es reducido en esos pasajes a un sencillo diagrama, donde puede apreciarse uno de los regímenes más usuales del *a* en el fantasma:

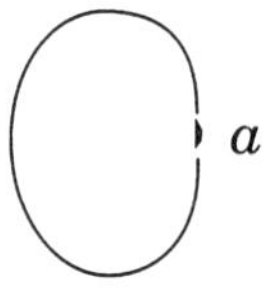

En esta nasa, en su abertura, se inserta el objeto *a*. Al mismo tiempo que ocupa ese orificio, lo tapa. O mejor dicho: *el agujero lo «aspira» y el* a *pasa a obturarlo.* Por lo tanto, si bien esta relación permite hablar con propiedad de una falta de la falta, no debemos dejar de señalar que se trata de un maquillaje en el cual ella se preserva, si bien enmascarada, sosteniendo la estabilidad fantasmática. En realidad, *es el vacío provocado por la falta lo que sostiene al fantasma en su sitio, en tanto defensa frente a lo Real.* No obstante, esto no implica que dejemos de considerar —en otra vertiente— al *a* como una de las modalidades de la falta. Ello sucede cuando lo puntuamos como resto del Otro (A), en particular cuando este, lógicamente, aparece barrado en su escritura (Ⱥ), dando cuenta de su propia condición faltante:

Faltar la falta

(1) Recusar la castración

Ⱥ

↓

(2) ($\$ \lozenge a$)

El lugar de articulación del sujeto —punzón mediante— con el *a* no indica de manera insoslayable un lugar de falta que, al faltar, provoque angustia. Prácticamente, vale por lo general lo contrario: esto es, que *el fantasma conforma un eficaz artilugio contra la angustia.* En suma, se requiere pensar al menos en dos estatutos diferenciales para el objeto *a*, bajo dos circunstancias distintas que, sin lugar a dudas, será preciso desglosar.

3) *El tercer punto bajo el cual puede considerarse que falta la falta es el que más interesa a los fines del Seminario 10, en términos de su ligazón con la angustia. Se trata, como lo adelantamos, de lo siniestro:* das Unheimliche, *en la formidable expresión freudiana que Lacan conserva con todas sus implicancias clínicas y etimológicas.* Es este un dato esencial para la intelección psicoanalítica de la angustia; *en lo*

siniestro se encuentran los elementos más aptos para aprehender, entonces, en qué consiste la falta de la falta:

Faltar la falta

(1) Recusar la castración

$\not{A}$

$\downarrow$

(2) $(\not{\$} \lozenge a)$

(3) *Unheimliche*

Una vez más, es recomendable una relectura de «Lo siniestro». Es necesario volver una y otra vez sobre este trabajo, que arroja, en cada lectura, diversos y además inagotables efectos de enseñanza. Como se recordará, Freud abre su ensayo dedicando íntegra la primera parte a una larga disquisición filológica y etimológica sobre el término *Unheimliche.* Luego de brindar una extensa y brillante serie de ejemplos, y de mantener en suspenso una definición de lo siniestro, culmina señalando —con Schelling— que *es aquello que, estando destinado a permanecer oculto, sin embargo, se ha tornado manifiesto.* Lo que irrumpe cuando no debía haber aparecido —lo que debía faltar— es lo siniestro. Se trata, además, de una *irrupción puntual, no duradera*; una experiencia que en un instante determinado arrebata al sujeto y *lo deja como petrificado, anonadado.* He ahí a la angustia.

Unheimlich es, y Freud lo destaca, una palabra compuesta. El prefijo de negación «*un*» precede a «*heimlich*», familiar. *Un* es, nos señala el autor, la marca de la represión que constituye participativamente el término como tal: *algo que era familiar se ha transformado en no-familiar, extraño y amenazador.* Por ese peculiar estatuto que es el de lo inconsciente, donde los contrarios —lejos de excluirse— o bien se suplen, relevan o sustituyen, o bien se implican como pares, lo familiar y lo no familiar acaban convocándose de modo solidario.

La alusión a la familia incluida en el término «*heimlich*» no es para nada casual. Se está hablando también de ella, de ese núcleo acogedor, cálido, donde cada quien se puede sentir contenido, amparado. Sin embargo, la familia es también el lugar de gestación de una de las más ingratas dentro de las experiencias de un sujeto, en el plano de los llamados afectos (o efecto de estructura). Este es, remarca Freud, el caso de lo *siniestro en lo angustiante.*

Frente a la angustia que implica la irrupción de lo siniestro podríamos situar a otra, muy citada en los «manuales» de psicoanálisis. Se trata de la conocida como *angustia señal*, aquella producida en forma presuntamente automática, y que parecería responder a fines adaptativos. Una pequeña angustia, manifestada a los efectos de anular —se dice— otra de carácter pánico, masivo. Es así como la denomina, por ejemplo, Otto Fenichel en su *Teoría psicoanalítica de las neurosis*. A nuestro juicio, el término *angustia pánica* se muestra prescindible toda vez que se tiene en cuenta la precisa determinación freudiana acerca de lo siniestro; y, por otra parte, entender a la «angustia señal» en términos adaptativos reintroduce el mito del hombrecillo astuto «en la cabeza». De modo que *nada hay de un par homeostáticamente opositivo en cuanto a tipos de angustia.* El texto clave para inteligir esta última —en sus distintas manifestaciones— no es sino «Lo siniestro», como bien remarca Lacan.

Es que así como para estudiar las formaciones de lo inconsciente nos enseñó a reparar de manera inesperada en *El chiste y su relación con lo inconsciente* —en dicho texto toma fuerte apoyo, por ejemplo, el *Seminario 5, «Las formaciones de lo inconsciente»*—, a los efectos de inteligir la angustia, Lacan reenvía al ensayo freudiano fechado en 1919. Esto comporta un efecto de enseñanza notable. La remisión habitual conduce a *Inhibición, síntoma y angustia*, dado que en el mismo título se anuncia el tratamiento de problemas ligados al tema que nos ocupa. Y para las «formaciones» hubiésemos esperado una remisión a un texto alusivo al síntoma. Sin embargo, el derrotero lacaniano elige otros trabajos, porque *sigue la estrategia de lo no obvio*: *El chiste y su relación con lo inconsciente* y «Lo siniestro», los cuales parecerían brindarnos respuestas laterales. El caso es que, con estas elecciones, Lacan da cuenta de cómo entiende que se debe pensar el psicoanálisis. Como alguna vez escribimos, *Freud no acude a la cita si se le da cita en un lugar convencionalmente prefijado.* Hay que proceder con extrema cautela con las citas de Freud, porque cuando creemos que los textos responderán en el lugar esperado, no lo hacen allí, sino en alguno mucho menos previsible. Lacan pone en acto dicha circunstancia con estas referencias que no dejan de sorprender por sus efectos de sentido; dicen mucho más que las provenientes de aquellos trabajos a los que uno recurre «sabiendo» de antemano lo que va a encontrar (al modo congelado).

La cuestión de lo siniestro, esa tercera modalidad de concebir lo que está en juego cuando falta la falta, de ninguna manera está divorciada de las dos anteriores. La recusación de la castración y el establecimiento del fantasma —con sus variantes y sus postizos— son decisivos —en tanto involucran a los conceptos de castración y objeto *a*— para elucidar, en términos metapsicológicos, qué es lo *Unheimliche*. A tal efecto, vamos a retomar de modo tangencial la cuestión del espejo. De ella, interesa recordar que el sector no especularizable es el de (– φ). Por otra parte, el *a* oficia como tapón en la nasa. En *«La angustia»*, Lacan plantea, de modo inteligente, la articulación por procesar entre ambas nociones. Esto atañe, claro está, a *una lógica de los conceptos que no en vano posee al lenguaje matemático como referente*. A las operaciones en juego conviene analizarlas en detalle, ya que hasta en algunos autores de orientación lacaniana la cuestión presenta ciertas confusiones. El *Seminario* lo afirma en forma taxativa: (– φ) tiene vigencia cuando *a* falta. ¿Qué querrá decir esto, con relación a la falta de la falta? Al respecto, podría dibujarse una situación como la siguiente, que remeda una *lámpara eléctrica*:

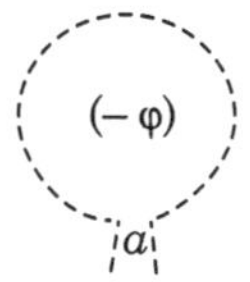

El objeto *a*, es preciso reiterar, ofrece la alternativa de maquillar la falta. De esa manera, haría las veces de un tapón que obtura la regencia de (– φ), cuya consistencia imaginaria delimita el lugar (simbólico) del agujero. Debe tomarse en cuenta, además, que el *a* no es de ninguna manera el objeto del deseo:

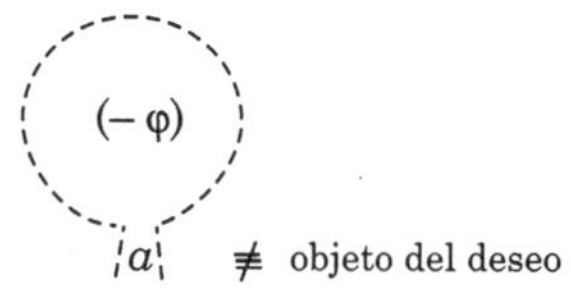

Es conveniente efectuar una pequeña digresión en torno de este punto. *La disyunción exclusiva aplicada a la relación entre* a y *objeto de deseo obedece a la necesidad de subrayar que se trata de conceptos distintos.* El segundo es referido por Lacan a algo que pareciera colocarse por delante del sujeto, en función de lo que este decide. Sobre tal concepción se ha construido toda una serie de hipótesis filosóficas. Es a una de ellas que le interesa desmontar especialmente: la fenomenología husserliana. No se debe olvidar, en cuanto a esta atención, que al dirigirse a Edmund Husserl también apuntaba por extensión —o por elevación— a figuras prominentes de aquellos años en el panorama filosófico francés, como el nombrado Jean-Paul Sartre o su respetado amigo Maurice Merleau-Ponty.

Los fenomenólogos hacen hincapié, en sus desarrollos, en la hipótesis de una consciencia tética, intencional. Una consciencia que siempre es de algo, que no deja de apuntar a un determinado objeto, un cierto contenido planteado como otro y distinto de la propia consciencia. En tal designio, este contenido podría ser un objeto del deseo. Por eso, se propone desde el inicio en una posición de enfrentamiento con el sujeto; está delante de él:

consciencia ⟶ objeto

El objeto del deseo frente a una consciencia tética. De un modo más alambicado —expresado en términos que privilegian lo cognitivo—, Husserl diría que el pensamiento propone a su objeto. El noema —en términos husserlianos: una unidad de pensamiento— es precisamente aquello que genera el objeto intencional. No es necesario destacar que estamos de nuevo en el terreno del más rancio idealismo: el de un sujeto generador inmanente del mundo, pese a que se reclame como trascendente. Referirse a un objeto del deseo en estos términos implica ubicarse en el primado de lo Imaginario. Estamos en presencia de un ser que coloca objetos ante sí, prestigiándose ante la propia especularización, en la construcción de su mundo privado. El prestigio proviene, entre otras cosas, de que en esta situación el yo no puede sino vanagloriarse de su libertad para ejecutar un proyecto al que, por otro lado, procurará otorgarle valía universal. A autores como Sartre, este tipo de formulaciones los obligarán a forcluir el psicoanálisis y su descubrimiento crucial: lo inconsciente.

Sartre postulaba, en lugar de lo inconsciente, el obrar de la mala fe. Esto indicaba que, a su entender, no existía *un saber —textual— de lo inconsciente que, como tal, era insabido.* La consciencia detentaba el monopolio del saber, por lo cual el sujeto sabía, pero se hacía el desentendido gracias a los recursos de una consciencia «malintencionada», orientada por esa mala fe. Desde la filosofía pudo decirse aquello —y en su momento contó con cierto consenso entre un sector «vanguardista» de la intelectualidad—, pero la mínima experiencia como analizante o analista indica que lo inconsciente es muy diferente de una supuesta mala fe.* Ahora bien: no se trata de contestar la posición subjetiva —infatuada— a partir de la cual es viable una postura como la fenomenológica, sino que queremos puntuar cómo esa tesitura —al modo del apólogo— *forcluye el objeto causa del deseo confundiéndolo sustitutivamente con el objeto del deseo.*

La alusión a la causa nos remite a la revisión sagaz que Lacan le prodiga en el *Seminario 11, «Los cuatro conceptos. . .».* Al plantear esta cuestión, según allí se señala, siempre se genera, y casi de modo inmediato, un clima intelectual de imprecisión. *Es que al postular una causa y el efecto que ella provoca, se hace presente la imposibilidad de poder dar cuenta de un eslabón intermediario. Se abre, así, un hiato.* En lo que nos compete, la causa aparece como una categoría de orden eminentemente psíquico. Pertenece al ámbito de lo creado, en el sentido de que no se la puede «extraer» de las leyes del mundo. Esta causa, remarca Lacan, en la medida en que ha sido escamoteada en cuanto a la función que a su respecto cumple el *a*, dio lugar a incontables confusiones y encontrados desarrollos filosóficos atinentes a la gnoseología o teoría del conocimiento, que más adelante consideraremos. Grafiquemos en la «lamparita», entonces, *que el objeto causa del deseo no es, pues, el objeto del deseo*:

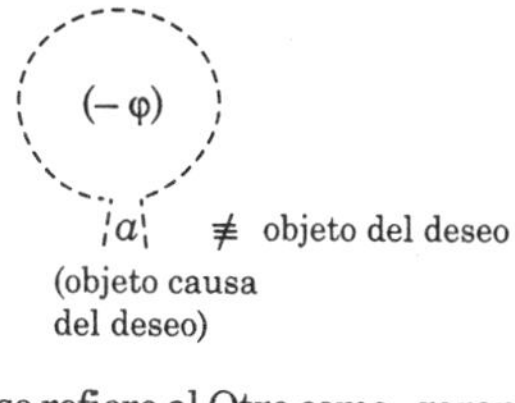

* ¿Será por esto que Lacan se refiere al Otro como «garante de la buena fe»?

De ese modo, lejos de surgir como un producto acorde con los dictámenes de una consciencia intencional, *el objeto* a *se encuentra en la posición de originar al deseo*:

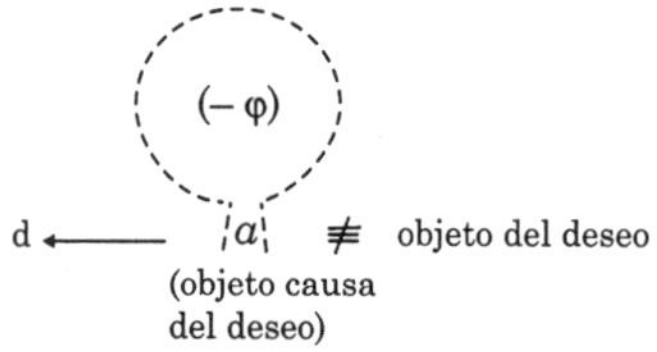

Para reforzar esta relación, conviene separar este lazo causal de la anterior disyunción exclusiva. El objeto *a* no aparece como propuesto al sujeto, convocado por su deseo, sino que, por el contrario, es lo que se ubica imaginariamente *«por detrás» del deseo mismo, causándolo*:

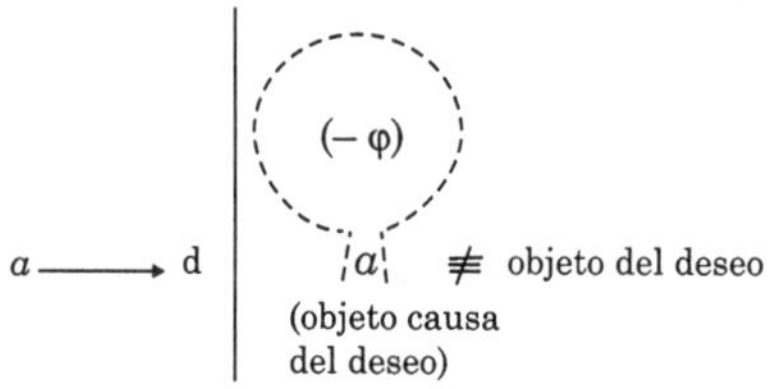

Como puede advertirse, se trata de una postulación no compatible con la de una consciencia tética. El deseo ya no es algo originario, autónomo e independiente que se lanza a la búsqueda del objeto que mejor le conviene. *El objeto* a, *«desde atrás» del deseo, es el que lo troquela, se le impone, le señala su itinerario.* Queda claro, considerando la logicidad de esta situación, que el deseo no puede sino ser el deseo del Otro, en tanto no consiste en una emanación intuitiva que surge desde las profundidades de la corporeidad (o algo semejante). *El Otro barrado arroja un resto en la constitución del sujeto que, propuesto como* a, *origina el deseo*:

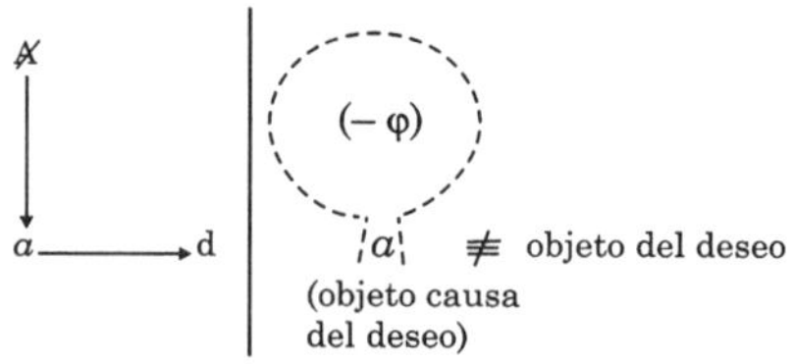

Al sujeto no le quedará otra alternativa que buscar ese objeto del deseo que presuntamente se coloca por delante.

Por efecto de estructura, de constitución, postulará —como sujeto de la representación— que todo comienza a partir de la corriente originaria del deseo; todo sujeto —desde su yo— cree a pie juntillas que se encuentra des-sujetado. *Así, el objeto* a, *al tiempo de simular estar por delante del deseo, permite el mantenimiento de este por la distancia en juego*. O, de no ser así, se conculca la regencia de la castración. Ahora bien, esta última circunstancia plantea una situación que puede ser representada de este modo:

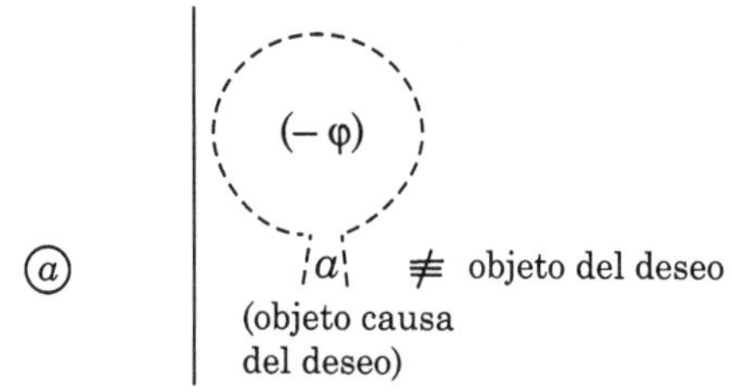

El círculo, como se sabe, es una de las figuras tradicionales de la geometría euclidiana. Tal vez sea la más inadecuada a los efectos de dar cuenta de algo relativo a la disciplina psicoanalítica. Más aún: luego de los complejos desarrollos topológicos de Lacan, parece hasta herético apelar a un sencillo círculo para dar cuenta de algo que sucede con el objeto *a*. Sin embargo, puede servir para ilustrar, con fines pedagógicos, una determinada constelación.

Al respecto, concibamos al círculo más bien como una circunferencia que delimita un espacio vacío, que estuviera recubierto por el *a*. Por lo pronto, esto indica la existencia de una falta con contornos definidos, vale decir, que posee límites precisos. En otras palabras, es un orificio producido por un corte. Y allí, a partir de la en apariencia inocente figura del círculo, irrumpe la topología. En efecto, dicha figura, producida por una perforación, puede ser concebida, por ejemplo, como una zona erógena, ya que ella —siendo la que está en contacto con el objeto causa— posee un periplo que se especifica al bordear un orificio que se abre y se cierra [1]. Por otro lado, Freud nos dice que *toda zona erógena —y, por extensión, toda problemática pulsional— se redefine en función de la castración.* De modo que el contorno definido del que da cuenta el orificio, en tanto perdura de ese modo, remite a la *castración*:

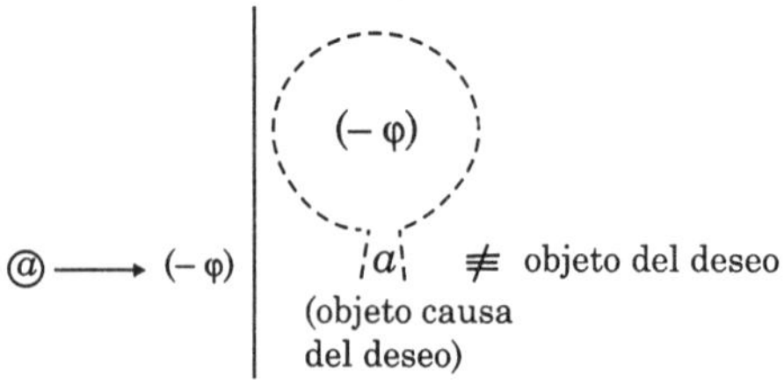

Por consecuencia, *el perímetro recorrido alrededor del objeto* a *en tanto eventual obturador de ese agujero no es sino el* (– φ) *de la castración que, en el caso de la obturación, falta como falta.* Sin embargo, hay un punto que hasta este momento de nuestro desarrollo no hemos incluido, y que es de importancia decisiva. Se trata de *la Cosa, que constituye un concepto básico para dar cuenta de lo siniestro.*

La Cosa, *das Ding*, se plantea en forma temprana dentro de las postulaciones freudianas; más precisamente, en el *Proyecto de psicología para neurólogos*, de 1895. Allí se presenta el concepto como al pasar, en un contexto lateral. Sin embargo, la perspicacia de la lectura lacaniana descubrió las enormes implicancias de aquello que, siendo tematizado por Freud, no llegaba al grado de una articulación consistente y nodular.

En el *Proyecto* alude a un *complejo perceptivo* que obra en el lactante, y cuyo diseño autoriza a su división en dos partes. La primera es determinada; perdura más allá de todas las alteraciones factibles. Podríamos graficarla del siguiente modo:

1	

De ella puede predicarse lo que Lacan señala acerca de su caracterización inicial del registro de *lo Real*: *que vuelve siempre al mismo lugar.* La parte restante del complejo perceptivo, en cambio, es la que sufre modificaciones:

1	2

La argumentación es similar a la que puede gestarse sobre un sujeto estable y los atributos que le pertenecen, o que dejan de pertenecerle. El sujeto (1) es el que permanece, mientras los predicados (2) van cambiando. *Esta oposición enfrenta, en suma, dos condiciones: una de perdurabilidad, de estabilidad y hasta de estatismo, en cierto sentido; la otra, de inestabilidad y de flexibilidad.* Ahora bien, en la parte inalterable del complejo perceptivo al que alude Freud se localiza lo que denomina *das Ding, la Cosa, que configura el primer exterior hostil con que se enfrenta el* sapiens:

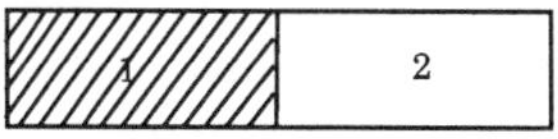

El lugar de la Cosa puede ser ocupado por lo que Lacan denomina el *Otro primordial,* es decir, la *Madre*, en su vertiente de *Otro real.* Por supuesto que no se trata de la madre empírica, sino del producido de un insoslayable efecto de estructura. Aunque eche por tierra las argumentaciones de diversas corrientes psicológicas relacionadas con una suerte de puericultura que sacraliza la pureza del «instinto maternal», es precisamente *eso* lo que postula y demuestra el psicoanálisis. Al respecto, en las páginas del *Proyecto* puede leerse: «Supongamos ahora que el objeto que brinda la percepción sea parecido al sujeto, a saber, un *prójimo.* En este caso, el interés teórico se explica sin duda por el hecho de que un objeto *como este* es simultáneamente el primer objeto-satisfacción y el primer objeto hostil, así como el único poder auxiliador» [2]. Años más tarde, en las *Conferencias de introducción al psicoanálisis*, Freud sostendrá que nuestra disciplina no debe ser confundida con una psicología individual, al estilo de la adleriana —hacia la cual apuntaba también su polémica—, en la que se considera que cada sujeto, impelido por su voluntad de poderío, trata de realizar «arreglitos» para sobrecompensar su inferioridad orgánica. El psicoanálisis se ocupa de desentrañar *cómo es factible que, desde una estructura tan absorbente y marcante como la de la familia, puede llegar a surgir un sujeto.* El punto de partida es diametralmente opuesto. No se trata de un ser preconstituido que pasa a relacionarse con otros, sino que, desde una situación en la que parecen darse todas las circunstancias para que ello no suceda, sin embargo, se desprenden sujetos. Esta particular condición es la que hace a Lacan enfatizar la pregunta: ¿Qué está al comienzo? Pues *el Deseo de la Madre; y este consiste en reintegrar su producto.* Es allí mismo cuando la Madre aparece ante el *infans* como *das Ding.*

La relación de la madre con su hijo ubicado en lugar fálico es de absorción o, como dijimos, el movimiento se dirige conforme con un intento de reabsorción de su propio producto. En esa situación, el *Nombre-del-Padre debe hacer de separador, escindiendo, instalando un corte entre la Cosa y el niño.* Esta circunstancia es la que se puede detectar en el protofantasma —o, como preferimos decir, el fantema— que suele aparecer en los analizantes, donde se significantiza como un presunto retorno imaginario al vientre materno.

El fantema de retorno al seno de la madre no tiene nada que ver con un psiquismo fetal ni nada parecido. Se trata, en puridad, de una vuelta a caer en las redes del deseo materno, lo cual es algo muy distinto de una reinfetación. Hasta nueva noticia, es imposible hablar con seriedad del psiquismo de algún espermatozoo, óvulo, embrión, feto, o lo que fuese. Lo que sí puede advertirse es que existe el lugar de ese «embrión», desde el Otro. Entonces *sí puede columbrarse un psiquismo fetal concebido desde la Madre.*

La cuestión radica ahora en dónde situar la Cosa con referencia a ese afecto decisivo que es lo siniestro; vale decir, cómo aquella dará lugar a la irrupción de la angustia en esta serie de relaciones. Para introducir la regencia de *das Ding* se torna necesario que, de manera repentina, se difumine por completo ese límite que bordeaba el orificio que el *a* lograba obstruir de modo parcial. Es la condición para que aquello que estaba destinado a permanecer oculto pueda manifestarse. *O sea que si el* a, *al tapar, sofoca, la dilución del límite posterga tanto al objeto* a *como a* (– φ) *tras el agujero abisal:* das Ding.

Decimos entonces que *la falta del contorno hace peligrar la estabilidad de la castración.* Para ejemplificar, cabe destacar que lo que se puntúa en un síntoma para nada desdeñable, como lo es la fobia a las alturas, es, más bien, una «fobia a las bajuras». Es el abismo, como *das Ding*, lo que demanda; el sujeto víctima del vértigo percibe un llamado al que está a punto de responder arrojándose al vacío; de allí, el temor a obedecer dicho llamado. Más allá del vértigo en sí mismo, está eso que convoca a lanzarse a dicho espacio, que precisamente se caracteriza no por poseer límites definidos, sino por ser (un) vacío. De modo que el reverso del objeto *a*, cuando se borran los límites de lo que intenta taponar, es su contracara oculta, vale decir, *das Ding*:

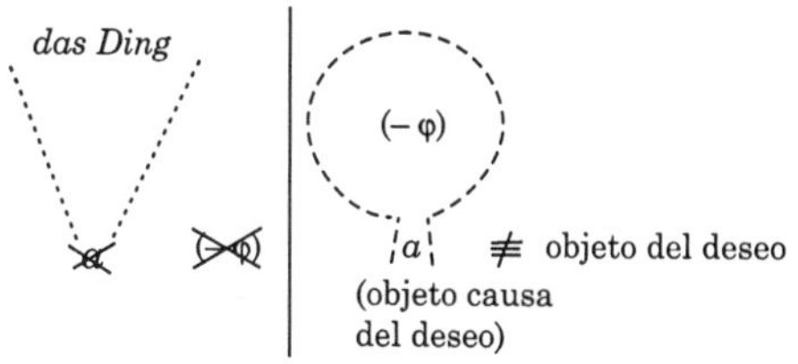

La ligazón entre el objeto *a* y la Cosa determina que Lacan, varios años más tarde del *Seminario 10* —por ejemplo, en el *Seminario 18, «De un discurso que no sería del semblante»*, o en un conjunto de clases casi coetáneo titulado *El saber del psicoanalista*— se refiriese a la *a*-Cosa.

El concepto de a-*Cosa, otras veces escrito como* Ha-*cosa, remarca que se requiere de la ligazón entre ambos términos para dar cuenta de la producción del efecto amenazante. El objeto* a *no posee de por sí un carácter* unheimlich *persecutorio, que sí implica la aparición desenfocada, deslimitada, imprecisa, con que se presenta la* a-*Cosa. Das Ding* es totalmente indefinible; tan desdibujada como acechante, terrorífica y tentadora. Es por este hecho que, en lo fenoménico, la angustia se presenta como sin objeto definido. El sujeto dice angustiarse, sin saber ante qué o quién, o por qué padece.

Si se lee con atención *Inhibición, síntoma y angustia*, en especial —como Lacan lo recomienda— el «Apéndice B» de dicho ensayo, puede advertirse que la angustia puede ser algo indefinido, pero lo es —dice Freud— *«ante algo»*, aunque dicho «algo» no sea conocido por el sujeto. Esto es lo que permite afianzar la tesis central adoptada como punto de partida para el desarrollo lacaniano: *la angustia no es sin objeto.* El caso es que no se trata de un objeto localizable con rapidez a nivel fenoménico. No es el miedo a un animal, al encierro o a las alturas. Por supuesto: si la concepción del objeto queda relegada a este tipo ingenuo de datos sensoriales, resulta congruente decir —como lo hacen los psicólogos— que la angustia se caracteriza por la falta de objeto. Pero, por el contrario, si desde el psicoanálisis sostenemos una noción más fidedigna, en la cual lo objetalizable bien puede ser algo no objetivizable en primera instancia como dato sensible, *podemos aseverar no sólo que la angustia no es sin objeto, sino también que el objeto en cuestión es justamente lo que se ha designado como* a-*Cosa.*

El objeto que provoca la angustia en el neurótico es la a-Cosa, vale decir, el deseo del Otro en tanto exige que el sujeto borre sus límites, entregándose(le) en forma incondicional. Lacan señala que en ese lugar se encuentra, supuestamente, una suerte de goce que se alcanzaría mediante dicha entrega. Tal goce no existe, pero no porque ese *goce del Otro* no exista, deja de creerse en él. El sujeto, desde su goce parcial, limitado, restringido, en tanto fálico, presume la existencia de un goce total, al que no le asigna otra localización que la situable en el campo del Otro.

En la práctica clínica es sumamente habitual que un analizante neurótico suponga en algún sujeto un saber con respecto al goce ilimitado y que, desde su poquedad, desde las limitaciones de su goce perdido, anhele los supuestos logros y plenitudes alcanzados por ese otro, que es por lo general un perverso (como estructura). Es que este último hará todo lo que esté a su alcance para fomentar dicha creencia, marcando al neurótico que él sí sabe qué es la recuperación del goce y prometiendo que, de seguir el camino que le propone, podrá escaparse de la restricción impuesta por la castración.

La suposición respecto de poder alcanzar el goce del Otro, focalizado eventualmente en el perverso, no es más que uno de los fantasmas «curativos» del neurótico, que por lo común no posee mejor goce que el provocado por su síntoma, ya que su vida sexual está constreñida y centralizada en él, conforme lo enseñó Freud. Ahora bien, este goce del neurótico es de orden fálico, lo cual no implica que se involucre allí el pene, sino que la implicación del falo hace a la eficacia de su reverso: la castración. *Si hay una «atención» a la castración, el goce permanece localizado, de modo puntual, y así no es sino parcial.* Pero desde esta posición, el sujeto hipotetiza la existencia de un goce máximo, total. El goce del Otro —como Lacan lo denomina y al que introduce sistemáticamente en este *Seminario*— adquiere, por ende, las dimensiones inherentes a la *prueba ontológica de la existencia de Dios.* El solo hecho de concebirlo implica la existencia de este goce, aunque más no sea en el pensamiento de quien lo postule, y de ahí que sea un «goce mental». Del goce del Otro, el sujeto da cuenta a partir de suponerlo, antes que de hallarlo, circunstancia que en modo alguno invalida su eficacia.

Esta paradoja tiene un antecedente ilustre en la historia del pensamiento occidental, a partir de los estoicos, quienes precisamente descubrieron la *implicación material*. Vale decir: de una premisa falsa, bien puede deducirse una conclusión verdadera. O sea que de lo falso no se deduce lo falso de manera necesaria, aunque de lo verdadero se deduce una conclusión verdadera. Esto crea una situación que torpedea el anhelado equilibrio lógico de los seres hablantes. En cuanto al goce del Otro, reiterémoslo, por el hecho de su inexistencia no se desprende que no se crea en él. Ahora bien, esto no queda relegado a una simple cuestión de creencia o razonamiento erróneo, ya que *el lugar donde se presume la existencia del goce del Otro es el de la Cosa*.

El sujeto supondrá que *das Ding* se encuentra, o bien gozando en plenitud todo el tiempo, o acechando a la espera del momento en que se apropiará gozosamente de su carne. *Aquella carne, en rigor, que el perverso ofrece con gentileza, proponiéndose como leal instrumento del goce del Otro*. En dicha invitación puede apreciarse el intento imaginario de recusación de la castración y, por ende, de la hipotética limitación del deseo.

En este punto nos es preciso retornar al *cuadro matricial de la angustia*, el que se ha completado, luego de un cierto tramo de suspenso, con el *acting-out* y el pasaje al acto, que no son, ciertamente, afectos. Ambos son, en cambio, *expresiones de la acción, por cuyo intermedio se le puede arrebatar, a la angustia, su certeza*. Cuando el sujeto se lanza a este tipo de acciones, permanece en un devenir en el cual *la duda queda abolida*: él está apropiándose de la certeza. Aquí hay un elemento capital en el *Seminario 10*, que es retomado en uno y otro pasaje. En las primeras clases aparecen unas alusiones, y en las finales, otras, que permitirán definir los conceptos de marras y sus diferencias. Vale la pena retomar estos dos ítems y su ubicación, en un corte parcial del cuadro:

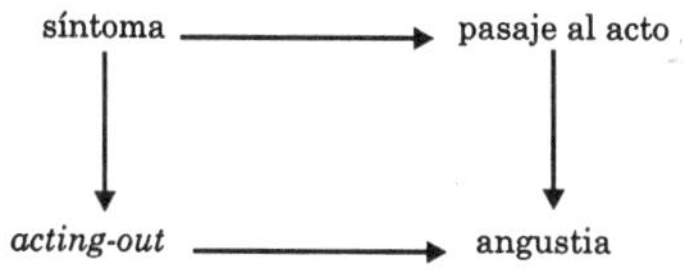

Se plantea —como es dable apreciar— una vecindad muy clara con síntoma y angustia. Cabe destacar que sendos conceptos cercan a esta última: serán *defensas contra la angustia, intentos de evitación de la angustia.* Así entendidos, ponen nuevamente sobre el tapete un tema nodular del *Seminario 10*: el objeto *a* como correlato subjetivo de la angustia. Objeto que es causa del deseo o, si se quiere, objeto de la pulsión. Ahora bien, entre *a* y angustia, ¿existe una implicación recíproca? Si pienso a la angustia, al unísono convoco al *a,* diríase que de modo automático, por la necesaria remisión, en este caso, de aquel a la Cosa. Pero es preciso subrayar que la proposición inversa no es válida: *pensar en la logicidad del objeto* a *no implica remitirnos de modo forzoso a la angustia.* Entonces, no se trata de una implicación recíproca, sino de una del tipo simple. Es absolutamente factible concebir muchas relaciones del *a,* sin referirnos, empero, a la angustia. Pero lo que aquí nos interesa es lo contrario: si enfocamos la angustia, deberá intervenir de modo insoslayable el *a*; en consecuencia, y dada su vecindad con aquella, tanto el *acting-out* como el pasaje al acto indican operaciones por medio de las cuales el sujeto se relaciona con el objeto *a.* Cabe, en consecuencia, analizar la discriminación tan feraz que Lacan efectúa entre estos dos fenómenos relacionados.

Para diferenciar con rigor *acting-out* y pasaje al acto, el *Seminario 10* remite a la clínica freudiana. Básicamente, los datos son rastreados en los historiales de Dora y de la joven homosexual.

En principio, con respecto a los destinos del objeto *a*, puede acotarse lo siguiente: *en el* acting-out *se trata de tornar presente dicho objeto, de colocarlo de modo efectivo, montando una escena donde este haga su aparición.* Por esta acción, el sujeto intenta al mismo tiempo mantener una distancia respecto del *a.* Existe en Lacan un ejemplo clásico; así como para Freud fueron decisivos analizantes conocidos como el *Hombre de los Lobos* o el *Hombre de las Ratas*, es viable advertir a alguien que podríamos llamar el «Hombre de los sesos frescos».

En realidad, este paciente no lo fue de Lacan, sino de Ernst Kris, y previamente, de Melitta Schmideberg (hija de M. Klein). En varios *Seminarios*, y también en los *Escritos*, el maestro francés va fabricando «su» caso. El «Hombre de los sesos frescos» es un analizante cuya actividad involucra en especial la esfera de lo intelectual. No sin malicia, Lacan asevera: «Este sujeto se encuentra gravemente trabado en su profesión, profesión intelectual que parece no estar muy alejada de la nuestra» [3]. ¿Sería analista, tal vez? La cuestión es que este paciente padecía una singular obsesión: creía que todo lo que podría llegar a escribir no serían sino plagios; en particular, temía robarle ideas a un apreciado colega con quien trabajaba y dialogaba cotidianamente. Puesto —por convicción— en testigo —y hasta cierto punto en juez del «realismo» de la situación—, Kris optó por solicitar al sujeto que le relatase tanto su tesis como la de un libro del que afirmaba haberla tomado. De esta «prolongada indagación (*scruting*)» se deriva una circunstancia paradójica: el analista dictaminó que su paciente no sólo poseía ideas originales, sino que él había sido el plagiado. El libro en cuestión, confrontado con las postulaciones del analizante, presentó «una luz nueva»: resultó que el eminente colega con frecuencia se había apoderado de las ideas que el sujeto temía publicar; así, las había modificado con levedad, exponiéndolas sin hacer mención de su procedencia. El analizante, que había creído hallar en dicha obra una prueba inequívoca de su vocación por el plagio, se encontró, merced al análisis, con una situación inversa [4].

Lo que plagiaba, lo que robaba el «Hombre de los sesos frescos», nos dice Lacan, era entonces simplemente *nada*. Pero la alusión a «nada», en dicho contexto, implica una referencia al *a:* el fragmento que cae del cuerpo, separándose. Pues bien, ¿qué *hacía* el analizante, una vez recibidas durante las sesiones las comprobaciones casi judiciales de Ernst Kris, «realistas» en grado sumo, pero ajenas al análisis? Concurría a los restaurantes de una calle cercana, hasta dar con uno cuyo menú, pegado a la ventana, ofrecía su plato favorito: sesos frescos. La excursión gastronómica post-sesiones constituía toda una suerte de ritual. Ante esto, Lacan interpreta que el analizante le estaba diciendo a su analista, con esta acción a la que cabe calificar como *acting-out,* ni más ni menos que lo que este le hacía ver: «le dejaba los sesos frescos» (un equivalente a nuestro «me resbala»), a la par que le demandaba por una reapertura —«frescura»— de sus «sesos de analista». *Acting-out* sutil, efectivamente nimio, pero donde quedaba constancia de que el análisis era conducido por Kris de manera equivocada. *El analizante —señala Lacan— coloca el objeto* a *en el plato. Y,* *con ello, su pequeño trozo de goce «original».** Al entregar esa libra de carne, al desprenderse del objeto, se salva de caer identificado con él. *Mantiene la distancia colocándolo en la escena*; en este caso, en las cartas de los restaurantes que hacían letra del objeto. Y allí encontramos *un carácter decisivo del* acting-out*: que es mostrativo, que convoca la mirada y llama la atención —de modo indudablemente provocativo—, señalando cómo su objeto causa de deseo estaba afuera.*

El acting-out *es un mensaje para el Otro, una sacudida a la posición del analista, para que este despierte, para que mire lo que no puede escuchar.* La mostración propia de este tipo de acción es entonces inductora, desafiante, agresiva. Pero esto no es «romper el encuadre» (?).

En el historial freudiano de Dora, la equívoca conducta que la paciente sigue respecto del matrimonio K. —amigos de sus padres—, donde se propone como objeto del deseo tanto del señor K. como de su mujer, implica en definitiva, como lo señala Lacan, un *acting-out.* Indica un *montaje de la escena* donde queda particularmente explícita la referida condición mostrativa y provocadora frente a la mirada del Otro. Pero también hay, en el caso, un momento decisivo: aquel en el que el señor K. aborda a Dora a la orilla del lago y le espeta —como presunta declaración de amor—: «Ya sabes que mi mujer no es nada para mí». No es la intención de nuestro desarrollo el demostrar de qué manera el breve discurso llega a mancillar a la propia Dora, pero la cuestión es que su respuesta a esa confesión es una bofetada. Ella marca el pasaje al acto, luego del *acting-out.*

El pasaje al acto implica un retiro de la escena. Un corte donde el historial da un giro. En el caso de la joven homosexual, Lacan toma en consideración un pasaje al acto producido en una circunstancia en la que, a nuestro entender, el pasaje es sucedido —y no sólo precedido— por un *acting-out.* Se refiere entonces, en forma detallada, al abandono de la escena efectuado por la protagonista, en este caso en forma aún más espectacular.

* En mi libro *¿Qué sucede en el acto analítico? La experiencia del psicoanálisis* puede leerse un recorrido abarcativo de la gradual fábrica realizada por Lacan con respecto a este caso (Buenos Aires: Lugar, 2000, págs. 169-76).

Como se recordará, en el relato de Freud consta que la joven paciente deja de lado en un cierto momento —siendo adolescente como Dora— sus cuidados femeninos y su posible interés por los hombres, y comienza a galantear a una señora de dudosa reputación: una *cocotte,* como la designa con delicadeza el historial. Esta mujer era cortejada por la joven al estilo del amor cortés viril, ese discurso amoroso que, como testimonio de devoción, trata de evitar todo tipo de relación corporal. Modo ejemplar de poder —según Lacan— *dar lo que no se tiene.* Pero en el caso de la joven homosexual, el amor cortés adquiere proporciones más drásticas: se propone como el caballero que *brindará a la dama, en prueba de amor y de renuncia, aquello que no posee: el falo.* Circunstancia que debe acercarse, por necesidad intrínseca de la estructura, a un sacrificio. El desafío que implicaba una relación semejante con una mujer de mala fama era acentuado por ostensibles paseos por las calles vienesas, que incluían pasar por las proximidades del lugar de trabajo de su padre. Toda la relación con la *cocotte,* incluidos el envío de flores, los paseos, etc., configuraban un notorio *acting-out,* con la consiguiente puesta en escena. Pero el desafío llega en el momento que, de alguna manera, era buscado para cincelar el supremo sacrificio. En cierta oportunidad, la llamativa pareja se topa con el padre de la joven, a quien la dama cortejada no conocía. El caballero observa a su hija con una mirada encolerizada, lo cual provoca la pregunta de la *cocotte* respecto de la situación; esclarecida esta, y ante la propuesta de ruptura por parte de aquella, la muchacha se lanza a través de un parapeto, para caer, herida, en las vías del ferrocarril metropolitano. Identificada con el objeto *a* —mirada—, la joven sólo posee el expediente del *intento de suicidio, que no es más que seguir el destino del* a: *separado,* caer. En el intento de dar lo que no se tiene —al contrario de lo que ciertos analistas creen: que se da lo que se posee—, el instante definitorio es aquel en el cual se abandona con violencia y de modo repentino la escena. La joven se deja caer, y luego del intento de suicidio el viraje es abrupto: cambia su relación con la *cocotte* y con sus mismos padres. Lacan, en dicho historial, trabajó el significante freudiano *niederkommen,* que se traduce de modo literal como «dejar caer». Esto es, con precisión, lo que le sucede a un sujeto como la citada joven, ante el encuentro devastador con el objeto a-mirada, lanzado por su padre. Siendo el principio de su posición el de sostener la relación idealizada con aquello «empujado» por el padre, ella se deja caer, y lo hace en sentido estricto, en una identificación cuasi plena con el *a. Si el suicidio se hubiera consumado, cabría calificar a dicha identificación como «absoluta».* Este dejarse caer, por ende, explica el porqué de cierta modalidad usual de los suicidios: el lanzarse al vacío, por ejemplo a través de una ventana. El sujeto se de-fenestra —etimológicamente: por fuera de la ventana— *en un intento de atravesar la abertura, el marco, que separa la escena, del mundo, y por cuyo intermedio dicho sujeto «retorna a esa exclusión fundamental donde él se siente en el momento mismo donde se conjugan, en lo absoluto, el deseo y la Ley».* El resultado de este pasaje al acto es la caída tras la cual el *a,* en la estructura, ocupa el lugar del *deyecto.* Término este que no es más que una condensación formada por lo rechazado, el desecho, y lo caído, lo yacente, lo yecto.

El estado de deyecto en que permanece la joven luego de su intento de suicidio determina que Freud, a pesar de ciertos datos del análisis que indicaban en apariencia un vuelco hacia la heterosexualidad, termine derivándola a una analista mujer, confesando allí una *impasse* respecto de sus posibilidades de éxito, «dejándola caer». La joven no había cambiado su objeto de deseo más que en forma ilusoria.

Así, la bofetada de Dora al señor K. y el intento de suicidio de la joven homosexual son circunstancias que permiten, en un nivel de relación casi directa con el *a*, evitar —al menos de manera transitoria— la angustia.

Ahora bien, en un texto anterior [5] hemos subrayado lo significativo que resulta el hecho de que la joven homosexual fuese llevada a análisis por su padre, y luego de su intento frustro de suicidio. Ante ello, se torna necesario pensar que había también una condición mostrativa e inductora en juego. De modo que allí existen también las condiciones para el despliegue del *acting-out.*

Al respecto, recordemos que Lacan definió al *acting-out* como «transferencia sin análisis». Esto nos servirá para establecer un valioso entrecruzamiento, a la manera del retruécano:

acting-out = transferencia sin análisis

Lo reiteramos: en el *Seminario 10*, Lacan apuntará que si no se analiza la transferencia, el analista, caído de su lugar, envía al analizante directamente hacia el *acting-out*; así, el mensaje que no pudo ser escuchado retorna abruptamente por el costado visual. La argumentación citada da lugar a una particular combinatoria con la siguiente afirmación: *la transferencia «es un* acting-out *sin análisis»*. Por lo tanto:

acting-out = transferencia sin análisis
transferencia = *acting-out* sin análisis

Se entendería, en primera instancia, la afirmación escolástica obvia y cómoda: transferencia es análisis sin *acting-out*. En cambio, lo aquí señalado no resulta claro. ¿De qué transferencia se trata? En el caso de la joven homosexual, por ejemplo, no ha habido consulta al analista previa a la defenestración. Y por otra parte: ¿qué significa *acting-out* sin análisis? En el mismo caso, obviamente no se había instalado el análisis como tal en el momento del *niederkommen*. La cuestión radica en que *el* acting-out *es una transferencia salvaje, en el sentido de que cuestiona y anonada el lugar del sujeto en un grado mucho mayor que el síntoma.* Porque debemos tomar en cuenta que, por medio de este último, *el sujeto goza fálicamente*. Por lo tanto, lo sintomal no llama por sí mismo a la interpretación, aparte del obvio detalle técnico que señala que *el síntoma, de no mediar la transferencia, no es interpretable*. Si no se llama al Otro para que asuma el lugar del Sujeto-supuesto-al-Saber, por más que se digan «verdades» contenidistas, ningún cambio de posición subjetiva habrá de producirse.

Si procede del Otro —y esto es lo que se hace cotidianamente en la clínica—, *la interpretación puede trabajar sobre el síntoma. Pero el agudo acercamiento de Lacan al* acting-out *subraya que este posee un mayor poder de llamado que el síntoma; demanda en forma más perentoria por la interpretación, vista la sideración que conlleva.* El salvajismo que implica esta transferencia —virtual— que es el *acting-out* sin análisis, pide al Otro por una restitución simbólica en forma mucho más resonante que el propio síntoma. *Esto implica toda una revaloración clínica de este tipo de defensas contra la angustia, conformadas por el sesgo de la acción (significante).* Es un punto capital que diferencia de manera raigal el enfoque lacaniano del correspondiente al otro psicoanálisis. De ese modo, es conveniente hacer hincapié en que el *acting-out* es algo más que un obstáculo para el análisis: en puridad, cabe afirmar que *no hay cabalmente análisis si no intercurren, en el mismo,* acting-out. Así, hasta el pasaje al acto puede precipitar un ingreso en análisis, ya que en él se verifica una demanda mucho más compleja y articulada que las todavía aludidas a menudo (por ejemplo, suele buscarse un exclusivo y empírico «duelo actual desencadenante» para cifrar el impulsor de la entrada en análisis). La tesitura lacaniana, en cambio, nos ilustra acerca de *uno* de los ingresos en la situación analítica: el caracterizado por un considerable monto de imperatividad y exigencia, hecho que la clínica previa no alcanzaba a conceptualizar de modo preciso.

Referencias bibliográficas

[1] J. Lacan, *Seminario «Los cuatro conceptos fundamentales del psicoanálisis»*, *11*, Barcelona: Barral, 1977, pág. 193.

[2] S. Freud, «Proyecto de psicología», en *AE*, vol. I, pág. 376, bastardillas en el original.

[3] J. Lacan, «Respuesta al comentario de Jean Hyppolite sobre la "Verneinung" de Freud», en *Escritos II*, México: Siglo XXI, 1975, pág. 154.

[4] E. Kris, «La psicología del Yo y la interpretación en la teoría psicoanalítica», en *Revista de la Asociación Escuela Argentina de Psicoterapia para Graduados*, 17, Buenos Aires, 1991, pág. 35.

[5] R. Harari, «Caída de un querer», en *Discurrir el psicoanálisis*, Buenos Aires: Nueva Visión, Colección Psicología Contemporánea, 1986, pág. 191.

4. Destinos del *a*. Engaños, transferencia, fracaso, duelo

Hemos señalado ya que uno de los rasgos destacados del *Seminario 10* es que no presenta un *corpus* que cuente con una exposición de tipo correlativo. Las cuestiones abordadas no se agotan una vez presentadas y desarrolladas para dar luego paso a otros problemas. En «*La angustia*» damos con uno de los ejemplos en donde Lacan demuestra —a nuestro entender— una suerte de no contemporaneidad consigo mismo. Es que en el mismo *Seminario* se encuentran formulaciones que parecen heterogéneas entre sí, presuntas contradicciones que hay que saber —poder— tolerar en función de la fecundidad de sus postulaciones. Evidentemente, el espíritu de extrema claridad y el logicismo formal de las argumentaciones teoremáticas no parecen estar contemplados. Esto hace que las temáticas presenten cursos y recursos. Las idas y vueltas en el *Seminario* fuerzan, a su vez, a un abordaje en el cual nuestra lectura de algún modo acompañe dichos movimientos. De esa forma, los rizos reiterados sobre algunos problemas intrincados procuran ser, en la aproximación que estamos realizando, respetuosos del sentido de «*La angustia*». Su mira, entonces, no es otra que la de intentar forjar un decurso adecuado a los desarrollos lacanianos; de allí, por lo tanto, procede el orden de las argumentaciones presentadas en este trabajo. *Orden expositivo, orden de razones, que no necesariamente sigue la estricta cronología del original.*

En los capítulos previos, hemos desplegado diversas problemáticas correspondientes al primer tercio del *Seminario 10*. Llegamos así al punto en que se brindan las condiciones para acercarnos a los tramos donde promedia «*La angustia*» y las relaciones que allí se van planteando. Este pasaje implica el retorno a un nivel de cierta abstracción y de mayor complejidad que lo expuesto en el capítulo anterior. Dicho de otra forma: lo que sigue establece lazos con determinados pasajes de nuestro capítulo 2, especialmente en lo que atañe al *grafo de la angustia*. Conviene, de ese modo, recordar una parte de aquel artificio relacional; precisamente, la que nos servirá para ilustrar las elucidaciones que se encararán a continuación:

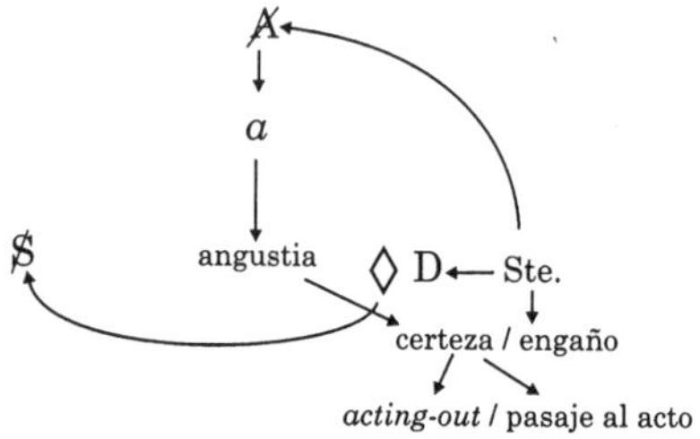

No hace falta aclarar una vez más el sentido de los elementos que componen este cuadro, pues basta con remitirse a las páginas donde lo hemos desarrollado punto por punto. El *acting-out* y el pasaje al acto fueron, por su parte, ejemplificados de modo suficiente con casos clínicos de Freud. Lo que aquí se intentará es hacerle decir a este grafo parcial algo más que lo anterior, para extender la validez, en la praxis poiética psicoanalítica, de las notaciones empleadas; en efecto, el grafo se encuentra en íntima articulación con la clínica, dado que no constituye una construcción logomáquica que alienta algún orden metafísico.

Para comenzar, nos detendremos en un término que pertenece, con estrictez, al léxico lacaniano, es decir, que no lo hallamos en Freud como concepto: se trata de la *demanda* (D).

En primer lugar, cabe reiterar que la demanda no debe ser entendida en el sentido de un pedido explícito. Entre otros respectos, *la demanda implica la operancia del orden de lo inconsciente*. De ese modo, queda descartada cierta concepción ingenua, harto extendida, que la entiende como una especie de deseo desviado que es extrapolado, bajo un disfraz conveniente, al plano consciente. Un deseo inconsciente, según esta intelección, se transformaría, en el pasaje a lo consciente, en demanda. Si esto fuera así, sería imposible entender por qué resulta tan decisiva la problemática de la demanda en el neurótico. Y esto es tan definitorio, que *es justamente por la dimensión inconsciente inherente a la demanda que hay psicoanálisis, por cuanto ella permite erigir el artificio clínico psicoanalítico.*

Demandar no es precisamente pedir. Lacan aclarará: lo que el neurótico quiere constantemente es otra cosa. Quiere *hacerse demandar; el objeto que busca es una demanda.* Una y otra vez genera esa situación. En el *Seminario 10,* agregará que *el neurótico busca hacerse demandar tratando de no pagar el precio que ello implica; vale decir, que no quiere dar «nada».* Para dar cuenta de este acontecer, decimos que en la fórmula del fantasma —que se encuentra incluida en el grafo de la angustia— se reemplaza el *a* por la letra correspondiente a la demanda, o sea que ($ ◊ *a*) se convierte en ($ ◊ D), *que es la fórmula de la pulsión y del tesoro de los significantes:*

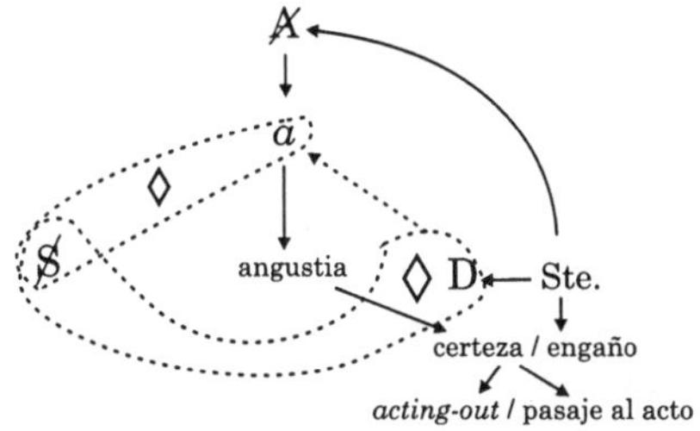

Este reemplazo producido en el neurótico es crucial para entender lo que puede denominarse uno de los *destinos del objeto* a. Como vimos, un destino es, por ejemplo, el ilustrado por el «Hombre de los sesos frescos», quien atisba los restaurantes en busca del objeto *a* hecho letra y arrojado en el plato, precisamente cuando sale del consultorio de Ernst Kris.

En otro de los ejemplos citados, el de la joven homosexual, un pasaje al acto —que implica la caída del sujeto en tanto objeto *a* con el que se halla identificado— puede ser ligado con un *acting-out*, esto es, con un pedido perentorio de interpretación, de rearticulación simbólica. En un caso se presenta el *a* a cierta distancia, inscripto en la escena; en el otro, el *a* obra en un salto hacia el mundo, fuera de la escena. Ahora bien, el neurótico, mediante la sustitución del *a* por la demanda —o: hacer de la demanda su objeto—, *traslada, transporta el objeto* a *al analista*. De ese modo consigue realizar un *desplazamiento*, permitiendo que el analista se instale en el lugar del objeto causa del deseo; para ello, *debe no formularle demandas al analizante. Este proceso explica, por un sesgo esta vez diferencial al del Sujeto-supuesto-al-Saber, por qué existe ese lazo tan particular denominado transferencia.* Si el analista es capaz de sostener el lugar en que se lo coloca —posición especialmente difícil—, puede ser objeto causa del deseo del analizante. Prosiguiendo con los usos de la notación lacaniana, es viable escribir lo predicho del modo siguiente:

$$a \longrightarrow \$$$

Esta forma de escribir la relación transferencial hace referencia a la *fórmula del fantasma*, dado que se corresponde por completo con ella en lo que hace a sus términos, si bien no en lo tocante a su orden. *El analista, en el lugar del objeto* a, *provoca el barramiento del sujeto, lo cual significa que este se posiciona en tanto sujeto de deseo.* En efecto, es el modo más elemental de describir qué entra en juego en el análisis. El analista es allí *semblante de* a —conviene repetirlo: no es el *a* mismo, sino que «semblantea» su función—, y como tal semblante logra, o intenta hacerlo, desmontar lo exigido por el neurótico en su demanda.

Es que el neurótico, en su cotidianidad, consigue con su demanda los efectos buscados, vale decir, que se le suplique, sin percatarse de su inducción. *Se hace demandar; demanda demandas.* Este es el efecto que en la clínica puede advertirse y del que Lacan da cuenta con la notación o grafía **($ ◊ D)**. El caso es que se hace suplicar pretendiendo —como dijimos— no pagar el precio que esta súplica conlleva, o sea, sin responder a lo implicado en, y por, ella. El error en que una cierta dirección de la cura puede incurrir en este punto es el pretender que lo que está demandando el analizante es aquello que dice de modo expreso. Aquí hay una sencilla discriminación por realizar: *aquello que el analizante demanda de forma explícita no es lo que se debe «satisfacer».* Si se lo hiciera así, ¿qué ocurriría? Pues se obturaría la posibilidad de que el deseo pudiese seguir circulando: se lo apagaría falaz y momentáneamente a través de una respuesta puntual. ¿Qué sucede, empero? Que la demanda manifiesta es seguida por otra demanda que también va a exigir una réplica precisa. La cual generará, a su vez, una nueva insatisfacción. Benéfica, claro está, pues reabre la falta.

Aunque lo anterior pueda parecer obvio y elemental en una puntualización psicoanalítica, el citado error es piedra basal de innumerables psicoterapias, que se construyen alrededor de una exigencia de perentoria brevedad traducida en la resolución de problemas puntuales «de la actualidad».

El efecto psicoterapéutico buscado está determinado con estrictez por la demanda manifiesta del analizante, quien acude a resolver determinada cuestión, sobre la cual «se trabaja» en forma exclusiva. En *esta ingeniería de la conducta* no existe —sea cual sea la variedad elegida— otra «alternativa» que la de plantearse una dimensión de curación imaginaria, esto es, aquella que el psicoanálisis procura evitar. Para hablar de un concepto ya tratado en detalle, digamos que *el psicoanálisis intenta arribar a la cuestión central de la falta, y no maquillarla o taparla con distintos sentidos.* La demanda de tal tipo se dirige hacia una obturación de la falta; lo que el analizante solicita neuróticamente es un tapón imaginario para su falta constitutiva. Si el analista cae en la presunción de que su tarea es ocluir la falta en una dimensión imaginaria, allí deja de ser tal para erigirse en un ansiógeno psicoterapeuta. Y por eso, *la clásica recidiva sintomal de las psicoterapias marca el saludable retorno del deseo.* Además, y para concluir, baste sentar el enunciado que, como aforismo, da cuenta —hacia 1972— de *la «demanda fundamental»: «Te demando rehusar lo que te ofrezco, porque no es eso».*

Indudablemente, la cuestión de la falta según Lacan no es sencilla. Se trata de un concepto polivalente, que posee diversas lecturas y remite a distintos tipos de faltas, como ya hemos explicado. Y ello, dejando inclusive de lado la discriminación entre *privación, castración y frustración,* desarrollada en particular en el *Seminario 4.* Porque sería parcial y erróneo destacar tan sólo la operatoria tendiente a obtener la recusación de la falta, ya que, de manera contradictoria —aun cuando confluente y efectiva—, el neurótico procura también el resguardo de la falta central del deseo: la castración.

Pero volviendo a los *destinos del objeto* a, es preciso acotar que el destino neurótico del objeto causa del deseo, por el cual este se vierte en demanda, hace pensar a Lacan en cierta categoría puesta en escena en un diálogo platónico: el *Symposio (Banquete) o de la Erótica.*

La recurrencia a este concepto es una de esas gratas sorpresas que nuestro comentado suele deparar, y está contenida en algunas citas de ese texto clásico. En *«La angustia»*, la cuestión se toca de modo tangencial; es que ya había sido trabajada de manera extensa —dos años antes—, en el *Seminario «La transferencia en su disparidad sujetiva, su pretendida situación, sus excursiones técnicas»*: se trata del concepto de *agalma.*

Más que concepto, en el diálogo platónico, *agalma* es un término que aparece como perdido, dicho casi al pasar. Su misma etimología está afectada por cierta peculiaridad, con un tinte de imprecisión. Lacan ha enfatizado la importancia del vocablo y lo ha rescatado para el psicoanálisis, elevándolo a la dignidad de concepto. Ante todo, cabe preguntarse qué significa la idea de *agalma.* Para ello es conveniente recurrir a algunos pasajes del *Banquete* platónico, a los efectos de puntuar de qué manera el término de marras remite a la condición de la falta.

Resulta, entonces, que en el *Banquete* se suceden una serie de discursos acerca de la naturaleza y de las implicancias del amor, y que toman su apoyatura en el amor homosexual. En determinado pasaje habla el joven y bien parecido Alcibíades, cuando le toca participar en el juego en el que los comensales debían hacer el elogio de quien se hallaba ubicado a su lado. Y Alcibíades, en una suerte de furor etílico —como Lacan destaca—, hace el panegírico de quien fuera su peculiar amante, quien no es otro que Sócrates.

Según parece, Sócrates no era, desde el punto de vista estético, alguien demasiado codiciable, así que Alcibíades, en su glorificación, acude a la mención de atractivos ocultos en el filósofo. De modo que exclama acerca de quien sigue enamorado: «Por lo pronto, digo que Sócrates se parece a esos silenos que se ven expuestos en los talleres de los estatuarios, y que los artistas representan con una flauta o caramillo en la mano. Si separáis las dos piezas de que se componen estas estatuas, encontraréis en el interior la imagen de alguna divinidad. Digo más, digo que Sócrates se parece más particularmente al sátiro Marsyas. En cuanto al exterior, Sócrates, no puedes desconocer la semejanza, y en lo demás escucha lo que voy a decir. ¿No eres un burlón descarado? Si lo niegas, presentaré testigos. . . ¿No eres también tocador de flauta, y más admirable que Marsyas?» [1].

En la cita anterior hay un elemento destacable. En la comparación utilizada por Alcibíades se alude a un exterior grotesco que oculta, en el interior, la imagen de una divinidad. Por otra parte, a pesar de parecer sileno o sátiro, Sócrates seducía con recursos que iban más allá de las simples apariencias. Alcibíades, a continuación, prosigue su encomio destacando hasta qué punto se encontraba arrebatado por el discurso socrático. Y declara: «Puesto que he comenzado, os lo diré todo. Ya veis el ardor que manifiesta Sócrates por los jóvenes hermosos; con qué empeño los busca, y hasta qué punto está enamorado de ellos; veis igualmente que todo lo ignora, que no sabe nada, o por lo menos, que hace el papel de no saberlo. Todo esto, ¿no es propio de un sileno? Enteramente. Él tiene todo el exterior que los estatuarios dan al Sileno. Pero abridle, compañeros de banquete; ¡qué de tesoros no encontraréis en él! Sabed que la belleza de un hombre es para él el objeto más indiferente».

Sin duda, cabe puntuar aquí una relación casi de transitivismo proyectivo entre Sócrates y su joven amante, ya que este se halla declamando la fealdad exterior de su maestro, pero al mismo tiempo señala: «Cuando habla seriamente y muestra su interior al fin, no sé si otros han visto las bellezas que encierra, pero yo las he visto, y las he encontrado tan divinas, tan preciosas, tan grandes y encantadoras, que me ha parecido imposible resistir a Sócrates» [2].

Lo que surge con claridad del discurso de Alcibíades es que lo que está en juego es algo oculto, por cuanto su «exposición» es del orden de lo virtual. Se trata, pues, de una falta, dado que esa alusión a que puede «verse» lo que está en el interior es una imprecisa presunción atributiva, acompañada de la afirmación de la propia falta respectiva. Allí entra en acción la analogía en una recurrencia a la dimensión imaginaria. No hay tal tesoro interior. Aparte, ¿cómo obtenerlo, siquiera sea parcialmente? *Este agalma interior es aquello que conduce al analizante a hacerse la pregunta por ese objeto* a *que, sin saberlo, lo habita como causa de su deseo.* Si Alcibíades, en su elogio de Sócrates (*agalma* es un sustantivo producto de la acción del verbo griego *agallo*: glorificar, exaltar, honrar), colocaba el *agalma* en el interior de su amante y maestro, recurriendo a la comparación con las estatuas de Silenos en cuyo interior se escondían efigies de dioses (*agalmata theon*), *el analizante se preguntará cuál es el tesoro que en puridad «encierra» él, pero que en la transferencia encuentra desplazado en el analista, afirmando, por su parte, que a él le falta.*

Como puede advertirse, este *agalma* poco o nada tiene que ver con la belleza exterior. No hay valoración estética en juego, sino condiciones puestas a punto por el artificio psicoanalítico. Es el hecho de que el analista pueda colocarse como semblante de *a* lo que determina que esto llegue a suceder, es decir, que sea viable la emergencia del fenómeno del amor, tal como es tematizado por Alcibíades. *Él, como todo amador, ama a quien cumple la función de estar situado en el lugar de la falta.*

Quizá sea necesario consignarlo una vez más: *el amor es patrimonio del orden del engaño.* En el *Seminario* inmediatamente posterior a *«La angustia»*, *«Los cuatro conceptos. . .»*, Lacan trabaja con detalle esta asociación. Si se conviene en que la transferencia es engañosa, ¿por qué puede serlo? ¿Por qué desde los inicios del psicoanálisis, y a través de las distintas escuelas, aparece la coincidencia, en el sentido de que la transferencia se encuentra íntimamente ligada al engaño? De modo harto frecuente se trata de eludirla acudiendo a un argumento explicativo como el siguiente: «Lo que usted siente no me involucra a mí, sino que lo siente con relación a su padre», etc. Se trata de las maniobras clásicas de evitación de los fuegos transferenciales, mediante las que se consigue un logro aparente, ya que la cuestión está lejos de dirimirse por «explicaciones» pueriles de ese tipo. A lo sumo, así sólo se revela, tarde o temprano, la ineficacia de este proceder. Sin embargo, es válido señalar que *en la transferencia obra, de modo inevitable, una dimensión de engaño.* Pero no todo se limita a una equivocación en cuanto al objeto de amor. Lo fundamental reside en que *el amor de transferencia —como bien apuntó Freud— es amor verdadero, y que el amor es, a su vez, necesariamente engaño.*

El engaño constitutivo del amor hace de gozne entre dos ideas que pueden concebirse al respecto. Si es un engaño, puede considerarse que lo es porque se dirige a una representación inadecuada, equivocada. La segunda opción es pensar que *el amor es engaño en sí mismo:*

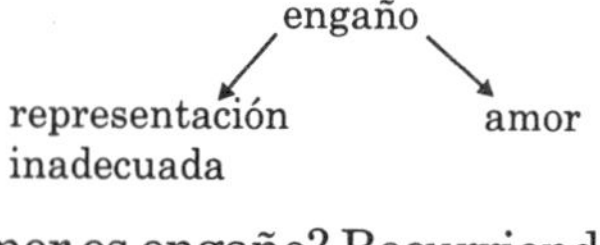

¿Por qué el amor es engaño? Recurriendo una vez más al diálogo platónico: porque es viable detectar que cuando Alcibíades hace su elogio, creyendo alabar al otro, lo que está haciendo es intentar la recaptura de su amado. En ese sentido, las loas se dirigen a captar el amor de su antiguo amante. *Amar es querer ser amado.* Ahora bien, el engaño en cuestión es que se pretende que el amor es desinteresado en cuanto a la prosecución y obtención de sus efectos y es activo en cuanto a su procedimiento. Esto último podría aceptarse tan sólo en un sentido restringido: *es activo, pero a los efectos de obtener el fin pasivo buscado, el de ser amado.*

El amor como engaño se coloca en una relación de exclusión con la certeza, recordando que esta es aquello que no engaña; la angustia en tanto certeza es ubicada precisamente en este plano. Lo cual nos obliga, por ende, a reparar en *la relación entre amor y angustia.* Si el amor es engañoso, la condición agalmática atribuida al otro —ese tesoro que «contiene» en su interior, y del cual el sujeto busca algún modo de apropiación— no es traducida sino en la posibilidad de ser amado. Podría reducirse el *agalma* a esta situación de búsqueda de la obtención del logro amoroso que se define por la captura del amor del objeto amado. Queda claro que *en esta dimensión de engaño priman los términos de la reciprocidad.* Amar se corresponde —o al menos lo intenta— con ser amado. La del amor desinteresado es una hermosa construcción lírica, pero no se compadece con la más elemental fenomenología clínica al respecto, y la demostración es extensible a la vida cotidiana. Entonces, *en cuanto a lo que sucede en la transferencia, cabe acotar que allí se juega, como ocurre en el* acting-out *y en el pasaje al acto, uno de los destinos posibles del* a.

Si, como hemos convenido, el *acting-out* es transferencia sin análisis, y a la inversa, el *acting-out* sin análisis es la transferencia en una modalidad salvaje, que de algún modo precipita el análisis —o al menos la consulta al analista—, este destino del *a* en su modalidad transferencial requiere una serie de importantes puntuaciones. Una de ellas es la atinente a un tema al que le hemos dedicado un amplio tratamiento en un libro anterior, antes mencionado: *La repetición del fracaso.*

El del *fracaso* es uno de los puntos en los cuales Lacan se detiene en el decurso del *Seminario 10.* Por supuesto, esta dimensión evoca de inmediato una *condición masoquística* en juego. En dichas referencias pueden advertirse —en varias interesantes formulaciones— qué relaciones mantiene la angustia con el fracaso. Merced a una fácil representación cotidiana, podría entenderse, con ingenuidad, que el sujeto se angustia cuando fracasa. Pero aquí, como suele suceder por lo general, la captación primera del problema presenta sus trampas. Lacan, en congruencia con lo que enseña el psicoanálisis, se dedica a invertir, en cierto sentido, el planteo. Y señala: *es necesario que pueda existir la dimensión del fracaso como medio para que pueda reabrirse una situación de angustia.* Del estatuto de causa, el fracaso queda relegado a simple instrumento de la angustia, ya que esta es en sí misma una hiancia, un agujero. *Lo insoportable, en todo caso, no será el fracaso sino el éxito, ya que este implica que «eso no falta».* Esta puntuación resulta, por otra parte, no tan novedosa para el psicoanálisis. Ya la postulaba Freud hacia 1916, cuando en «Algunos tipos de carácter dilucidados por el trabajo psicoanalítico» realizaba un perspicaz estudio de «los que fracasan cuando triunfan». En aquel opúsculo, la teorización remitía, en particular, al sentimiento de culpabilidad. El sujeto no toleraría un éxito debido a la culpa que le produce, de modo que dicha condición de culpabilidad estaría en correspondencia con una necesidad de castigo. Y, por supuesto, no se trata de pura especulación. Aquellos que fracasan ante el éxito aparecen muy a menudo en la clínica diaria. Lacan articulará a los desarrollos freudianos que este fracaso al triunfar obedece más bien a *la necesidad de poder sostener el lugar de la angustia, vale decir, el de un término medio —medio mediano, precisará— entre el deseo y el goce.*

Los cuadros de relaciones presentados en las páginas anteriores nos han de servir, más adelante, para establecer —según lo expuesto en el *Seminario 10*— una suerte de estratificación que tiene visos de una mítica cronología. En dicha argumentación se halla presente una dimensión de mito,* ya que, de un modo recurrente, Lacan hace referencia a *un sujeto que todavía no es tal.* Un *protosujeto* que se postula como hipótesis *ad hoc*, aunque su existencia no sea indicable con el dedo. Este presujeto, según hemos visto, se escribe como una S sin barrar. Obviamente, el sujeto «ca-

* Que no indica falacia, sino hipótesis necesarias sobre las condiciones de producción originarias.

bal», ek-sistente, será el S, el sujeto del deseo. No obstante, Lacan recurrirá a la formulación de un S que, por otra parte, coincide con la notación que habitualmente le sirve para escribir al significante. *En el Seminario 10 debe ser leído, en cambio, como protosujeto, o, para ser más precisos, como sujeto mítico del goce.*

El que la S designa es el sujeto propio del momento inicial del goce, que abre paso a que aparezca en un lugar medio el fenómeno de la angustia, en una relación previa respecto del orden posterior, el que remite al deseo. De modo que la posición observada en esta cronología mítica: goce/angustia/deseo, se corresponde con el inicio de nuestro grafo de la angustia (leído desde abajo hacia arriba):

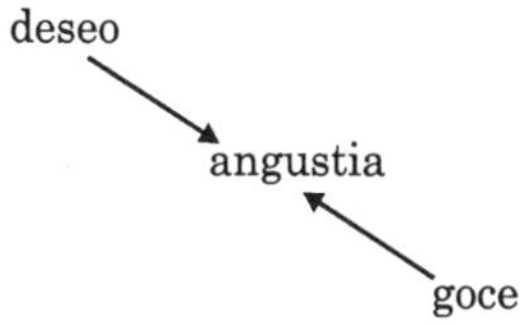

La angustia ocupa, en consecuencia, una posición intermedia, al modo de bisagra entre goce y deseo. ¿Y el fracaso? El fracaso es efectivo instrumento de la angustia, dado que el éxito puede poseer la misma función que la consignada acerca de la demanda «satisfecha» en su manifestación puntual: puede colmar hasta llegar a asfixiar el deseo. Y aquí se abre una interesante paradoja: *el sujeto debe fracasar, necesariamente, para que de esa manera su deseo no sea sofocado*. Tal vez la alusión a una condición de «necesidad» no sea en rigor lo más adecuado, pero resulta que el mismo texto freudiano invita a manifestarlo así, cuando hace referencia a una *necesidad de castigo en tanto equivalente del sentimiento inconsciente de culpabilidad.* Desde luego, la atención al punto permite entender la acción de una instancia que es decisiva en esta posición subjetiva: el *superyó. No es sino el superyó lo que conduce a un fracaso, pero no al modo del fracaso por el fracaso mismo.* Y eso posee consecuencias clínicas y hasta éticas que se suceden en lo inmediato.

El analista puede, como a menudo suele aconsejarse, impulsar al analizante a que venza los rigores de su superyó, a que «se permita» y autorice a obrar dejando de lado ciertos injustificados escrúpulos, o bien a que no sea demasiado exigente consigo mismo. De ese modo el analista hará las veces de un fuelle, insuflando cierto aire aleccionador; por ende, su propósito se orientaría hacia la enseñanza de un buen vivir. Ante esta «acción», *no le queda al analizante otro recurso para sostener el lugar de su deseo que exacerbar las funciones del fracaso*. Y este procedimiento suele conducir a algo más: a que al analizante no le quede otra salida para sostener su deseo que el pasaje al acto, traducido en tal caso mediante el abandono del análisis. Ante el salto fuera de la escena, el analista alegará que el superyó ha castigado al sujeto con la directiva categórica de dejar el análisis. Hasta podrá agregar que todo se debe a que el analizante «ni siquiera se autoriza a curarse». Puede parecer caricaturesco, pero subsiste en nuestro medio —¿solamente?— toda una línea teórico-clínica que concibe a algo así como un superyó sádico que de continuo maltrata a un yo masoquista. Los conceptos se plantean en términos de —como diría Enrique Pichon-Rivière— un campo de fútbol en el interior de la cabeza donde dos equipos se encuentran disputándose el juego, pero, en esta constelación, de un modo muy especial: uno de los equipos reclama al otro que lo ataque, sin defenderse ni atacar a su vez. Pues bien, esta es una manera espuria de inteligir ciertos fenómenos cruciales del psicoanálisis, donde prima la falaz «ambición terapéutica» denunciada por Freud.

En el *Seminario «De un Otro al otro»*, Lacan repara, en particular, en el *masoquismo* manifestado bajo el aspecto más usual, que a menudo se nos oferta en la clínica. No se trata del *masoquismo erógeno* postulado por Freud, es decir, el consumado por, y en, la erogeneidad del perverso. Ni siquiera alude a esa otra variante conocida, en los textos freudianos, como *masoquismo femenino —el cual, por supuesto, no es privativo de alguna «esencia» de las mujeres, sino que es generado en, y por, los fantasmas de los varones—*. El masoquismo apuntado por Lacan en el *Seminario 16* es el llamado *moral*, al que Freud había denominado también *ideal. El masoquismo moral importa fundamentalmente porque da lugar a un tipo de subestructura específica: la neurosis de destino.*

Bajo esta denominación, ya aceptada por lo general, el sujeto, quien en apariencia se encuentra atrapado por un destino fatal —apunta Freud—, se presenta como si estuviese guiado por dictados, por fatalidades reiterativas e insoslayables que implican —y ahora es Lacan quien puntúa lo que sigue— *la restitución de ese objeto* a, *que es la voz, en el Otro. En las neurosis de destino se encuentra, por lo tanto, un traslado, un desplazamiento del objeto parcial voz en tanto* a.*

Entonces, cabe decir que en las neurosis de destino opera esencialmente la voz, de índole superyoica, y que es ella la que incita al fracaso, es ella la que insiste en conducir a él.

En sentido amplio, puede observarse que *el superyó no cesa de llevar al fracaso desde el momento en que exige el cumplimiento de la premisa de un goce absoluto, pleno y constante que, por supuesto, es irrealizable: Real.* La neurosis de destino, como mostración singular, permite sacar a la luz esta estructura fundamental del superyó (como voz), que obra en un territorio mucho más vasto que en el tradicionalmente citado, aquel de las voces alucinadas en las esquizofrenias (o las parafrenias freudianas). La manera aguda en que Lacan da cuenta del intento de restitución de ese objeto *a* encarnado en la voz, en el campo del Otro, nos permite entender *de qué forma un sujeto puede ir construyendo las condiciones para hacer efectivo su propio fracaso, e incluso para qué lo hace, al tener en cuenta que este recurso conduce a la preservación de su deseo. El fracaso, convocando la angustia, impedirá el peligroso acercamiento al goce, no por ello menos paradójicamente procurado.* Vayamos ahora a otra mostración, convergente.

El sujeto puede fantasmatizar como cualquiera, y para ello suele acudir, como se nos presenta con frecuencia, a los fantasmas pasados al acto por el perverso. Ahora bien, el problema que queremos acotar no reside en la fantasmatización misma —sin duda: estamos haciendo referencia a un neurótico—, sino en la eventualidad de que el fantasma aparezca como concretado de modo súbito. Punto harto excepcional, sin duda, y no por alguna circunstancia intrínse-

* Digámoslo una vez más: el escribir una *a* indica en Lacan un afán y un logro, en el sentido de *autonomizar el orden de la escritura respecto del plano de la clínica*. La notación no se configura como un calco de la clínica, no existe la célebre «interrelación puntual entre teoría y práctica», sino que marca un desfase constitutivo entre dos órdenes heteróclitos. Los conceptos podrán aproximarse a la clínica, pero a la vez guardan su irreversible autonomía. Si se aceptase este efecto de estructura, muchos deberían dejar de rasgarse las vestiduras.

camente irrealizable, sino porque el neurótico no hace, en general, mucho con su fantasma. En ese momento aparece esa señal llamada angustia, como gozne, según dijimos, entre deseo y goce. *El sujeto desea con fervor algo, pero ante la amenaza del cumplimiento efectivo —del* Erfüllung, *al estar de Freud— del deseo, la angustia no tarda en aparecer: el deseo ha llegado a un terreno donde la aproximación al, y del, goce es insoportable.* Mediante esta intermediación, la angustia sirve al sustento del deseo, por cuanto este requiere una diferenciación entre lo buscado y lo obtenido, a los efectos de relanzar la metonimia, el deslizamiento, que le es propio.

En esta «*clínica del fracaso*», apenas delineada, se debe tener en todo momento presente —aunque parezca ocioso reiterarlo— *la concepción del goce como algo situado más allá del principio de placer.* Si el placer tiende a la homeostasis, a la compensación y al equilibrio, *el goce se presenta como indomesticable en su tendencia al incremento tensional.* Esta es una discriminación fundamental para entender las formulaciones del *Seminario 10.*

Existe, en cierto modo desligada de lo anterior, otra vertiente en las lecturas posibles del grafo de la angustia, tocante a la reapertura de la cuestión del *engaño.* Si la *certeza* nos determinó un tratamiento más o menos detallado de las nociones de *acting-out* y de pasaje al acto, el engaño, para comenzar, lo hemos ligado al fenómeno del amor. Este es un tipo de engaño harto evidente si tenemos en cuenta la participación de la dimensión narcísica, con la consabida captura especular. Pero el grafo escribe otro sesgo del engaño, tan inevitable como el anterior, el del significante:

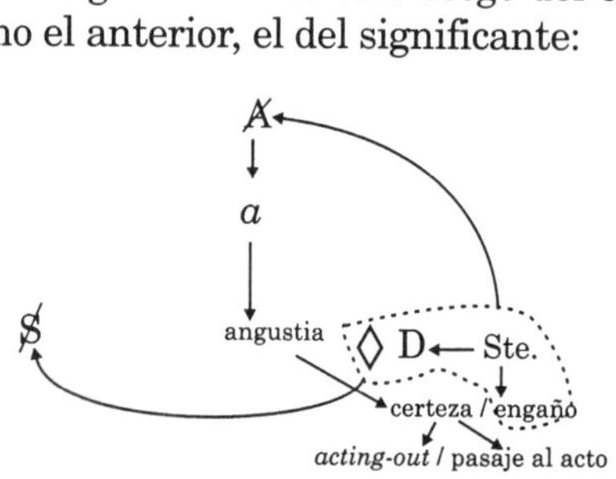

En el grafo puede apreciarse que el engaño propio del significante se halla estrechamente relacionado con la deman-

da. Si esta es engañosa, puede serlo, en rigor, por obra del significante. Para aclarar este punto, vamos a retomar algunas referencias muy perspicaces de Lacan, que consolidan su concepción del significante (ahondando lo propuesto en nuestro capítulo 2).

Como dijimos, existe un corte donde la huella deja de ser tal, para elevarse a la categoría de significante. Allí se pasa del reino animal al propio del ser hablante. Lo que hacen los hombres puede ilustrarse con el chiste citado por Freud: «En una estación ferroviaria de Galitzia, dos judíos se encuentran en el vagón. "¿Adónde viajas?", pregunta uno. "A Cracovia", es la respuesta. "¡Pero mira qué mentiroso eres! —se encoleriza el otro—. Cuando dices que viajas a Cracovia me quieres hacer creer que viajas a Lemberg. Pero yo sé bien que realmente viajas a Cracovia. ¿Por qué mientes entonces?"»[3].

El citado chiste judío depende de la capacidad del significante que consiste en decir algo verdadero haciendo creer que se está mintiendo, para intentar engañar al Otro (punto que fracasa en este chiste). *A través del significante, el sujeto puede disponer de huellas falsamente falsas, con la intención de que el Otro no sepa.* Se configura, así, un «no-sabido (*non-su*) originario». Esto determina, entonces, los juegos de engaño a que pueden prestarse los seres hablantes. En suma: *el sujeto finge fingir cuando está diciendo la verdad, y esa es la manera en que reacciona al hecho de estar marcado por el significante.* Esta circunstancia, qué duda cabe, es de atención obligada para los psicoanalistas, aun cuando sea desatendida por los lingüistas. Mediante la inteligibilidad de este proceso, puede percibirse en qué medida la acción del significante excede la de una simple huella, la de una mera muesca.

Bajo un aspecto similar, *cabe distinguir entonces el significante lacaniano de la huella mnémica freudiana. Un término no es el homólogo del otro; ni siquiera lo que Freud llamaba representación equivale al significante.* En todo caso, en los textos freudianos se encuentra, de modo esporádico, una noción a la cual sí estimamos convergente con la postura lacaniana: *la de asociaciones externas.* Como se recordará, estas se realizan fundándose en la homofonía —«similicadencia parafásica», en el léxico de Freud—, vale decir, en la similitud sonora. Así, puede rastrearse el término y su uso en *La interpretación de los sueños* o en *Psicopatología de la vida cotidiana*, a los efectos de aprehender en qué medida dicha concepción se aproxima al significante lacaniano. (Esta dificultad que se presenta para una homologación apresurada, punto a punto, entre los conceptos de Freud y de Lacan, no deja de ser un aliciente para una lectura más rigurosa de sus textos.)

Decíamos entonces que el recurso al engaño constituye la mejor verificación en lo que respecta al modo en que el sujeto reacciona frente al determinismo que le imprime el orden significante. De manera tal que es lícito postular que el ser hablante es algo más que lo que se pretende con candor al señalar que no es otra cosa que una «marioneta del significante». *El determinismo freudiano no implica una suerte de fatalismo resignado, la visión de un mundo de homúnculos dirigidos por los hilos de los discursos parentales o de la sociedad pasada o presente.* Este «juego» con el significante incide, en particular, en el terreno del engaño amoroso. En efecto, el engaño amoroso se relaciona, de modo peculiar, con el inherente al orden significante. Por consiguiente, sería dable pensar los términos considerados como relación entre un engaño imaginario y un engaño simbólico. Mas no abundaremos aquí en este aspecto, apto para puntuaciones de mucho mayor alcance.

Una vez sentada la *viabilidad conceptual de los engaños propios del amor y del significante*, cabe ubicar ahora a la angustia en la dimensión registral correspondiente. Es sumamente difícil situarla en el orden regido por el significante, ya que, si así fuera, estaría sujeta a la eventualidad del engaño, y, por definición, *ella no engaña.* De modo que dicha característica torna imperativo el ubicarla en el registro de lo Real. Por otro lado, *certeza y engaño deberán modificar su relación*, en el sentido de que la barra de exclusión sufra un proceso tendiente a su dibujado espesamiento, tal que la transforme en el punzón lacaniano. En esta nueva relación se observarán, entonces, *disyunciones y conjunciones, implicaciones y desimplicaciones entre ambos términos. Es que, si bien la angustia es a-significante respecto de la volición imaginaria del analizante, es sin embargo obviamente tratable por medio de la operación simbólica psicoanalítica:*

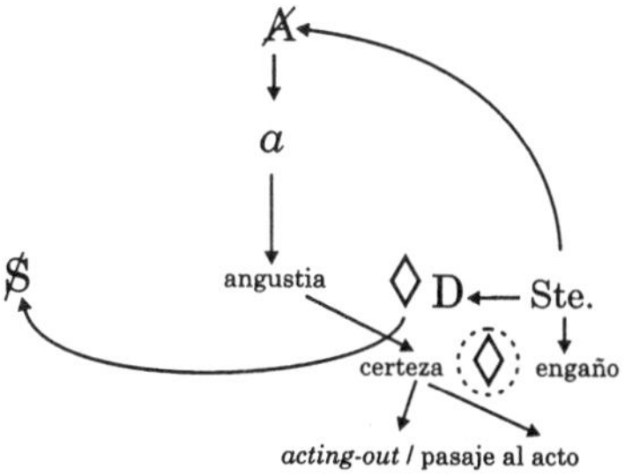

Luego de examinar en este capítulo algunos temas desarrollados hacia la mitad del *Seminario 10*, como los destinos del *a*, la clínica del fracaso y el engaño del significante en su relación con la demanda, ha llegado la hora de abordar lo que podemos denominar *función indicativa de la angustia.*

El problema de esta función se liga a la conocida referencia freudiana —a la que ya aludimos— acerca de una angustia señal. Cabe preguntarse, ante la reiteración: se trata de una señal, pero aceptando eso... ¿señal de qué?, ¿en dónde aparece?, ¿para quién se manifiesta? y ¿a qué pedido responde? Al menos son cuatro cuestiones —no fácilmente escindibles— que se presentan en un primer análisis.

El punto inicial es que, si bien pueden proliferar las defensas contra la angustia, también la angustia es, en sí misma, defensa. Los post-freudianos, por ejemplo, argumentan que la angustia es utilizada por una suerte de sabiduría del yo, que elige a esta entre las defensas disponibles contra la angustia pánica, que es la que se procura evitar. Lacan responderá a esto que *la angustia es defensa con independencia de los fatuos designios del yo*, lo que se relaciona con su muy lúcida intelección de la resistencia.

Cuando en el psicoanálisis se hace referencia a la resistencia, no se trata de un yo que, con sabiduría, determina que no quiere saber nada; aunque se lo conciba como teniendo lugar en el ámbito de lo inconsciente, aludir a dicho proceso no es más que trasladar con puntualidad una operación consciente a otro plano, de modo imaginario. Lacan dirá que, simplemente, «*algo resiste*». El otro psicoanálisis sostendrá que el yo, mediante un síntoma, *se resiste* a curarse, etc. En cambio, el *Seminario* advierte que, en tal caso, existe *un deseo que retorna a través del síntoma, y que resiste porque se sigue diciendo, se sigue presentificando.* Prosigue enhiesto, firme como una fortaleza. De modo que esta intelección de la angustia como defensa obliga a discriminar entre dos alternativas presentadas con frecuencia en la clínica. Si bien en cuanto analistas sabemos que es decisivo el *saber dosificar la angustia*, no debemos desoír el llamado de esta, por cuanto instala un toque de atención —«señal»— sobre la posibilidad de sofocación del deseo. La recomendación lacaniana en este sentido es comparable a la efectuada en torno del *acting-out*, considerado como un obstáculo a evitar por el psicoanálisis post-freudiano, pero revalorizado por el maestro francés como una forma violenta del «decir» del analizante. Entonces: *la angustia señal es, en sí misma, defensa.* Por otro lado, la devoradora ambición terapéutica, que procura la inmediata y radical mitigación de la angustia, contribuye a la sofocación del deseo.

Retornando a la función indicativa, cabe destacar que las cuatro preguntas abiertas son pasibles de ser ubicadas en una problemática que debe ser postulada como trasfondo de todo el *Seminario 10*: la que considera que la angustia aparece como señal y gozne cuando *se angostan* las distancias entre deseo y goce. En ese sentido, *si la angustia es señal, lo será del deseo del Otro*, lo cual configura el primer punto por tomar en consideración.

¿Por qué el deseo del Otro es señalizado a través de la angustia? Aquí, Lacan remite una vez más a Hegel y su clásica dialéctica del amo y el esclavo, expuesta en la *Fenomenología del espíritu.* Lo que el deseo busca, en definitiva —para Hegel—, es el reconocimiento: deseo de deseo. Así, el sujeto pretende ser reconocido por el otro. Ahora bien, ese reconocimiento no llega a ser nunca el cabalmente procurado, puesto que, si soy reconocido, es que el otro me sitúa como objeto, ya que soy aquello que él desea. No me soporto como objeto, y ya no hay otra mediación que la lucha a muerte por puro prestigio, dirigida con justeza contra aquel cuyo deseo deseaba. *La falta del pleno reconocimiento origina, de ese modo, una dialéctica de la hostilidad.* Pero Lacan agrega que cuando se hace referencia a un deseo de reconocimiento, las cosas no transcurren por un andarivel homogéneo, por cuanto la reciprocidad está descartada desde el comienzo. El deseo, a su entender, no es de reconocimiento; si fuera tal, sería dialécticamente viable un reconocimiento del deseo. La cuestión es que el deseo del Otro transita por un sesgo diferente al de la búsqueda de reconocimiento. Lacan lo explicitará sosteniendo que *lo que el Otro busca es reencontrarse en mí, para lo cual solicita mi pérdida.* Cabe deslindar, en esta afirmación, un cierto tinte en el que se puede reconocer —y no hay menoscabo en ello— una temática kleiniana, un «temple» kleiniano.

Tal vez sea de lo más atendible la investigación de la escuela kleiniana en lo que atañe a la ansiedad paranoide, ya que en la angustia este fenómeno se encuentra decisivamente presente. Por ende, colegimos que la ansiedad llamada paranoide se debe a lo predicho: a que el Otro busca reencontrarse en mí, demandando para eso mi propia pérdida. La situación remite a lo antes expuesto con relación a la Cosa, al Deseo de la Madre en tanto situada como *das Ding. El Otro primordial busca reencontrarse al precio de la pérdida de su producto como tal. Así, lo que el Otro busca en mí es su falta.* Y esto es llamativo, ya que parecería ser precisamente al revés; lo que se pretende —se presume— es la plenitud, la integración, lo cual vale, sin duda, para el registro imaginario. Pero no todo termina allí: *si el Otro busca su falta, con ello no sólo procura la oclusión, sino que también ratifica incesantemente su condición de faltante.*

En Lacan hay ciertas lúcidas referencias al *duelo*, que pueden contribuir a aclarar las relaciones mentadas. Hay quienes dicen —sin fundamento alguno— que la temática del duelo poco o nada tiene que ver con la enseñanza lacaniana. Obviamente, no se tratará en Lacan de la cuestión kleiniana del duelo por el pecho. No obstante, él llega a señalar que *el duelo se hace por alguien a quien uno ha amado y/u odiado y que, al desaparecer, deja de implicar al sujeto como siendo su falta. El duelo se hace porque se pierde a la «persona» para la cual uno era su falta.* Como puede advertirse, se trata de algo muy distinto de la clásica aseveración: «Lo que sucede es que era todo para mí». Más allá de la aludida plenitud esférica rota por la ausencia, entra en juego cierta modalidad de la falta: la que el sujeto constituía para quien desapareció. Con una referencia harto sagaz, Lacan se preguntará: ¿por qué debe el sujeto estar apenado, por qué llega a sentir que no quiere vivir si el ser amado ha desaparecido? Para tomar la distancia necesaria al planteo de esta pregunta, es conveniente recurrir a ciertos datos antropológicos, que provocan un efecto de extrañamiento ante lo que, desde nuestra perspectiva, se presenta como obvio.

Adoptando como soporte el etnocentrismo de la civilización referenciada como europea, puede parecer hasta bizarro cierto rito reiterado en muchas sociedades de las llamadas «primitivas». Cuando muere un miembro de ellas, se da lugar a lo que ante nuestra óptica aparece como un festejo. ¿Cabe allí advertir, acaso, un mecanismo de defensa maníaca o, inclusive, una hostilidad hacia el difunto? Pero Lacan nos punza, con su indagatoria: ¿por qué necesariamente debo permanecer en un estado maltrecho, destruido, de sobreviviente lamentoso? ¿Acaso esto, este estado, es lo que él me ha dejado? *¿Por qué no podría estar, por ejemplo, contento de que haya vivido, de lo que me ha dado, y festejarlo en consecuencia, al modo del homenaje?** Reflexión sumamente innovadora, que se aleja, *in extremis*, de las distintas presunciones acerca de defensas universales frente al duelo. Se trata, por el contrario, de maneras diferenciales de poder canalizar la hostilidad ante la pérdida de aquel para quien nunca más seré su falta. En ese sentido, *el melancólico, cuando se lamenta, está acusando a quien desapareció.* Recordemos las acotaciones de Freud en «Duelo y melancolía», cuando escribe: «Sus quejas (*Klagen*) son realmente querellas (*Anklagen*), en el viejo sentido del término. Ellos no se avergüenzan ni se ocultan: todo eso rebajante que dicen de sí mismos en el fondo lo dicen de Otro» [4]. Si el melancólico dice: «soy una porquería», hay que entender allí: «eres una porquería». A veces hasta se escucha algo así como: «¿por qué te me moriste?». Ahora bien, estas intelecciones se extienden al campo del duelo, que es el prototipo normal de la patología conocida como melancolía. Cabe advertir que Freud tampoco deja de preguntarse por qué el duelo, ese estado llamativamente poco equilibrado, descompensado, no se nos aparece como anormal ni como incomprensible. Y estima, tal vez de un modo algo apresurado —a la luz de lo más tarde apuntado por Lacan—, que eso sucede porque todos sabemos que el duelo se supera en el curso del tiempo, por sí mismo. Pero la cuestión radica en plantearse el porqué de aquello que parece natural o espontáneo, es decir, re-

* Muchos años después, la maravillosa película *Sueños*, del impar japonés Akira Kurosawa, mostraba la ceremonia funeraria de un pueblo «detenido en el tiempo», que se regía por la para nosotros sorprendente constelación significante —hecha acto— recordada por Lacan.

considerar las razones de ese supuesto espontaneísmo observado en esta reacción reversible ante el objeto perdido.

Retornando, ahora: *si adonde apunta el deseo del Otro es a solicitar mi propia pérdida, este hecho indica el carácter crucial que la angustia posee, en tanto oficia como señal ante la inminencia de que esa pérdida se torne factible.* Para aclarar los términos: que el Otro busque mi pérdida no implica que intente mi aniquilación. Ni siquiera se trata de una relación de combate mortal entre consciencias, al modo hegeliano; esta situación es muy distinta de la lucha por puro prestigio. Lejos de la dialéctica del amo y el esclavo, decimos que *si el Otro busca mi pérdida, lo hace porque intenta restituir su propio objeto* a. *Desea un fragmento de mí, del cual puede apropiarse, y es allí donde aparece la condición angustiante, ante la amenaza de pérdida de esa libra de carne.*

De tal manera, quedan en principio resueltos varios de nuestros interrogantes. ¿De qué es *señal* la angustia? Pues *del deseo del Otro.* Por otra parte, *¿en dónde* aparece? Lo hace precisamente *en el yo.* Si recurrimos a ese texto basal que es *Inhibición, síntoma y angustia*, advertiremos que constantemente Freud remite a esta instancia en cuanto a la aparición de la señal. Ahora bien, *¿para quién* aparece la angustia? Pues *para el sujeto* —entendido, claro está, como diferenciado del yo—. Y esto hay que resaltarlo: no es sino el sujeto el destinatario de la baliza de alarma encendida en el territorio del yo. Y por último, la cuarta pregunta: *¿de cuál pedido* proviene? La respuesta es: *del pedido del Otro*, desde el momento en que solicita mi pérdida cuando llama a que me constituya como su objeto *a*.

Estas formulaciones de *«La angustia»* han de ser precisadas un año más tarde; en efecto, durante la última clase del *Seminario 11* puede localizarse un aforismo críptico, situado a modo de exordio:

> «Yo te amo,
> Pero, porque inexplicablemente
> Amo en ti algo
> más que a ti –
> el objeto *a* +,
> Yo te mutilo» [5].

Este breve preámbulo de la lección XX remite el amor a algo más que la dimensión narcísica. Se trata de extraer, extirpar «cruentamente», en última instancia, dicho objeto a. La referencia a una mutilación es, por supuesto, alegórica; empero, puede reconocerse de modo constante en nuestra clínica cotidiana a través de numerosas situaciones. Por ejemplo, la cuestión del falo en su detumescencia —preocupación, como hemos visto, definitoria en la histérica—. Es este el «gambito» que hace falta revisar y que resulta crucial para detectar cómo procede el sujeto ante la pérdida del objeto, cómo la enfrenta.

Lacan, con afirmaciones como la del *Seminario 11*, enseña que *el objeto se constituye precisamente en el momento en que se pierde; o sea, cuando se recorta en tanto caído, separado.* Lo cual es distinto, de modo radical, de la creencia en que, en primer lugar, hay un objeto, y luego este se ausenta, hecho que construye los carriles en donde abreva el kleinismo. Para esta corriente, primero hay un objeto copresente con el que se mantiene una relación, y luego surge el problema: cuando aquel se pierde. Lacan señalaba lo inverso: el objeto recién puede delinear su contorno y obtener su *quiddidad* en el momento de la pérdida.

A este respecto, el clásico ejemplo de las heces es el más transparente y hasta obvio, pero esto sucede también con los objetos parciales restantes; tal es el caso del objeto oral. Podría argüirse que el objeto seno, presente desde el comienzo —según los kleinianos—, se ausenta en un momento determinado; esto es, que en el momento del destete se pierde el objeto que ya existía. Pero aquí se implanta la pregunta de Lacan: ¿qué es eso de que ya existía? Y en caso de que hubiese existido con antelación al destete, ¿dónde lo habría hecho? Por otra parte, *¿no existe acaso toda una dimensión interrelacional, no sólo entre el pecho y el lactante, sino entre la madre y el pecho*? La respuesta es que *el objeto* a, *como tal, se especifica de manera inequívoca en el momento en que estas «dialécticas» se ven interrumpidas por el corte.* Y, para aclarar sobre la formación de este *a*, le adjudica una definición particularmente explícita y que atenta contra la ingenua concepción del psicoanálisis puericultor: *el* a *es —señala Lacan— un amboceptor. No pertenece ni a uno ni a otro: está entre uno y otro.*

El psicoanálisis anglosajón —y aquí nos referimos no sólo al kleinismo— se encuentra influido con vastedad por la postulación de las relaciones de objeto. Uno de los hitos fundamentales de esta teorización es el de la separación del niño respecto de la madre. Para tomar un dato más primario, si se quiere, podemos centrarnos en lo que sucede en el momento del nacimiento: un prototipo de dicha empírica y visible separación. Lo que los anglosajones ven como paradigmático de la pérdida de un objeto —el vientre materno—, Lacan lo analizará bajo la perspectiva de un *doble corte.* Uno que se le hace efectivo a la madre, y otro, al neonato. Ambos dejan un resto, distinto en cada uno. Las envolturas, la caducidad placentaria, el cordón umbilical; allí tenemos algo que no se sabe bien dónde debe ser ubicado. La placenta, por ejemplo, ¿a quién pertenece, de quién es? Provisto del apólogo de la placenta, Lacan piensa la condición del objeto *a* como amboceptor, con una cara mirando hacia un lado y la restante hacia el otro, y dando cuenta de cómo la separación y la pérdida constituyen requisitos insoslayables para la constitución del sujeto. Estos son algunos de los motivos por los cuales *reclamaba al* a *como su único «invento» en el terreno inaugurado por Freud. El objeto* a, *en efecto, subvierte el pensamiento psicoanalítico apuntando a una separación de modo interno a la esfera de la ek-sistencia.* Y esta subversión no repercute exclusivamente como innovación frente al kleinismo. Al respecto, alguien por quien Lacan profesaba un gran respeto, como D. W. Winnicott, postuló la difundida teoría de los *objetos transicionales.* En cierto sentido, esta conceptualización aparecía como una superación del pensamiento redundante en torno de una «simbiosis» madre-hijo (que algunos «integradores» quisieron ver como paralelo a la temática del Deseo de la Madre en Lacan). Con todo, tal postulación no resiste la crítica. Las preguntas lacanianas a Winnicott se dirigían a inquirir sobre la mentada transición. ¿Cómo debía pensarse esta? ¿Transición entre qué y qué? ¿Entre dos exterioridades? Atendiendo a estos interrogantes, resulta ser que el postulado de un objeto transicional no parece muy claro ni muy distante del objeto especular. Aunque la percepción clínica de Winnicott haya sido en verdad talentosa, su falta de rigor en lo atinente a los operadores conceptuales es proverbial. En cambio, siguiendo la *técnica del garabato* que Winnicott utilizaba para el psicoanálisis con niños, es posible verificar lo expuesto por Lacan con respecto a la dimensión amboceptora del *a*. Es en esa clínica intuitiva winnicottiana donde pueden encontrarse sugestivas coincidencias con las demostraciones lacanianas.

Existe, nos enseña el *Seminario*, *una cierta facultad de corte que favorece la pérdida de los que resultarán luego los objetos* a. ¿Por qué llamamos mamíferos, señala, si no es por la condición de separable que posee el objeto oral? De hecho, hay otras características que podrían haber distinguido a esta variedad zoológica —que somos los mamíferos— de las restantes.

Para «ilustrar» la cualidad de corte intrínseca al objeto *a*, Lacan recurre nuevamente a la pintura. En este caso, cita dos cuadros de Zurbarán, en los cuales están representadas Santa Lucía y Santa Ágata, llevando cada una, en una bandeja, los órganos de las que son patronas: los ojos y los pechos, respectivamente. Es luego de evocar dichas obras cuando advierte: no es el hecho de que esos objetos estén arrancados algo que impacte por no tolerable —no dejan de ser objeto-causa, por fin—. Pero si la angustia es, como nivel, previa al deseo, su punto se marca tal como en el caso de Edipo al enceguecerse: no es el acto mutilatorio aquello que importa, sino que «una imposible visión los amenaza desde vuestros propios ojos por tierra». Mas, a pesar de las imágenes mentadas, insistamos: se trata de *partición en el interior, no de empírica separación.* O para decirlo con su feliz neologismo: *es una «separtición».*

Siguiendo el mismo hilo de pensamiento, Lacan afirma, en el *Seminario 11*, que *la mirada está fuera, por cuanto no pertenece al ojo sino a un mundo* omnivoyant *(omnividente).* De modo que, en resumen, *el objeto* a *debe ser aprehendido en todas las traslaciones posibles.* De ninguna manera considerar sus destinos debe constituirse en una referencia a los objetos empíricos, de intercambio cotidiano, ni tampoco a aquellos que el psicoanálisis anglosajón menciona en su teoría de las relaciones objetales, en general refiriéndose prácticamente a relaciones interpersonales o, en todo caso, a relaciones de estilos conductuales. *Lacan de ningún modo se refiere a conductas con un objeto, sino a las localizaciones viables de la pérdida que funda al* a, *en su relación punzonada —fantasmática— con el sujeto.*

Referencias bibliográficas

[1] Platón, «Symposio (Banquete) o de la Erótica», en *Diálogos*, México: Porrúa, 1978, pág. 380.
[2] Platón, «Symposio. . .», en *op. cit.*, pág. 381.
[3] S. Freud, *El chiste y su relación con lo inconsciente*, en *AE*, vol. VIII, pág. 108.
[4] S. Freud, «Duelo y melancolía», en *AE*, vol. XIV, pág. 246.
[5] J. Lacan, *Seminario «Los cuatro conceptos. . .»*, *op. cit.*, pág. 267.

5. El cuadro de la división significante del sujeto

Los interrogantes esbozados a partir de la cuestión de la «angustia señal» merecen un apartado especial, además de lo expuesto en el capítulo anterior. La *función indicativa* de esta angustia, señalada con insistencia por el otro psicoanálisis, obliga a realizar precisiones acerca del *topos* en que ella se instala. Destacamos que aparece en el yo, como un signo de alarma destinado a ser captado por el sujeto. Como manifestación yoica, opera para otra instancia, vale decir que es remisiva, por cuanto no se orienta hacia el mismo sitio donde se la localiza. El sujeto no es el yo, y cabe repetirlo aunque parezca obvio; se trata de una discriminación lacaniana fundamental, que queda también testimoniada por una recurrente diferencia en cuanto a su notación:

$$\$ \;/\; \mathrm{m}$$

El sujeto, que no es sino el sujeto de lo inconsciente, se escribe en tanto barrado; por ejemplo, *dividido entre lo que sabe y lo que dice.* El yo, por su parte, resulta escrito con una «m» (la del *moi*). Este último es un lugar que de ninguna manera está indicando una individualidad, una singularidad homóloga a la que el sujeto porta y cuyo develamiento desiderativo es patrimonio de la cura. *El yo es un producto de identificaciones, un precipitado —dice Freud— de ocupaciones de objeto abandonadas*; es porque preexiste un *campo del Otro* que este yo se ha producido como efecto, mediante identificaciones cruzadas y sucesivas.* El resultado no podía dejar de ser un fárrago de lo más heterogéneo. Se trata de una paradoja, dado que cuando alguien dice «yo», supone referirse a lo más propio de sí, algo único. Sin embargo,

* Identificaciones que tenemos que inteligir según lo expuesto en el capítulo 2.

el yo es de lo más impropio; es una producción, y no de las más coherentes. Ahora bien, *es desde el campo del Otro desde donde también se produce el sujeto de lo inconsciente.* De modo que ambos comparten la determinación que llega desde ese territorio ajeno y decisivo, a pesar de diferir en el efecto.

La insistencia en los efectos provenientes del campo del Otro es harto frecuente en Lacan. Cuando aborda la temática del *amor* —punto que más adelante profundizaremos—, deja deslizar al respecto *algunas consideraciones bastante sorprendentes*, de esas que solía utilizar *pour épater le bourgeois.* Y ellas remiten al peligro respecto del cual la angustia no cesa de avisar. La amenaza en cuestión es que el Otro pretende apoderarse del sujeto, en tanto lo postula como aquello que puede llegar a completarlo. Es en ese sentido como se marca qué es lo que Otro quiere de mí (lo cual ignoro). Pretende apoderarse del sujeto, incorporarlo, o bien, en un término que nos resulta particularmente gráfico, *ingurgitarlo*, tragarlo.

Existen varios fantasmas que dan cuenta de esta circunstancia. Así, como dijimos, se aprehende el riesgo de una inminente devoración mediante el *fantema de retorno al seno materno.* El problema es que tal fantema puede dar lugar —como ocurre con frecuencia— a teorías neuróticas con amplio poder de convicción y difusión colectiva. La cuestión será, entonces, *tomar la distancia necesaria de las condiciones neuróticas de producción, para elaborar conceptualizaciones pasibles de ser transmitidas en cuanto doctrina fundada.* Vale, en este punto, realizar un somero rodeo.

Freud advirtió de modo muy sagaz e indirecto cómo la neurosis puede forjar teorías harto consistentes, siempre y cuando no sean contrastadas fuera de su correspondiente terreno neurótico, que las abona y las hace crecer. Lo hizo, a nuestro juicio, aludiendo a *las «teorías sexuales infantiles». ¿Por qué utilizó el término «teoría», cuando podía haber usado alguna palabra un poco menos prestigiosa en el ámbito científico, si lo que se proponía era tan sólo señalar determinadas concepciones infantiles?* Se trata, con seguridad, de una proposición contundente: hay teorías sexuales infantiles, ni más ni menos.

Una teoría sexual propia de la infancia considera que todos los hablantes poseen falo. Otra, por su parte, pretende que los niños nacen al modo de las heces, que son defecados. Si bien Freud pudo haberse referido a fantasías, mentiras, ideas, ilusiones o, siendo más drástico, disparates, insistió en hablar de *teorías.* El término revela su valor si caemos en la cuenta de que resulta en extremo apropiado para el caso en que se intente realizar alguna observación o crítica de tipo epistemológico. Con ello, Freud nos indicaba que debemos tener sumo cuidado con las pretendidas teorías científicas, dado que en última instancia muchas de ellas pueden poseer tan sólo una diferencia de grado y de «ropaje» con las teorías sexuales infantiles. En el medio «psi» proliferaron muchas de ellas, construidas sobre verdaderos dislates, entre las que podemos mencionar la del psiquismo fetal —ya aludido— y la del filicidio. Curiosamente, pretenden pasar por psicoanalíticas, cuando lo que hacen es captar de modo puntual la fantasmática psiconeurótica; en lugar de dar cuenta de ella, erigen un edificio conceptual a partir del cual pasan a generalizar de manera desaprensiva. *No en vano estas teorías pronto se instalan como principios omniexplicativos, como cosmovisiones.*

El de las teorías sexuales infantiles es un punto que guarda una recomendación freudiana digna de no ser olvidada, y que está relacionada con otra trampa epistemológica donde suele sucumbir el psicoanálisis oficial. Así como aparecen las nuevas «grandes teorías» que pretenden explicar todo a partir de un grado cero construido sobre un fantasma (caso del filicidio, por ejemplo), un cierto equívoco fundado en una pretensión pluralista es el de los «aportes» de pequeñas teorías personales, que vendrían a aglutinarse en un «todo» dictado por las necesidades de cada analista. La insistencia de Lacan respecto de un rigor conceptual muchas veces resulta antipática, suele ser molesta y en no pocas ocasiones ha sido tildada de autoritaria. Claro está, mucho más fácil es colocarse en el sitial del tolerante, y con magnanimidad conciliar lo inconciliable, con el beneficio —al señalar (¿cómo?) que cada uno posee su parte de razón—, con el beneficio, decíamos, de convertirse para los otros en un ejemplo de comprensión, de sabiduría y de democracia. El escapar a la *trampa narcísica del eclecticismo* es con seguridad más incómodo, pero es la única forma de no obturar la posibilidad de acceder a las (semi) verdades que pueden llegar a estar a nuestro alcance. Este es un punto básico para entender hacia dónde se dirige la constante y lúcida crítica epistemológica lacaniana: *se trata de una depuración de los conceptos, en cuanto a su fundamento teórico.* El objetivo es intentar que cada categoría lleve consigo algo más que la extrapolación puntual de lo que —también en forma de teoría, entonces— todo analizante acarrea y lleva al análisis. De lo contrario, *sólo se conseguirá que una teoría neurótica se vuelque, en espejo, en otra de la misma índole.*

Un ejemplo muy básico de una eventual teoría neurótica, comprobable con facilidad en la clínica, es el siguiente: un elevadísimo porcentaje de analizantes sostiene la creencia de que su venida al mundo no fue querida, o al menos considera que no fue tal como sus padres lo desearon. Es muy común que planteen que sus progenitores querían que perteneciera al sexo contrario. A partir de esta comprobación empírica y estadística, podría suponerse que hay en juego un fantasma universal y, con base en ello, formular una teoría que eleve a la categoría de concepto dicha recurrencia. No obstante, es necesario tomar la distancia suficiente para advertir que, en todo caso, la citada queja no es sino un efecto de estructura de lo que sí sucede con un fantasma universal: el de la *novela familiar.* Tal como lo advirtió Freud en «La novela familiar de los neuróticos», se trata del fantema que permite al sujeto creer que no es hijo de sus padres, racionalizando la situación fantasmatizada con situaciones «verosímiles» como cambios involuntarios en la *nursery*, etc. Todas argucias para concluir que los padres que le tocaron en suerte —o más bien en desgracia, según su punto de vista— no son los verdaderos, sino que por cierto sus progenitores son personajes notables. Lo que resulta lúcido, inteligente, por parte de Freud, es el modo en que detecta este fantema y lo generaliza: da cuenta allí de *una verdad histórica.* No desmiente a sus pacientes en cuanto a sus creencias de un ilustre linaje —no se trata, por supuesto, de discutirles lo que dicen, en tanto son neuróticos en análisis—, sino que les da la razón. En efecto, señala, *estos pacientes son hijos de otros padres, distintos de los presentes, dado que los de hoy nada tienen que ver con los personajes idealizados de la infancia.* Ahora, en el momento de relatar la novela familiar, el neurótico cuenta en todo caso con un par de progenitores desidealizados, lejos de lo maravillosos que aparecían antaño. Henos allí ante el «*núcleo de verdad histórica*» de la novela familiar. Es este un claro ejemplo de reducción de una teoría neurótica —una teoría sexual infantil básicamente patentizada en el momento de la desidealización adolescente— a su intelección conceptual e histórica. De manera que tampoco se trata de anular al fantasma como tal sólo porque no se ajusta de modo puntual a la realidad (¿cuál?). Pero de allí a elevarlo a toda una construcción que se pretende teórica y psicoanalítica, media un buen trecho.

Lejos de constituir una mera digresión epistemológica, los párrafos anteriores se relacionan con una cuestión decisiva que, aunque el *Seminario «La angustia»* no lo convoque explícitamente de modo nodular, está latente —a nuestro entender— en todo su transcurso. Se trata de la *relación del sujeto con el Nombre-del-Padre.* Cuando uno puede soportarla, y reconocer la deuda simbólica, es posible articularse al psicoanálisis. En el movimiento analítico, el lazo con el Nombre-del-Padre es verdaderamente crucial y hasta dramático. Este adjetivo no resulta exagerado si advertimos los constantes afanes por elaborar teorías a partir de la nada. *Ex nihilo, nihil est*: de nada, proviene la nada. De manera que *las construcciones que pretenden surgir de cero no por aberrantes resultan menos frecuentes.* Algunos achacaron estas actitudes a determinadas personalidades o a relaciones conflictivas y pasionales ubicables con facilidad en la historia del psicoanálisis, al que procuraron demoler desde sus cimientos. No obstante, la recurrencia de estos intentos demuestra que *provienen de un efecto de estructura y no de los hombres en juego.* Claro: *se trata de cómo saber servirse del Nombre-del-Padre, pudiendo así prescindir de él.* Pero en acto constante, y no en autoengendramiento.

Luego de despejados algunos problemas epistemológicos abiertos por la cuestión de la angustia señal y su uso por parte del otro psicoanálisis, cabe abordar de nuevo una problemática que encaramos ya desde las primeras páginas: la de la relación entre *angustia* y *miedo.* Recordemos que la psicología y la psiquiatría —las cuales son, por definición, fenoménicas— siguen prendidas al criterio de un cierto objeto localizable que, según su aparición —o no—, daría lugar al miedo o a la angustia, respectivamente. En cambio, a los efectos de comenzar a trascender este obstáculo nutrido por lo manifiesto, vale la pena replantear la cuestión mediante un pequeño esquema remisivo, capaz de situarla en términos globales. La primera serie de relaciones por considerar se desprende de lo señalado por el sentido común en tanto conducta ante el peligro. Así, el sujeto se encuentra ante un peligro exterior, objetivo, el que provoca miedo. Este sentimiento da lugar, a su vez, a la reacción que se presume como más adecuada: la huida. De modo que la sucesión circunstanciada es la siguiente:

peligro ⟶ miedo ⟶ huida

Como podrá advertirse, *la serie casi se corresponde con el habitual esquema del arco reflejo.* Hay un estímulo exterior que impacta una neurona aferente, la cual hace contacto con una neurona central que procesa sus datos y envía una respuesta —eferente— en forma de reacción motriz (la huida implica de por sí motilidad, alejamiento de la situación de peligro). Esta caracterización es perfectamente comprensible, y resulta muy atractivo examinar los términos bajo esta óptica *prima facie*, dado que nos reconocemos en este planteo de modo casi inmediato.

Ahora bien, salvando las distancias, la serie aquí evocada recuerda otro tríptico que Lacan ha criticado con insistencia y con extremada pertinencia. Se trata de un esquema conceptual que está en la base misma de toda una corriente del otro psicoanálisis. Aunque no pertenece de modo estricto a la temática de la relación entre angustia y miedo, comparte —como diría Foucault— una misma *episteme*, de forma tal que las coordenadas con que se piensan ambos problemas son prácticamente las mismas. Se trata del conocido esquema: *frustración-regresión-agresión*. La relación a convenir sería entonces:

frustración ⟶ regresión ⟶ agresión
―――――――――――――――――――――――
peligro ⟶ miedo ⟶ huida

La frustración de marras se debe, claro está, a una circunstancia externa. Es un modo de referirse a un cierto estado en el que falta algo donde se suponía que debía estar. Muy distinto es lo que sucede con la angustia, donde falta la falta. Pero prosiguiendo con este esquema: el sujeto percibe que falta lo que presuponía debía haber estado, en un sentido imaginario. Algo indica que lo buscado no está, o que no es factible acceder a él. *Según quienes elaboraron esta teoría, el sentimiento de frustración provoca un estado de regresión en el que se reactivan pautas infantiles de conducta. En un marco de cierta desorganización conductual se precipita un determinado nivel de agresión, el cual tiene por mira atacar la fuente que desde el exterior envía los estímulos nocivos (en tanto indicadores de falta imaginaria).* Esta concepción está tan afianzada que hasta dio lugar a la construcción de un conocido test proyectivo, el de Rosenzweig, conocido como de frustración-agresión.

La dupla frustración-agresión incluye una relación causal unidireccional, en la cual se supone que la primera lleva a la segunda, pasando por el necesario estado intermedio de la regresión. De ese modo, la agresión se debería, en el sujeto, a una apelación a «patrones arcaicos de conducta». La tríada que resulta teniendo en cuenta la regresión puede llegar a explicar —como lo ha hecho buena parte del otro psicoanálisis— casi toda la etiología de las psiconeurosis. El procedimiento por seguir es sencillo: basta con localizar la circunstancia frustrante, captar hasta dónde ha regresado el sujeto y, por último, advertir por ello que, en lugar de poseer una dominancia amorosa, la agresión ostenta en él la prioridad. De esa manera, puede contarse con un cómodo mapa para moverse en el terreno de la etiología del trastorno psíquico.

Dentro de la *episteme* común que domina a ambas tríadas, es dable observar que en la conformada por frustración, regresión y agresión, algo opera de modo forzado e irremediable. Cabe la pregunta: ante la situación frustrante, ¿por qué el sujeto no encara de otro modo su proceder, dado que el efecto es «inadecuado»? Por el contrario, en el tríptico peligro-miedo-huida, lo que prevalece es una adecuación. Se supone que el alejamiento de la situación de peligro, movimiento al que el miedo conduce, es la resolución adecuada de dicha circunstancia. Dejando de lado esta diferenciación, puede verse que en ambos casos se trata de términos monolíticamente soldados. Que el peligro provoque miedo, y que este conduzca a la huida, marca un decurso obvio. Parece espontáneo, lógico y hasta natural, aunque la reacción final pudiera resultar hasta inadecuada. (Porque, ¿con qué vara se juzga un peligro?) Ahora bien, ¿qué hace Lacan para inteligir aquello que entra en juego en el miedo? Pues acude a un ejemplo extraído de la literatura rusa, más precisamente de Chejov. *En este orden, acompaña una vez más a Freud, para quien siempre el literato aventaja al psicólogo en su captación refinada de lo psíquico.*

El texto que Lacan cita es el conocido en castellano como *El miedo.* Al parecer, no es la traducción más ajustada del original ruso, ya que él, para el francés, cuestiona la realizada bajo el título de *Frayeurs*, que correspondería a «pavores». Lo llamativo es que no sabe dar con la palabra apropiada para la traducción. ¿Efecto de estructura el revelado por esta anécdota? O, dicho de otro modo: ¿falta el significante en el miedo? En dicha *nouvelle*, un anónimo narrador comienza declarando: «Tres veces en mi vida he sentido miedo» [1]. Lo que a continuación se relata son las extrañas circunstancias en que ese pavor al que se hace referencia ha tenido lugar.

En la primera ocasión, el narrador comenta que iba en carro por un camino campestre a la hora del crepúsculo. De pronto, algo extraño en el paisaje llamó su atención. Se trataba de una lucecita que brillaba en lo alto del campanario del pueblo. En la construcción no había habitantes y era imposible llegar arriba, porque la entrada estaba clavada. Y allí el pavor se hizo presente: «Al principio pensé que era el disgusto de no encontrar la explicación de un fenómeno raro; pero luego, cuando volví la cabeza, comprendí que era miedo. . . parecíame estar solo en un abismo oscuro y que la torre me observaba con su único *ojo* encarnado» [2].

En la segunda oportunidad, el personaje se encuentra de pronto ante lo siguiente: una «desmesurada forma oscura» que avanzaba por la vía del ferrocarril, pasando raudamente frente a él: «Era un vagón de mercancías. El mismo, de por sí, no tenía nada de extraordinario. Pero su aparición sin locomotora me dejó perplejo. ¿De dónde venía y qué fuerzas lo empujaban con aquella velocidad?» [3]. El enigma es resuelto con prontitud: se trataba de un simple vagón desprendido de la máquina en un declive del camino. Pero el pavor se había hecho presente.

En el tercer suceso, acontece que el personaje se encuentra con un perro, a la vuelta de una excursión de caza. Un perro amistoso, que lo sigue meneando el rabo. Una situación usual, pero con una inadecuación: el narrador no podía establecer la procedencia del can. Mientras más caminaba, el perro tomaba mayor confianza: «Entretanto, oscureció del todo; mi turbación aumentó y cuando el perro se acercó y me tocó con su rabo, cerré cobardemente los ojos, repitiéndose la misma historia que en otro tiempo se había verificado con la lucecita del campanario y con el vagón de mercancías; perdí la cabeza y eché a correr. . .» [4]. Aquí también lo inexplicable tomaba pronto otro matiz, ya que el narrador se encontró en su casa con un huésped, un antiguo amigo que acababa de extraviar a su perro en el camino.

El pavor del que Chejov da cuenta, señala Lacan, es de un orden distinto al de la angustia. En efecto: no hay amenaza, no hay opresión, el sujeto no se encuentra «interesado» en lo más íntimo de sí mismo, y «lo que lo afecta posee el carácter de referirse a lo desconocido que se manifiesta ante él». Además, si consideramos que el miedo, según advierten la psicología y la psiquiatría, responde a un objeto localizado, los tres ejemplos satisfacen este requisito. El miedo aparece frente a un objeto. Pero entonces, ¿dónde está la diferencia, para Lacan, si la angustia no es sin objeto?

La cuestión esencial es que, aunque localizados, los objetos en cuestión no suponían riesgo alguno para el narrador. Una luz lejana, el paso de un vagón desprendido de su locomotora o la ocasional compañía de un perro afectuoso en un tramo del camino. Si bien se trata de objetos concretos, nada tenían de peligrosos; sin embargo, hubo pavor. Y allí es donde comienza a fallar la tríada peligro-miedo-huida. Para inteligir lo que sucede entonces, conviene que partamos de lo unificante de las tres situaciones, el miedo:

frustración ⟶ regresión ⟶ agresión

---

peligro ⟶ miedo ⟶ huida

------- miedo -------

Queda por revisar, en este punto, una cuestión a menudo aludida como «fundamento» del miedo. Suele decirse que el sujeto tiene miedo porque cree que el objeto amenazante posee más fuerza que él. Por eso —explican quienes esto arguyen— los niños tienen miedo con frecuencia. La explicación es tan simple que provoca inmediatas adhesiones. Los niños sienten miedo porque son pequeños; a medida que crezcan, los temores desaparecerán. De ese modo las fobias serán interpretadas como regresiones, como diversas manifestaciones de algún tipo de infantilismo. No hace falta aclarar que en las situaciones descriptas por Chejov tampoco se puntúa la característica de un objeto amenazante y más poderoso que el sujeto. Lo llamativo en los tres relatos enhebrados en *El miedo* es que el sujeto no se encuentra interesado de manera directa en una situación de riesgo físico o psíquico. No se encuentra en la tensión, en la opresión, en la implicación, propias de la angustia; en efecto, siente miedo, pavor. Pero este pavor no lleva inmediatamente a la huida, sino que lo conduce a un estado bien distinto: el de *parálisis*. De manera que aquí se modifica otro elemento, el que se contrapone también a la conocida trilogía:

frustración ⟶ regresión ⟶ agresión

peligro ⟶ miedo ⟶ huida

- - - - - - - miedo ⟶ parálisis

El narrador queda atónito, anonadado, pero de ninguna manera procede a huir luego de una evaluación racional de fuerzas con relación a una amenaza que ni siquiera existe. El punto crucial es que esta parálisis pone en crisis la supuesta adecuación inherente al miedo: la parálisis provoca en el sujeto una postura inadecuada, una reacción contradictoria causada por el pavor ante el objeto extraño. ¿Pero de qué tipo de objeto se trata?

Lo que hay en los tres casos, ya se ha señalado: es un objeto no peligroso, que causa miedo por el mero hecho de ser *desconocido*:

frustración ⟶ regresión ⟶ agresión

peligro ⟶ miedo ⟶ huida

no peligro ⟶ miedo ⟶ parálisis
(lo desconocido)

La referencia machacona a lo desconocido es fácilmente localizable en el medio psicoanalítico. Así como el personaje chejoviano intentaba tranquilizarse a través del postulado de esta reflexión: «Esta aparición me turba porque no me la explico; todo lo incomprensible inspira miedo» [5], una buena cantidad de analistas locales —y de otras latitudes—

afirman que se tiene miedo a lo que no se conoce. El aforismo ha alcanzado un amplísimo nivel de divulgación. No obstante, cabe responder a él con lo que se ha demostrado mediante la problemática de lo siniestro. *Muchas veces, lo más terrible para el sujeto es caer en repeticiones no deliberadas; el terror, lo siniestro, radica en que se siga repitiendo puntualmente aquello cuya recurrencia no se puede impedir.* En el relato chejoviano, lo desconocido sí parece tener su pertinencia, pero con el resultado de una parálisis momentánea. De todas maneras, mediante esta demostración se desbarata la presunta adecuación «objetiva» del miedo, esgrimida como inversa de la inadecuación relativa a la angustia. La argumentación lacaniana se dirige, entonces, a la persuasiva construcción de un aforismo paralelo. *Partiendo de la base de que la angustia no es sin objeto, mediante una audaz inversión propone lo siguiente: que el miedo es sin objeto.* O, más atenuadamente: *puede ser sin objeto.*

Se trata, sin duda, de una proposición escandalosa para una primera aproximación. ¿Acaso no estaban la lamparita en lo alto de la torre, el vagón y el perro? Pero cabe convenir que en ninguno de los tres objetos, como dijimos, es viable la aprehensión de características mínimamente peligrosas; son inocentes en sí. Y esta circunstancia queda demostrada con patetismo en el primer caso, cuando la lucecita inexplicable, a pesar de su lejanía, se convertía en una mirada pavorosa y paralizante. Lo que Lacan procura testimoniar mediante esta argumentación por el absurdo es el extremo a que se ha llegado en el esfuerzo por teorizar psicológicamente lo que constituye tan sólo *una vivencia imaginaria: la de creer que la angustia no tiene objeto y que el miedo sí lo posee.* Esta teorización posee las ventajas de permitir pensar que de un estado al otro hay una elemental transición, que parece pasar por la localización del objeto. Encontrar al objeto sería, de esa manera, una forma de defenderse contra la angustia. Por ende, el miedo constituiría una suerte de alivio para la situación angustiante.

La sagaz inversión lacaniana de los términos reiterados en la psicología clásica —y renovados por el otro psicoanálisis— permite ligar, a aquella, otra reflexión lúcida sobre un problema que se situó en el comienzo mismo del emprendimiento freudiano: el de las neurosis actuales.

Como se recordará, el creador del psicoanálisis se vio enfrentado, en una etapa temprana de sus investigaciones, a *una serie de cuadros distintos de los de las psiconeurosis habituales, que dio en denominar neurosis actuales.* A diferencia de la histeria, que entonces ocupaba su principal foco de atención, Freud advirtió que estas neurosis tenían su génesis en ciertos problemas presentes, a saber, en prácticas sexuales inadecuadas. De tal modo, las neurosis actuales cederían al corregirse tales prácticas. Uno de los tipos más frecuentes era la *neurosis de angustia*, que aparecía estrechamente ligada al *coitus interruptus*. De allí, y en una forma acaso osada para la habitual prudencia freudiana en cuanto al establecimiento de relaciones causales unilineales, concluyó que *el* coitus interruptus *era lo que determinaba la neurosis de angustia.* Tal afirmación no podía dejar de estar expuesta a críticas directas y, en apariencia, muy atendibles. En ese sentido, todo analista avisado llegó a preguntarse, durante largo tiempo, cómo había sido posible que Freud aventurara algo tan discutible, que formulara una hipótesis tan arriesgada, ante la cual cabía la obvia interrogación: ¿qué llevó al paciente a ejercer dicha práctica inadecuada? Tuvo que ser Lacan quien, con sabiduría, cambiase la formulación del interrogante. La pregunta pasó a ser: ¿cuál es el núcleo de verdad por el cual algo insistía, en Freud, para que siguiera haciendo referencia sin solución de continuidad a las neurosis actuales, y que conservara, por consecuencia, la relación causal entre *coitus interruptus* y neurosis de angustia? Ese es el punto a tomar en cuenta. ¿Qué es lo que allí quería resaltar? Precisamente que en la práctica del *coitus interruptus* se encuentra un nudo definitorio que le permitía pensar a Freud la articulación que existe en la situación en que el falo cae, divorciado del lugar del goce. En dicha práctica, el sujeto eyacula solo, si así puede decirse. El estatuto de un instrumento que en forma repentina se separa de la condición del goce y adquiere autonomía —siendo «puesto fuera de juego»— se transforma así en uno de los lugares provocadores de la angustia.

Recordemos al respecto que, para «lo vivido humano», *el falo es más significativo por su caída que por su presencia.* Caída que, obviamente, sucede también en el orgasmo «normal», y que no es sino la detumescencia. Y, tal como hemos expuesto, nada autoriza a considerar como castradora a la histérica, cuyos esfuerzos se dirigen a evitar la confrontación con dicha detumescencia. En rigor, «castradora» *es la mujer que consigue ser penetrada por el hombre, aceptando el convite de la castración inducido por la detumescencia del pene.* Porque, de otro modo, ¿qué sería, si no, la castración? Las respuestas suelen ser tan comunes como ingenuas: es una fantasía, se trata de algo simbólico, o si no de algo imaginario, etc. Lo cual no deja de ser un comodín teórico bastante rudimentario y confuso. Y Lacan insiste en sentar que en la castración se encuentra interesado el cuerpo, lo cual le otorga su soporte en lo Real, pues no se trata del espejo ni del significante. Si se pueden comprobar las heces que se desprenden y caen del cuerpo, y el pecho que también se pierde —constituyéndose— en el momento del destete, *en la castración —aunque no haya un corte empírico del órgano— encontramos su real en la detumescencia.* Y la flaccidez del pene es la que permite aislar la condición del objeto falo en tanto faltante. Es por eso que debe concebirse la cuestión al modo de una interrelación, en donde la imagen fálica, escrita como (φ), debe ser inteligida —lo recordamos— en relación necesaria con su negativización: (– φ).

Lo anterior viene a cuento para destacar que no solamente se trata de la presencia empírica, llena y contundente del objeto *a*, al modo de Santa Ágata, Santa Lucía y Edipo, sino que *la angustia también se relaciona, en este caso, con el momento en que el* a *surge como faltante.* De modo que una positivización del objeto se corresponde con la negativización que encuentra su paradigma en el fenómeno de la detumescencia, en que el objeto *a* es motorizado por la castración. *De allí se desprende el hecho de que el falo sea el más difícil de inteligir como objeto, siendo su característica la de ser un «objeto caduco». Seguramente esta disparidad del lugar del falo respecto de las otras variantes del* a *condujo a Lacan a excluirlo de la nómina al volver sobre la cuestión al año siguiente, en «Los cuatro conceptos. . .».**

Hay otra relación más por marcar respecto de la presencia o no del objeto. Lo detallado sobre la castración puede

* Dado que no es fácil, en el caso del falo, discriminar (– φ) de *a*, lo que constituye uno de los objetivos de Lacan. Volveremos sobre ello en los dos capítulos siguientes.

ayudar a aclarar cómo el miedo puede surgir sin objeto amenazante.

Vamos a considerar, ahora, lo que Lacan desarrolla bajo la denominación de *cuadro de la división significante del sujeto.* Nombre tal vez algo ostentoso, pero detallado, y apto a su vez para dar idea de las relaciones en juego entre tres fenómenos —y sus funciones— que nos son ya conocidos.

La intención de este cuadro es colocar en relación a tres experiencias fundantes del ser parlante. Los conceptos en cuestión se articularán esta vez en tres pisos:

goce
angustia
deseo

De todas maneras, esta estructuración no es sino la referencia final del cuadro de la división significante del sujeto. Sólo con fines didácticos, y en virtud de que conforman conceptos ya trabajados, los citamos con anterioridad a los términos con los que se ligan.

Como se recordará, *la angustia oficia como un gozne entre goce y deseo.* Ocupa la función intermedia —media, antes que mediadora— que impide el acercamiento entre ambos; se interpone como fenómeno de borde, como hiancia, cuando las distancias se achican. La *Cosa* a que obedece la angustia —y entiéndase el concepto en sentido lacaniano— es eso que aparece cuando se experimenta la eventualidad de unificación entre deseo y goce. Son varias las puntuaciones por realizar sobre la cuestión; entre las no menos importantes se encuentra la discriminación entre *tipos de goce.* No es ese, sin embargo, nuestro propósito al presente; lo que nos implica es *cómo en los distintos «pisos» se va estructurando la división significante del sujeto en tanto tres tiempos de la operación.* Nos será necesario, como primera medida, colocar los términos del siguiente modo:

		goce
		angustia
		deseo

Así se plantea una suerte de cuadro de tres columnas verticales y tres hileras horizontales, donde con detenimiento analizaremos los elementos que en los distintos lugares se van incorporando, y las relaciones que a partir de allí se plantean. En primer término, surge el Otro no barrado, completo, el A:

A		goce
		angustia
		deseo

El campo del Otro posee una preeminencia lógica. El sujeto, como dijimos, se constituye en ese territorio, lejos de ser la emanación de una interioridad o algo parecido. Es desde ese requisito desde donde puede llegar a pensarse en la emergencia de un sujeto, que registraremos en el cuadro, al principio, como una simple S, no barrada:

A	S	goce
		angustia
		deseo

Aquí, como ya se ha señalado, nos encontramos con una hipótesis *ad hoc* de Lacan. El sujeto, tal como lo aprehendemos, no es sino barrado. En ese sentido deberá ser, claro está, un $. Sin embargo, en el *Seminario 10*, según hemos advertido, se registra una excepción a la regla. *La S en cuestión designa al presujeto o, mejor aún, al sujeto mítico del goce.* Fundamentalmente, esta denominación proviene de que allí el protosujeto se encuentra sometido al Otro bajo una condición donde parecería estar inmerso en el goce del Otro (como genitivo objetivo). Es mítico porque no tiene una existencia «efectiva», aunque cabe presuponerlo de modo necesario, tal como ocurre con el goce del A.

El protosujeto —admitido como hipótesis insoslayable— dará lugar, al advenir en el lugar del Otro, a un resto irreductible. No sale indemne de ese terreno divisorio —«en A, ¿cuántas veces S?», o: $\frac{A}{S}$ —, sino que lo hace dejando allí un fragmento caído, un resto. Con relación a ello, lo que quedará del A, del Otro completo, será el objeto *a*:

A	S	goce
a		angustia
		deseo

No hace falta reiterar las relaciones que ligan a este objeto *a* con la angustia, según lo indica el cuadro. Mas he aquí que, *cuando se produce la división que arroja como resto al objeto* a, *el Otro que era completo pasa a ser barrado por la operación escindente*:

A	S	goce
a	$\not{A}$	angustia
		deseo

En consecuencia, *aparece enlazado a la angustia un Otro con falta, del cual habría que señalar, en última instancia, que es eso que cabría llamar —como Lacan apunta— lo inconsciente.* Ahora bien, un punto especialmente interesante se destaca en lo siguiente: la operación que arrojó como resto al objeto *a* lo grafica como derivado —pero no como metáfora— de lo que al comienzo era el sujeto mítico del goce. Mas luego, *es desde el* a *—en su columna— desde donde surge el sujeto deseante, es decir, barrado*, puesto que $\not{S}$ es equivalente a $\frac{a}{S}$:

A	S	goce
a	$\not{A}$	angustia
$\not{S}$		deseo

Por lo pronto, las posiciones en este cuadro indican que el sujeto barrado y el objeto *a* se encuentran en el mismo ámbito: en el campo del Otro. En tanto, del lado del sujeto mítico del goce se encuentra lo inconsciente. Esta situación remite, sin duda, a lo expuesto en el capítulo 2, aunque ahora articulado con los tres pisos de referencia, y modificando —tal como lo hace Lacan— el orden entre *a* y S. Recordemos que, si escribimos el punzón entre el sujeto barrado y el objeto *a*, nos encontramos con la conocida fórmula:

A	S	goce
a ◊	$\not{A}$	angustia
$\not{S}$		deseo

Es decir que, del lado del Otro, se escribe el fantasma: ($\not{S}$ ◊ *a*). Un poco más adelante, Lacan atribuirá a los términos el siguiente trayecto, en el que cabe destacar las relaciones de determinación entre el sujeto deseante y el campo del Otro:

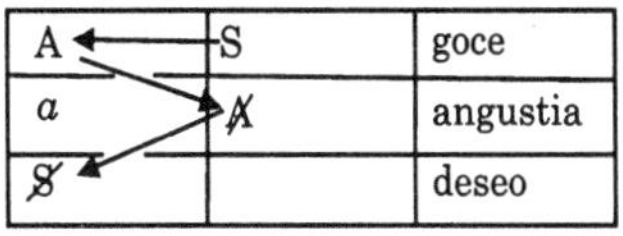

Lo cual escribe que el sujeto, al surgir del acceso al Otro, (A ←—— S), lo es de lo inconsciente ($\not{A}$). A partir de ello, «no le queda más que hacer de A algo de lo que importa menos la función metafórica que la relación de caída en la que va a encontrarse con relación a *a*. *Desear, pues, al Otro,* A, *nunca es desear más que a* a».

Una vez planteados los términos de este modo, cabe enfocar la atención en la situación en que la angustia se encuentra. Y esto complejiza con fecundidad las relaciones factibles. En primer lugar, la angustia implica la aparición del objeto *a* precisamente allí donde no se esperaba encontrar nada: es donde falta la falta. Pero al mismo tiempo puede pensarse: ¿habrá, cuando prima el goce, una angustia larvada? Y, a su vez, cuando rige el deseo, ¿no estará este obturando la angustia? Son los interrogantes que se plantean, como mínimo, al observar la posición media de la angustia entre el piso superior y el inferior del cuadro. Para esclarecer estos problemas, debe adoptarse una lectura en la que prevalezcan las relaciones verticales de los términos, antes que las determinaciones horizontales. A tal fin, cabe especificar que cuando Lacan hace referencia a este esquema como cuadro de la división significante del sujeto, no alude a algún suceso histórico que hubiese tenido lugar en un pretérito lejano, cuando habría ocurrido la presuntiva génesis de cada quien. *No es un diagrama diacrónico lo que aquí importa, sino que procura destacar la dimensión sincrónica de esta división.* O sea que las relaciones consideradas en el cuadro perduran mientras el sujeto se sostiene como tal. Es así como *el cuadro permitirá a Lacan teorizar dos cuestiones fundamentales: la del masoquismo / sadismo y la de la diferencia de los sexos.* Ambas cuestiones, como se sabe, se han enlazado de continuo en la historia del psicoanálisis, según una «teoría» —neurótica, sí— que adjudica dominancia sádica al varón y masoquista a la mujer. Sin suscribir para nada tal dislate, vamos a encarar de modo «cruzado» ambas temáticas, resaltando las puntuaciones lacanianas respectivas.

El primer interrogante que se plantea es: ¿por qué dar por sentado que el masoquismo es el necesario correlato inverso del sadismo? Precipitemos la respuesta: *si hay sadismo y hay masoquismo, entra en juego un cruce en nada simétrico.* Tomando las palabras de Lacan en el *Seminario 14, «La lógica del fantasma», el masoquista se encuentra identificado con el objeto en el sentido acentuado del término* (sí, "acentuado", y no, como figura en algunas ediciones circulantes de este *Seminario* en castellano, «atenuado»). Aquí cabe tomar la referencia al objeto en su acepción más coloquial; por ejemplo, aquella que suelen poner en juego las histéricas, en sus quejas habituales en las que declaran no ser amadas ya que «son tratadas como un objeto». *Se trata de un objeto susceptible de ser intercambiado y desechado.* Eso es lo que esencialmente el masoquista demanda, porque atención: *debe colocarse extremo cuidado en no creer que el masoquista es quien se somete a los designios del sádico. Más bien sucede lo contrario: exige el maltrato*, a veces hasta extremos como los que alcanzó Leopold von Sacher-Masoch mediante los *contratos* que hizo firmar a su esposa Wanda, que no eran sino *verdaderos compromisos de servidumbre exigidos por el esclavo a su ama. Por medio de tales exigencias, el masoquista intenta obtener su lugar en el Otro —alcanzándose a sí mismo— como un andrajo misérrimo.* Ahora bien: al reintroducir el tema del masoquismo con un ejemplo que tiene a la histérica como protagonista, conviene realizar nuevas puntuaciones en torno del llamado *masoquismo femenino* que, como ya hemos explicitado, es un *fantasma masculino* —a despecho de su nominación—.

El del masoquismo femenino es un interesante apartado de la enseñanza freudiana, que abre la intelección de una cuestión lacaniana particularmente intrincada: la del *goce femenino.* Por supuesto, lo elaborado en el *Seminario 10* es muy distinto de, y menos procesado que, los correspondientes pasajes del *Seminario 20, «Encore»*, que desde su mismísimo título impulsa ya a pensar dicha cuestión. *Encore* puede ser traducido de un modo más o menos ajustado como «*Más, todavía*» —y no como aparece en la versión oficial castellana, como «*Aun*», sin acento, lo cual quiere decir «inclusive»—. *Porque se trata de un pedido encarecedor de la mujer respecto del goce*, mediante una palabra común en el *clímax del coito.* En ese sentido, *Encore* muestra su dificultad para la traducción, pero optar por *Aun*, en tanto «inclusive», conforma un soberano despropósito. Con *Encore*, Lacan evoca un *sentido de queja, petición e imposibilidad*; el título, por ende, abre las puertas a un conspicuo tratamiento del tema del goce femenino. El caso del masoquismo femenino, lo reiteramos, es el imaginarizado por el hombre respecto de la posición de la mujer, mas en la que él mismo se coloca, «femeninamente». Cuando es pasado al acto por el masoquista en su variante perversa, encontramos que quien asume ese lugar pasivo, de objeto de uso, intercambio y desecho, es un varón que supone ocupar un gozoso sitio de mujer. (Retomaremos esta puntuación.)

No obstante, lo que resulta —y se halla en forma latente en la petición del masoquista— de esta demanda de ser objeto es otra cosa. ¿Cuál? Lacan advierte que *no es simplemente el goce del Otro —que es una mira fantasmática—, sino la angustia del Otro*. Así puede entenderse la situación en que, a pesar de la apariencia servil, el masoquista dicta, impone al Otro su *deseo* y busca en lo esencial su angustia, mientras parece —manifiestamente— requerir el lugar de lo abyecto para abrirse al goce del Otro. *En su contrato, le impone más al Otro que a sí mismo.* Nada entonces de entrega, nada de «haz de mí lo que quieras», sino que *la articulación significante impone pautas precisas de servidumbre con vistas a que su caída despierte la referida angustia.*

Una vez atendido el costado del masoquista, cabe preguntarse qué sucede con el sádico, quien, como dijimos, no es su reverso. En apariencia, es él quien busca la angustia del Otro; lo maltrata en forma manifiesta. Pero de hecho —y Lacan recoge en el *Seminario 10* varias referencias extraídas de los textos sadianos, especialmente de *Juliette*, de *Los 120 días de Sodoma* y, agregamos, de *Justine— lo que busca es el objeto* a, y lo encuentra en lo que una traducción del *Seminario* en nuestro idioma —no la oficial— consignó como «la piel del imbécil». En rigor, el término «imbécil» es una falaz traducción del original *con*, término que equivale a nuestro coloquial y sugestivo «boludo».* Como puede advertirse, es una referencia mucho más fuerte. Por su parte, en la oficial se ha optado por volcar el original «*la peau du con*», cuya traducción es bastante directa y nítida, por el giro —a todas luces inverosímil— «me he cargado al tonto» (pág. 179 de la edición mencionada). Desde ya, se pierde en la ocasión toda referencia al tegumento limitativo en juego, a la piel, a la perforación de la misma, eligiéndose el aludido giro que, es evidente, omite la consideración del dolor para reclinarse en una metáfora tan sólo alusiva. Entonces, *si el sádico se topa con la piel del boludo, en el instante del tormento, del clímax de la tortura, cuando está en busca del objeto* a, *su*

* Volveremos sobre este improperio en el capítulo 7.

objetivo no se reduce a la consecución de la angustia del Otro, sino que pretende procurarse ese objeto a, *que es en cierto modo el revés del sujeto. Es como «un guante dado vuelta que señala la esencia femenina de la víctima»*. Aparentemente, la piel es algo no buscado, pero que oficia como lugar de encuentro, dado que, por su parte, el masoquista reclama de continuo por la inscripción, por las marcas —letras— de la flagelación a las que su *partenaire* debe someterlo. El tegumento, la piel, no obstante, se ofrecerá con ciertas limitaciones establecidas en el contrato perverso. *¿Y el sádico? Pasando, mediante la piel, lo más oculto al exterior, oculta el trazo de su propia angustia.**

Digámoslo nuevamente: entre el masoquista y el sádico se imaginó un juego de contrafiguras. Lacan, en este ítem, contesta a las versiones del clásico enfoque freudiano. Es decir, tanto la que señala que en principio existe el sadismo, y el masoquismo queda relegado a un sadismo contra la propia persona, como aquella que, al revés, supone que en el comienzo impera una tendencia autodestructiva que se intenta elaborar a través de un vuelco hacia el exterior —deflexión—, donde se convierte en sadismo. Mas, ¿por qué Lacan ha intentado de continuo subrayar una no correspondencia, una no reversibilidad entre las posiciones sádica y masoquista? En primer lugar, advierte que se debe tomar en cuenta que, *si no, se está trabajando con una lógica de dos términos en la que debe intercalarse la angustia. Latente en el masoquista, que intenta provocarla en el Otro; y latente también en el sádico, ya que se le enmascara mediante el encuentro con la piel.* Ahora bien, atendiendo al hecho de que *en Lacan las conceptualizaciones tienden a la cuaternarización*, la recomendación de evitar los pares opositivos adquiere valor epistemológico, ya que de caer en ellos —aunque convengan a la andadura de otras disciplinas, como la lingüística—, puede incurrirse con facilidad en dicotomías del tipo proyección-introyección —indispensable para el kleinismo— o las distintas duplas que intentan dar cuenta de un adentro-afuera. Lacan acotará: la proyección es ima-

* Hemos preferido esta conceptualización, perteneciente a la clase del 13/3/63, a una anterior del mismo *Seminario* —la del 16/1/63—, ya que esta última revela, a nuestro juicio, un momento de búsqueda tentativa y no tan precisa respecto de las formulaciones diferenciales en juego. Mérito del *Seminario*: se trata de un *work in progress*, y no de un saber acabado.

ginaria, la introyección es simbólica, de modo que no hay ida y vuelta simétrica. De manera homológica, entonces: la cuestión no es que al «par» masoquismo-sadismo le falta un término para su correcta intelección, sino dos. Y de ello da cuenta el maestro francés cuando, al argumentar en pro de la cuaternarización, de las funciones de cuatro términos o «cuadradas», arguye que *el pasaje de un término al otro se efectúa «por una rotación de un cuarto de vuelta y no por ninguna simetría o invención»*. Esta formulación, llamativamente, anticipa lo que en el *Seminario 17, «El reverso del psicoanálisis»*, servirá a Lacan para el diseño y el pase entre sí de los cuatro discursos allí considerados.

Mas esta crítica a Freud sería injusta por parcial, ya que a él le debemos la intelección precisa de la función del masoquismo, sobre la que vamos ahora a retornar, visto su ligamen lógico con la angustia y con lo femenino. Justamente, en lo tocante al masoquismo femenino, Freud señalaba que es el más accesible a nuestra observación: «De esta clase de masoquismo en el varón (al que me limito aquí, en razón del material disponible) nos dan suficiente noticia las fantasías [fantasmas] de personas masoquistas (y a menudo por eso impotentes), que o desembocan en el acto onanista o figuran por sí solas la satisfacción sexual» [6]. De este breve pasaje se extraen varias precisiones. La primera es la excusa empírica de Freud al aludir al «material disponible», cuando la observación, como toda observación, obedece a una posición teórica. La segunda se refiere a la relación causal «[. . .] personas masoquistas (y a menudo por eso impotentes) [. . .]», que establece una puntuación clínica valiosísima. Ante la impotencia, durante mucho tiempo el otro psicoanálisis sostuvo que un varón histérico es impotente, así como la mujer histérica es frígida (otra manifestación de la tan cara reversibilidad complementaria). Esta no es más que otra teoría neurótica, construida a partir de lo Imaginario. Además, la construcción abunda en otra obviedad atributiva: si es impotente, el varón no penetra; y, si no lo hace, bien puede ser porque en el interior de la mujer exista algo que lo atemoriza. Allí, con presteza, se arguye en términos de los temores a la vagina dentada y, mitología mediante, todo queda explicado. Sólo que, en el caso de que la libido esté capturada por un *fantasma masoquista*, las imaginarizaciones pronto se desmoronan. Nada hay de terror a una vagina dentada, ni del negativo de la histeria femenina. *El masoquismo femenino determina la impotencia ya que localiza, en el correspondiente fantasma, la posición relativa a ser atado, amordazado, azotado, denigrado, sometido a obediencia incondicional, castigado de cualquier forma.* Todo esto puede «conseguirse» en el neurótico, si bien de manera harto relativa, ya que lo hace a través de la imaginarización concomitante con la masturbación.

El masoquismo femenino no necesariamente condiciona al varón a una conducta de tipo homosexual, sino que suele quedar restringido al ámbito del fantasma, «separtido», exógeno al sujeto. Queda en el lugar del Otro, como una formación extranjera, mucho más bizarra para el sujeto que un síntoma. Al síntoma se lo puede finalmente tolerar, teorizar, aceptar. El fantasma, por el contrario, es algo que irrumpe en el sujeto y cuya confesión suele ser forzada, vergonzosa y tardía. En eso *tan difícil de decirse hunde sus raíces la vida sexual del sujeto.* De modo que podemos preguntarnos: ¿el sujeto es impotente?, ¿es masturbador? Pero no nos olvidemos de que, al formularnos esos interrogantes, estamos en el más descriptivo, en el más rancio nivel fenoménico. Por otra parte, nada autoriza, a partir de allí, a deducir que la histeria provoca esta situación «evitativa».

Luego de enumerar algunas situaciones del contenido manifiesto de los fantasmas del masoquismo femenino, Freud agrega: «Es mucho más raro que dentro de este contenido se incluyan mutilaciones; cuando sucede, se les imponen grandes limitaciones». Es este un punto decisivo, ya que a veces se teoriza que el masoquismo primario se rige por la dominancia del instinto de muerte, que buscará como máxima expresión el autoaniquilamiento. Pero el caso es que la mutilación mortífera es evitada con sumo cuidado. En *La sexualidad perversa*, Michel de M'Uzan cita un caso patético de masoquismo perverso, donde el fantasma, obviamente, es pasado al acto. Aunque hay riesgo físico y hasta mutilaciones, estas últimas son realizadas bajo estrictas restricciones.

A continuación, Freud desmantela la apelación a algún tipo de regresión: «La interpretación más inmediata y fácil de obtener es que el masoquista quiere ser tratado como un niño pequeño, desvalido y dependiente, pero, en particular, como un niño díscolo. [. . .] Pero si se tiene la oportunidad de estudiar casos en que las fantasías [fantasmas] masoquistas hayan experimentado un procesamiento particularmente rico, es fácil descubrir que ponen a la persona en una situación característica de la feminidad, vale decir, significan ser castrado, ser poseído sexualmente o parir. Por eso he dado a esta forma de manifestación del masoquismo el nombre de "femenina"» [7]. Huelga decir que *sólo puede hablarse de masoquismo femenino en el que biológicamente es varón.* Un masoquismo donde el sujeto, asumiendo el lugar de objeto en sentido acentuado, no cesa de clamar por el advenimiento de la angustia del Otro. Y si esta intelección vale también para el fantasma masoquista es porque hablamos del Otro como instancia transindividual, la que *no* requiere, de modo necesario, su encarnación en el *partenaire.*

Las anteriores puntualizaciones permiten entender, en tanto efecto de enseñanza articulado al *Seminario 10*, cómo el masoquismo femenino se aleja de la acepción usual, que insiste en adjudicar a la mujer una suerte de tendencia «esencial» al sufrimiento. Se reduce, por el contrario, a una cuestión de hombres. Es desde ese lugar que se presuponen circunstancias femeninas, se asumen como tales y se fantasmatizan en el neurótico, cuando no se llevan a la escena actuada en el ámbito de las perversiones.

Luego de elucidar el lugar de la angustia en la problemática del masoquismo y del sadismo —cruzada con referencias a la división de los sexos—, Lacan proseguirá desbrozando las relaciones incursas en el cuadro de la división significante del sujeto. Así, conducirá su decurso hacia un sitio donde se encuentra una articulación primordial, que aún nos falta derivar de dicho cuadro.

Referencias bibliográficas

[1] A. Chejov, «El miedo», en *Historia de una anguila y otras historias*, Buenos Aires: Espasa Calpe, 1946, pág. 91.
[2] A. Chejov, *op. cit.*, pág. 93.
[3] A. Chejov, *op. cit.*, pág. 94.
[4] A. Chejov, *op. cit.*, pág. 97.
[5] A. Chejov, *op. cit.*, pág. 93.
[6] S. Freud, «El problema económico del masoquismo», en *AE*, vol. XIX, pág. 167.
[7] S. Freud, «El problema. . .», *op. cit.*, pág. 168.

6. Amor-sublimación, goce y tripa causal

Los tres pisos del cuadro de la división significante del sujeto suelen ser llamados, en algunos pasajes del Seminario 10, momentos o tiempos. Se trata, sin duda, de una alusión sugestiva en el sentido de que parece presuponer una cierta relación de sucesividad —diacrónica— entre los términos en cuestión: goce, angustia y deseo. De todos modos, no se plantea una evolución, ya que ningún piso es abandonado para acceder al siguiente; *no se trata de etapas, sino de estructura.* Lo indudable es que *los tres tiempos reconocen una disposición*: la otorgada por su orden relacional en el cuadro. Una vez articulados en cada estrato los elementos correspondientes, Lacan opta por una deriva quizá sorprendente.

Como hemos podido apreciar, permanece en el cuadro de la división significante un casillero vacío. En lugar de ocuparlo, como sería de esperar conforme con lo sucedido en el cuadro matricial del inicio, *nos invita a atender a un fenómeno singular: el amor.* Y lo hace para advertir de qué modo esta tan cotidiana experiencia se intercala deductivamente en el tríptico formado por goce, angustia y deseo.

El amor surge, entonces, como el factor que cuaternariza —como veremos, de modo transitorio— lo que hasta allí se fundaba en un trípode. No ocupa el lugar vacío del cuadro, sino que la estrategia lacaniana conduce a procesarlo desde otro enfoque, distinto al de un encasillamiento dictado por la operación de división. De manera repentina, el itinerario del *Seminario 10* realiza un viraje y *prosigue fundándose en algunos aforismos.*

Como cabe suponer, los aforismos en cuestión no pueden ser —proviniendo de quien los enuncia— sino contundentes, provocativos. Sin embargo, destacamos en ellos algo más que un intento de escandalizar o de jugar con las palabras, ya que *se trata de verdaderos desarrollos conceptuales condensados en una sola proposición «dura»*. Recordables con facilidad, suelen tentar a la reiteración irreflexiva, convirtiéndose en *tópicos* de uso extendido. No obstante, es preciso desmenuzarlos para aprehender el efecto de enseñanza que encierran y transmiten. El primer aforismo que Lacan propone en relación con el lugar del amor es el siguiente: *«Sólo el amor permite al goce condescender al deseo»*.

Teniendo en cuenta los desarrollos que hemos efectuado en los capítulos 2 y 3, puede advertirse la función de la *angustia* como elemento medio ante la ocasión de que *la distancia entre deseo y goce se angoste*, amenazando con convertirse en nula. Pues bien, el aforismo traído a colación da cuenta de que existe alguna manera en que el goce puede condescender al deseo. Es posible una cierta advertencia, y es aquella que nace de *ese fenómeno narcísico llamado amor.*

Cuando nos referimos a una dimensión narcísica inherente al amor, estamos aludiendo al *engaño constitutivo*, tal como lo trabajamos en el capítulo 4: amar es querer ser amado. Mas, ¿el amor también adviene desde el lugar del Otro? Si vamos a un texto fundacional como el *Discurso de Roma*, es decir, *Función y campo del habla y del lenguaje en psicoanálisis*, nos encontramos con una sugerente máxima de La Rochefoucauld recordada por Lacan: ella afirma que *nadie sabría qué cosa es el amor si no escuchase antes hablar acerca de ello.* La aguda sentencia da cuenta de *la dimensión interlocutiva que el amor necesariamente posee*, y de la cual no hay modo de escapar.

Las formas, las maneras y las modalidades en que el amor surge y se implanta en el sujeto son inseparables de un cierto discurso. *Amor indica cultura, historia y, por ende, significante.* Como fenómeno, por más espontáneo que parezca y aunque pretenda ser una suerte de emanación interior que brota desde lo más íntimo del sujeto, el amor es (un) hecho del significante. No es un don inefable, propio de lo humano o que desciende desde alguna esfera divina. Es porque el sujeto escucha hablar de amor, que lo siente. Es capaz de amar —y de saber cómo amar— porque oyó de eso. Es decir que tampoco basta con el espejo. Y Lacan agrega al primer aforismo, en una proposición que podemos concebir como subordinada a la anterior: «*. . . (porque) el amor es la sublimación del deseo*».

El amor permite al goce condescender al deseo en virtud de una relación con la sublimación. La acotación lacaniana es precisa. Deberá aclararse entonces qué metamorfosis está en juego. *El deseo se modifica para que el goce pueda condescender a él.* ¿Pero cómo lo hace?

La clínica cotidiana nos indica que *una cosa es el deseo y otra cosa es el amor.* Existen, por supuesto, suficientes gérmenes de conflicto en esta dicotomía fundacional del ser hablante. Es uno de los desajustes constitutivos con los cuales al sujeto no le queda otra solución que convivir, procurando en general su resolución. *Que amor y deseo se distingan no es un fenómeno neurótico; abarca a la totalidad de los seres hablantes.* Es una condición inherente a nosotros, ya que de no ek-sistir la diferenciación, la sublimación del uno al otro no sería factible. Y, por otra parte, esta sólo puede tener lugar en el orden que funda al sujeto, esto es, el del significante.

En resumen: según estos dos aforismos lacanianos, el goce condesciende al deseo, siempre y cuando este último mute hacia esa condición llamada amor, circunstancia que adviene mediante la sublimación. La transformación viable del deseo en amor es debida a la cultura; esto es congruente, de modo absoluto, con ciertos desarrollos cruciales de la enseñanza que nos ocupa.

En principio y aparentemente, al menos, el amor no encuentra su finalidad necesaria en la unión física. Aunque este enunciado es susceptible de ser matizado, puede señalarse que *el amor no se dirige al cuerpo.* Parece poder no involucrarlo. De allí que la sublimación aparezca como un dato de relevancia. Como noción freudiana, cabe destacar que ella indica un apartamiento del objetivo sexual inmediato, en pro de la consecución de fines culturales. Gracias a tal función se efectuaría el pasaje de la búsqueda de satisfacción hacia las actividades productivas, del orden —genérico, antropológico— de las «obras». Tal acepción, entendido el concepto de esta manera, no pasa de ser un simplismo. El término *Sublimierung* denota mucho más que «el desplazamiento de las pulsiones sexuales hacia finalidades socialmente valoradas». Es sobre todo mérito de Lacan —a partir especialmente del *Seminario 7, «La ética del psicoanálisis»*— el haber logrado el rescate de este concepto, que ha sido vilipendiado por parte de los seguidores de Freud conocidos en forma genérica como «post-freudianos».

Es que para el otro psicoanálisis, la sublimación es un proceso destinado a conseguir una buena adaptación social. Desempeñar con corrección un oficio, concentrarse de modo adecuado en una tarea, ganar dinero, y similares, pasaron a ser productos —y ejemplos— de una efectiva sublimación. Sin embargo, el núcleo de la sublimación tiene poco que ver con esta condición de espuria felicidad conductual adaptada a lo socialmente admitido o, mejor aún, elogiado. La definición que Lacan brindó sobre el concepto marca todo un programa. *La sublimación consiste, según señaló, en «elevar el objeto a la dignidad de la Cosa»* [1].

En la definición aparece el dato clave: *das Ding, la Cosa* atrapante y devoradora, a la que ya hicimos referencia en el capítulo 2. La sublimación no ocurre por una necesidad de adaptación social, no se da por una tendencia a vivir al modo de un buen ciudadano, desempeñando un trabajo metódico del mejor modo posible. Implica, más que una feliz dominación o inhibición de las pulsiones y un vuelco jubiloso hacia la producción y la creatividad, *un dejarse atrapar por la Cosa, no precisamente gracias a una elección voluntaria, sino por un proceso de avance casi imperceptible, pero en el cual la Cosa va envolviendo al sujeto con el cebo del goce que mediante tal designio le promete recuperar.*

La sublimación comporta un grado de absorción del sujeto que poco puede entenderse apelando a lo adaptativo y a lo rutinario. Y esto se advierte si se toma en cuenta que el ser hablante suele llegar a olvidar o a postergar sus necesidades más elementales en pro de lo que la sublimación le marca. Lo cual, como veremos, debe ser resaltado para superar uno de los clásicos rompecabezas que se gestan al abordar la temática de la *creación.*

Uno de los planteos más habituales formulados en torno de ese problema que suele denominarse como del «genio creador» es el siguiente: tomando casos conocidos de combinación entre locura y creación artística, se acuña este interrogante: ¿Dichos sujetos fueron artistas porque fueron locos, o a pesar de ello? ¿Pudieron crear en función de su «patología» —en algunos casos muy notoria—, o bien esa creación fue lograda gracias a que pudieron apartar su locura de su obra? Ejemplos de artistas célebres a los que cabe aplicarles estas preguntas sobran, qué duda cabe. Y bien, a veces la creación fue viable aplicando en ella todo el padecimiento psíquico del sujeto, y en otras oportunidades lo creado tuvo como condición la puesta entre paréntesis de la locura. De modo que como es imposible formular una ley general, se ensaya una respuesta abarcativa: a veces ocurrió de un modo, y en otras ocasiones sucedió de la otra manera. En fin, de allí suele deducirse que en este terreno conviene ser amplios, contemplando todas las alternativas; en especial, si con ello se encuentra en juego la suprema e intangible libertad inherente al arte, etc. Como puede verse, de la pluralidad de casos se pasa a un dudoso eclecticismo, harto cómodo, por otra parte, porque no dice nada. Sin embargo, la falta de respuesta obedece, en este orden, a que el problema se encuentra mal planteado en sus términos.

Si se entiende que la sublimación es algo distinto de la adaptación social efectiva pretextada por el otro psicoanálisis mediante su tautológica e inverosímil referencia a «defensas exitosas», podrá puntuarse que la posibilidad de desenvolver con eficacia un oficio o profesión adecuadamente remunerados —con el consabido método y hábito de trabajo respectivo— es diferente de lo que Lacan supo desprender de la Sublimierung *freudiana*. Es esencial captar esta distinción para entender en qué sentido el amor puede ser sublimación del deseo, proposición incomprensible si pensamos en un proceso de ajuste psicosocial. Si fuera así... ¿cómo alguien podría ser literalmente devorado por la pasión amorosa, aunque la pulsión sexual se encuentre inhibida y se deje de lado la búsqueda de la unión corporal?

Lacan ha insistido, en diversos momentos de su enseñanza, en la relevancia de aquella figura clásica que se dio en llamar *amor cortés* (como el de la joven homosexual por la *cocotte*). Es esa modalidad amorosa que consiste en amar renunciando en todo momento —como algo «volitivo»— a la aproximación física al ser amado. Se trata de un fenómeno crucial que va más allá de la mera curiosidad histórica de un discurso extrañamente bien ensamblado, a pesar de la contradicción que podría imputársele. De todas maneras, este abandono de la unión física en el amor cortés debe ser matizado, ya que el cuerpo entra en juego de alguna forma. Es que, a partir del deseo, en esa sublimación suya que es el amor, el cuerpo se filtra aunque enmascarado, también él, según un régimen sublimatorio. *Si en el orden del deseo lo corporal es decisivo, ya que posee una condición de causali-*

dad y de perentoriedad, en el amor su presencia se manifiesta de modo más esquivo, incluso bajo el designio de plantearlo como un constante objeto de evitación —o de reemplazo por sucedáneos fetichizados—, según sucede en el discurso del amor cortés. Cuerpo debe ser aquí entendido en su acepción más amplia, a riesgo de caer en algún grado de indefinición. Precisando más los términos, deberá tomarse en cuenta la dimensión del *a*, que siempre connota, bajo el rótulo de «objeto parcial», al cuerpo. El *a* es un fragmento del cuerpo, desprendido y caído, pero cuerpo al fin; como tal, objeto causa del deseo.

Incorporado el amor como cuarto —articulado con goce, angustia y deseo—, Lacan pone en acto dicho sistema componencial desgranando observaciones clínicas muy sagaces, efectuadas de nuevo sobre la problemática de las sexualidades masculina y femenina. *Diferenciación de las sexualidades*; punto nada desdeñable, ya que no cesan de difundirse los malentendidos al respecto, en particular acerca del tan atrayente y remanido tema de la sexualidad femenina. Ya hemos traído a colación, en este trabajo, algunos cruciales replanteos sobre el famoso lugar común de la «mujer castradora», o bien «mujer fálica». Pues bien, con relación al transitorio cuaternario de marras, Lacan acotará *algunas interesantes puntualizaciones acerca del hombre, con relación a su sexualidad y a su articulación con la castración.*

El hombre, al proponerse como Eron, como deseante, «a-iza» a la mujer. Esto quiere decir, la transforma en *a*, en última instancia, ya que *ser deseante es proponerme como falta de* a, *abriendo así «la puerta al goce de mi ser».* Ahora bien, cabe preguntarse qué sucede cuando la *a*-iza. En primer lugar, esta situación supone ubicarse en el segundo piso del cuadro de la división significante del sujeto, aquel que relaciona al objeto *a*, al Otro con falta y a la angustia. Y aquí se brinda una clave: a-*izar a la mujer es provocar su angustia.* Esto no implica un derrotero irreversible, sino que alude a momentos en los cuales el hombre coloca a la mujer de manera sistemática como el fragmento de sí que ha caído y que, claro está, pretende recuperar. Si se trata de hacer presente el objeto *a* —recordemos: la angustia no es sin objeto—, con seguridad este hace las veces de suscitador de angustia; *a*-izar no puede sino desencadenar la angustia del Otro. Mas como pretendo ser *Eromenós* (amable), declino esta posición, logrando que el amor-sublimación permita al goce condescender al deseo. Ello se desprende de las relaciones puestas en evidencia dentro del cuadro de la división significante del sujeto. *Pero si el hombre desea* a-*izar a la mujer, se suscita la pregunta contraria: ¿qué desea ella?*

Lacan responde a la pregunta sobre el deseo femenino de manera homóloga a lo apuntado en torno del fantasma masculino conocido como masoquismo femenino. Y señala que la mujer posee, correlativamente, otro fantasma: el del mito de Don Juan.

Con sagacidad, *el Seminario 10 plantea que el mito de Don Juan es un fantasma, un «sueño» femenino.* No deja de ser, por otra parte, una suerte de crítica dirigida hacia el otro psicoanálisis, que insiste en la creencia de que Don Juan alude a una homosexualidad masculina reprimida, ya que cuenta la historia de un hombre que posee «todas» las mujeres pero en el fondo —astutos analistas que nunca dejan de percibir el «fondo» de cualquier cosa— es un homosexual que no se asume como tal. Por supuesto, Lacan obvia esta «interpretación». Se limita a precisar que se trata de un fantasma de mujer. Y con ello, además de anular las especulaciones sobre una supuesta homosexualidad del personaje mítico, abre el campo a otro tipo de desarrollo. Aclara entonces que Don Juan es aquel que puede guarecerse de la posibilidad de perder el valor fálico, ya que lo sostiene durante todo el tiempo, y ninguna mujer puede tomárselo. Esto es, desde la mujer, lo que «feminiza» a Don Juan. El personaje indica la condición de un falo (φ) siempre presente. Entonces, retornemos: ¿qué quiere una mujer?

Resulta inevitable, ante esta cuestión, recordar aquella célebre pregunta freudiana acerca del deseo de la mujer, donde se incluyen las conocidas alusiones a un continente desconocido, oscuro (el de la sexualidad femenina). Lacan responde a la inquietud de Freud en estos términos: *la mujer quiere gozar del hombre; quiere su goce, quiere gozar de él. Quiere el ser del hombre y, así, suscita su angustia.* ¿Por qué? Porque sólo puede obtenerlo castrándolo, ya que no hay *deseo* realizable sino implicando la *castración*. Es de eso que da cuenta el concepto de *penisneid* —envidia del pene— y cabe destacar que *no parte de la conceptualización de la feminidad en la que se la hace surgir de una falta (anatómi-*

ca). En esta torsión, Lacan modifica la idea de que la mujer parte de dicha falta, lo cual la convertiría en un ser desprovisto. Vale la pena recordar, como lo señala, que *él no ha aseverado que lo Real es pleno, sino que sostuvo que a lo Real no le falta nada, aunque en él «hormigueen los huecos» o, incluso, se le haga el vacío. Pues bien, al cuerpo de la mujer, en tanto Real, no le falta nada.* Quien lo afirme de otra manera está neurotizando la teoría; en efecto, desde su propia neurosis concibe que a la mujer le falta algo, lo cual se corresponde con una teoría sexual infantil, aunque pueda ornamentarse tal concepción con una perspectiva simbólica que indica cierta elaboración (lo cual le suma perniciosidad). Este es un punto verdaderamente crucial, como puede comprobarse cuando se correlacionan estas teorías con lo explicitado en algunos puntos de «Un recuerdo infantil de Leonardo da Vinci», donde se localiza una referencia muy lúcida de Freud acerca de lo cognitivo que, por supuesto, poco o nada se relaciona con el orden de la psicología evolutiva. Pero esto será materia del próximo capítulo.

Decíamos, entonces, que a la mujer nada le falta en lo Real. En función de ello, conviene reseñar con mayor detenimiento en qué consiste la inflexión que Lacan le imprime a la respectiva intelección freudiana. En breve síntesis, puede admitirse que el desarrollo de Freud considera que la mujer parte, cuando niña, del complejo de castración, por cuanto «efectivamente» no posee el falo. O sea que desde su teoría sexual infantil, respecto de la premisa universal del falo, descubre que le falta. Todos deberían poseerlo, y a ella le falta; por lo tanto, algo ha sucedido. Por eso, la primera relación articulada por la niña es la demanda a la madre, para que le dé lo que le falta. Como es obvio, esta exigencia no puede ser satisfecha, pasando entonces la demanda de la madre al padre, quien sí lo tiene. De ese modo, el pasaje desde la castración hasta el Edipo tiene lugar en un trayecto inverso al del varón, quien en un principio atraviesa la relación edípica que es superada —en lo posible y con las limitaciones del caso— por el complejo de castración. En resumen, se trata de una relación conforme con caminos opuestos: en la niña la sucesión es castración-Edipo, en el niño el tránsito es contrario. Enfocando esta temática desde el campo del Otro, Lacan señalará —y esto es muy interesante ya que establece un lazo directo con la práctica de nuestra disciplina— que *la mujer tiene una facilitación mayor respecto de la posición de psicoanalista.* No se trata del sexo biológico, desde ya, sino que lo crucial radica en el colocarse de cierta manera respecto del deseo del Otro. Acotará, acerca de esto, que *la mujer se encuentra menos articulada al deseo que el hombre. Por lo tanto, se halla más abierta al goce. Y esto se debe a la trayectoria diferencial en cuanto hace al falo y a la castración.*

El varón, por consecuencia, no tomará el valor fálico con relación a la búsqueda inicial de la madre, sino que en principio se encontrará con la imagen fálica (φ), encarnada en su pene. De lo que se trata a continuación es de procesar el modo mediante el cual la imagen fálica puede ser negativizada (– φ). Esta constante referencia a la instalación de la castración como requisito para la ligazón con el objeto determina que los hombres se encuentren en una posición de mayor dependencia con relación a la cuestión desiderativa, lo que limita la respectiva apertura al goce. No es por casualidad que, en el primer nivel o piso del cuadro, las letras en cuestión aparezcan sin barra alguna. Eso indica que no se trata de la misma posición inherente al sujeto del deseo. *El barramiento —que da cuenta de una específica «experiencia de la barra»— posee una relación directa con el signo «–» que marca a la imagen fálica cuando da cuenta de la castración.* Ambos hablan de una falta y de un «estar trabado». En la medida en que todo sujeto lo es del deseo, puede serlo porque cayó de la posición del sostenimiento de la imagen fálica. En nuestro *grafo de la angustia*, lo referido se halla contemplado por el circuito siguiente:

$$\$ \longleftarrow \text{angustia} \longleftarrow (-\varphi)$$

Visto el recorrido realizado por el varón, cabe interrogarse *desde dónde adviene a la mujer el falo. Y la respuesta es: desde el Otro, por añadidura.* Esto indica que *se halla en un grado de secundarización con relación al falo*, ya que no tiene que confrontarse con la perentoriedad de la caída de la imagen fálica, de su negativización —castración—, para poder acceder al orden del deseo. *El falo le llega por el deseo aportado desde el Otro.* De ese modo, se entiende que la mujer posea una mayor dominancia del goce, a la par de estar atenta a dicho aporte fálico desde el Otro; así es como puede estar abierta a su deseo. Esta disposición, esta mayor sensibilización al deseo del Otro, puede ser traducida en una escucha, y, de esa forma, se encuentra facilitada la relación de la mujer con el lugar del analista. Empero, hay que ser prudente *y no simplificar deduciendo de ello que la mujer tiene proclividad a ser mejor analista que el hombre.* Esta facilidad, esta cómoda instalación, bien puede ser transformada en una inagotable fuente de desvaríos. Basta con observar ciertos desarrollos de analistas mujeres que se inscriben en el otro psicoanálisis. Son las que más basan sus análisis en la desdichada contratransferencia, es decir, en lo que ellas «sienten» ante sus analizantes. No hace falta recordar los innumerables desvíos a que esto ha dado origen. Por eso, Lacan señaló alguna vez que *las mujeres pueden ser las mejores analistas, cuando no son las peores.* Puntuamos la facilitación, lo cual no deja de ser un incentivo. Empero, también está en juego el riesgo de caer por esa hondonada, al tener menor predicamento, en la mujer, la limitación constitutiva del deseo, propia de los analistas varones. *Dicha limitación, como decíamos, provoca un mayor peso restrictivo, pero también hace las veces de barrera de contención a la empatía libérrima.*

En este punto de nuestro desarrollo nos parece imprescindible citar ciertos pasajes de una obra que Lacan introduce en el *Seminario 10*, y que encierra algunas cuestiones decisivas para el psicoanálisis. Se trata de *Las metamorfosis*, de Ovidio. El punto que le interesa en particular, en ese momento, es el relatado en el cuarto pasaje del libro III; en él, Tiresias es cegado por Juno. Ese trozo y sus aledaños constituyen —para nosotros— una parte crucial del texto; en efecto, inmediatamente después de ese relato, se produce la referencia a Narciso, en lo que conforma su versión más difundida. Narciso, como es sabido, da lugar a uno de los dos mitos fundacionales del psicoanálisis en la explícita propuesta freudiana.* En un trabajo anterior [2] hemos tenido oportunidad de destacar la relevancia del episodio de Tiresias relatado en *Las metamorfosis*, ya que se trata de un

* Explícita, porque Lacan lee el relato del asesinato del padre —introducido en *Tótem y tabú*— como una producción mítica que, desde Freud, es fundante del psicoanálisis. Más aún, el maestro francés realiza una operación homóloga a la freudiana: retrofunda en la obra del creador del psicoanálisis, tal como este lo hizo en la mitología helénica.

personaje que también juega un papel definitorio en el otro mito fundante: aludimos, claro está, al de Edipo.

Como se narra en la célebre tragedia de Sófocles, Tiresias fue el ciego vidente que condujo la investigación sobre la plaga que asolaba a Tebas y aquel que sabía quién era el responsable de aquella desgracia. Pues bien, antes de ser el conocedor de lo acontecido con Edipo, Tiresias había sido víctima de los designios de los dioses, del modo en que se explica en la obra de Ovidio.

Tiresias era más sabio que el resto de los hombres aun antes de ser cegado por la ira de Juno. Su sabiduría abarcaba también al goce femenino, al que tuvo acceso a raíz de una extraña circunstancia. Veamos cómo su experiencia dio cuenta de aquello que Lacan propugna: *la dominancia del deseo en el hombre y la del goce en la mujer.* Ovidio plantea la historia en cuestión:

«Mientras esto sucedía sobre la tierra por ley del destino y se hallaba ya segura la cuna del dos veces nacido Baco, se hace mención de que Júpiter, abierto su corazón por el néctar, se desentendió de las graves inquietudes y se entregó a divertirse con Juno, libre también de toda preocupación, y que dijo: "Seguramente vuestro placer es mayor que el que experimenta el sexo masculino". Ella lo niega. Deciden consultar el parecer del entendido Tiresias, que conocía el placer de los dos sexos, puesto que había golpeado con un palo en el verde bosque los cuerpos de dos grandes serpientes que estaban copulando y entonces, ¡cosa admirable!, de hombre se convirtió en mujer y así permaneció durante siete otoños. Al octavo volvió a verlas y dijo: "Si tan grande es el poder que entrañan los golpes que recibís, ahora también os heriré para que cambiéis la condición de su autor". Una vez que fueron golpeadas esas mismas serpientes, volvió a su primitiva forma y condición natural. Tomado este como árbitro en la jocosa lid, afirma la opinión de Júpiter. Dícese que la hija de Saturno se dolió por el asunto más de lo justo y condenó por ello a su juez a que sus ojos tuvieran una eterna noche. Pero el padre todopoderoso (pues a ningún dios le está permitido el deshacer la obra de otro dios), en compensación de haber perdido la vista, le otorgó el don de conocer el futuro y alivió el castigo con esa gloria» [3].

Lacan se centra —como apólogo— en ese episodio para señalar que *«las que gozan son las mujeres»*. En el *Semina-*

rio 20, «Encore», esta caracterización se ratifica al introducir la noción de *un estricto goce femenino —no asible con simpleza— ubicado más allá del fálico, mas no sin este.*

En el *Seminario 10* se formula otra referencia en extremo valiosa: es la que remite, una vez más, a la castración inscripta como $(-\varphi)$, y a su articulación con el objeto *a*. En ella puede advertirse hasta qué punto los conceptos no resultan a veces escindidos de modo tajante. Por momentos —y en esto coinciden otros autores, como M. Marini [4]— no es tan nítida la discriminación de lugares y de correlatos ilustrados por *a* y por $(-\varphi)$. Pese a esta indefinición esporádica, hay un pasaje del *Seminario* en donde se marca un esquema que los distingue. *Se considera allí a ambas funciones como residentes en dos vasijas distintas pero de idéntico diseño:*

Lacan plantea, con relación a esta ilustración, lo que sucede cuando mentamos la angustia. ¿Qué decíamos de ella? Pues, en primer término, que no es sin objeto. Y esto implica —como ha sido consignado en el capítulo 3— que el *a* tapona la falta delimitada por $(-\varphi)$, trasvasando el contenido de una vasija a la otra. En esa semiplenitud que se produce no puede dejar de aparecer el fenómeno de la angustia. A la vasija de la izquierda la llama —novedosamente respecto de la denominación freudiana— *castración primordial u original.* De acuerdo con esta circunstancia, *lo que el sujeto desea cuando se vuelca el* a *—ese objeto que no debería aparecer y sin embargo lo hace— es restituir la castración*; así, se trata de sostener tanto el vacío interior como la redondez del borde de la vasija $(-\varphi)$. Vale decir que cuando dicha vasija encuentra al *a* trasvasado, ella se encuentra semivacía y semillena. *Mas la cuestión no radica tan sólo en el trasvasamiento, sino en la transfiguración, que es la angustiante.* Para dar cuenta de ello, Lacan complejiza su ejemplo, planteando topológicamente una modificación del borde. En ese sentido, propone que se imaginarice que el borde de la vasija $(-\varphi)$, que, como dijimos, es redonda, se transfigure uniendo «dos puntos opuestos de su borde dando vuelta las superficies en el camino». ¿Qué se obtiene? *Que, como en la banda*

de Moebius, se pase de la cara interna a la externa sin franquear el borde. Así grafica cómo el *a* viene de otra parte, del deseo del Otro. *Esta continuidad, asegura, es la que caracteriza a la angustia.* Ahora bien, ¿para qué sirve este extraño retorcimiento del borde? Pues es útil en grado sumo para entender que la angustia no es —como cabría pensar al modo ingenuo— un fenómeno interno en exclusividad, ya que apunta a la dificultad de distinguir interior de exterior. Entonces, ¿dónde «se coloca» la angustia? ¿Está en un adentro o en un afuera? Convinimos que se localiza en el yo, pero además se relaciona, en cuanto a su constitución misma, con el objeto *a*, al que es inviable adjudicarle algún tipo de interioridad imaginaria. *En puridad, la angustia —Real— suspende la vigencia del mapeo imaginario que reconoce intuitivamente la diferencia entre un adentro y un afuera.* En este contexto, Lacan vuelve a situar a la angustia —más allá del apólogo— como *fenómeno de borde*, y cita al psicoanalista húngaro Imre Hermann (por única vez en su obra) en tanto pionero en la dilucidación de tales fenómenos.

A través de las pequeñas vasijas, Lacan toma en consideración la diferencia que cabe plantear entre la falta y su llenado posible (en rigor, su semillenado). En el capítulo 3 hemos graficado la cuestión entre (– φ) y *a* de un modo sumamente sencillo, mediante un esquema al que denominamos «de la lámpara eléctrica»:

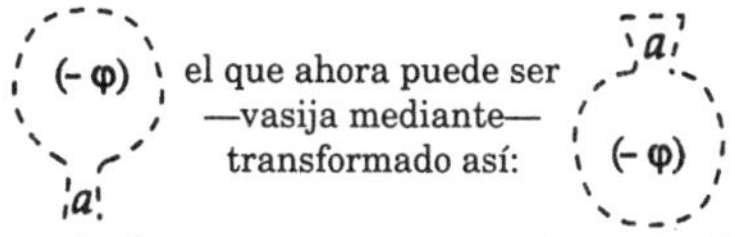

Considerando lo expuesto con relación a la vasija, la idea es dar cuenta de mayores dificultades de relación entre lo que es esa falta y lo que viene «malamente» a obturarla. El adverbio de modo es aquí ajustado, ya que esta obturación no puede hacerse sin un efecto ingrato: la angustia. Y reiterémoslo: *Lacan reafirma que, ante la angustia, el deseo tiene por mira volver a la «castración primera».* Por supuesto que esta situación puede resultar sorprendente y extraña para una primera intelección: ¿cómo puede buscar alguien la castración? Si entendemos que quien busca la castración no lo hace por masoquista —que busca inscribirla en su cuerpo— ni por transexual —que la realiza mediante un pasaje al acto, con la ablación de sus genitales—, será viable advertir que *la búsqueda obedece a una condición de normalización. Se trata de la —antes mencionada— preservación o resguardo de la falta.*

Lacan se centra en la necesidad de conservar la falta —a diferencia de lo que sostiene buena parte del psicoanálisis oficial, con sus empeños por hacer «aceptar la falta», en el sentido de admitir limitaciones «realistas», etc.— con un ejemplo que tiene un amplio eco en el análisis: el de *la circuncisión. Esta práctica responde a una marcación estricta de la falta, tanto como al cernimiento de un* a. Una lectura lamentable de este ritual —y se han escrito libros enteros al respecto— lo interpreta como una acción agresiva, castrante en el sentido literal del término, como hostil ablación cárnea. De allí, estos ensayistas han desprendido que la circuncisión es traumática, nociva y patógena para el indefenso sujeto que la padece. En síntesis, una agresión inadmisible; algo execrable de cabo a rabo. Los desarrollos sobre el tema suelen esbozar distintas razones para anatemizar una práctica a la que se supone de por sí altamente perjudicial.

Frente a dicha lectura predominante en el movimiento psicoanalítico, Lacan señala que este acto no sólo incumbe a una suerte de precepto por obedecer —y de ese modo consiste en algo que normaliza, que liga de manera sedativa a una generación con las anteriores—, sino que es mucho más que eso, connotando una dimensión crucial. Ella involucra a la relación que el sujeto mantiene con el campo del Otro a través de un pequeño fragmento de carne —*a*—, lo cual abre el tema a una situación que excede lo normativo, el simple sello de un pacto, dado que se ejerce en ese real que es el cuerpo, del cual se desprende el prepucio. Desde ya, Lacan rechaza las interpretaciones que «analizan» la agresivización latente en la circuncisión. No está allí lo definitorio de esta práctica.

A menudo, los analizantes, en función de las prédicas massmediáticas «de inspiración psicoanalítica», tratan por todos los medios a su alcance de liberarse del pacto inconsciente con su cultura —con la historicidad del Otro— que los convida a circuncidar a sus hijos. Suponen que no se debe hacerlo porque algún divulgador así lo dijo, en nombre del psicoanálisis. En esos casos, el analista puede considerar que, después de todo, ¿por qué no dejar de hacerlo? Si con ello se le evita un trance amargo al hijo de un analizante, enhorabuena. Todo sería perfecto si después no se observase, en esos casos, que aquello que no pudo consumarse como pacto amenaza de continuo la relación, trastornando la asunción del lugar del padre y/o el de la madre, no menos que el del hijo en tanto situado en la genealogía. Este, conforme lo indica la reiterada experiencia, permanece en tales casos conflictivos «atornillado» al lugar del resto, del desecho rechazado debido a su «ilegitimidad».

La circuncisión es trabajada ejemplarmente por Lacan en torno de una cita bíblica. Un pasaje del libro de Jeremías —capítulo 9, versículos 24 y 25— atrajo la atención y suscitó no pocos atolladeros a los traductores. El texto hebreo, según lo explicitado en el *Seminario 10*, se traduciría en el punto crucial como: «castigaré a todo circunciso en su prepucio». Una expresión paradójica que los traductores —aun los mejores— intentaron modificar. El traductor francés optó por: «actuaré con rigor contra todo circunciso a la manera del incircunciso», lo cual posee una lógica impecable, aunque no condice en lo más mínimo con el texto original. En ese texto, la fórmula enigmática —«castigaré a todo circunciso en su prepucio»— encierra algo sin duda extraño. ¿Qué es eso de dar al prepucio una característica de presencia crucial? Y, por otra parte, ¿el circunciso no es tal porque ya le ha sido cortado su prepucio? La traducción castellana quizá más autorizada, la de la *Biblia de Jerusalén*, refiere el pasaje de la siguiente manera: «He aquí que vienen días —oráculo de Yahveh— en que he de visitar a todo circuncidado que sólo lo sea en su carne [. . .]». De esto surge que, al parecer, la condición de circuncidado puede exceder lo meramente carnal, o bien limitarse a ello. Luego, prosigue así: «[. . .] a Egipto, Judá, Edom y a los hijos de Ammón, a Moab, y a todos los de sien rapada, los que moran en el desierto. Porque todas estas gentes lo son. Pero también los de la casa de Israel son incircuncisos de corazón» [5]. Como puede comprobarse, en esta versión española también se ha perdido la extrañeza del texto original, si bien se ha preservado la sugestiva y alegórica fórmula: «incircuncisos de corazón». Es que la Biblia enseña que de lo que se trata es de *una separación esencial de una cierta parte —fundamental— del cuerpo, más allá del prepucio. Alude, entonces, a una función que vuelve simbólica una relación en el cuerpo propio, del que una parte se encuentra alienada.* Lo que Lacan remarca es que *aun en la figura dirigida de modo presuntivo a lo espiritual se conserva la referencia corporal.*

Ahora bien, la cuestión de ser un incircunciso «de corazón» debe ser tomada al pie de la letra. Consecuentemente, para apuntalar esta noción acude a un texto shakespeareano, *El mercader de Venecia.* En él, su protagonista, Shylock, exige como pago a Antonio, por un contrato no cumplido, una libra de carne. De su propia carne, extraída del sector más próximo al corazón. Una evidente alusión al objeto *a* —la «libra de carne» conforma una reiterada definición lacaniana sobre el *a*—, en este caso encarnado en eso que por antiguas convenciones culturales —que aquí no rigen— es llamado por nosotros como el órgano sede del amor, así como para los semitas es el órgano de la inteligencia. En dicho pasaje de Shakespeare —interesante por demás para advertir cómo se despliega en él cierta ideología antisemita, con base en un estereotipo de judío—, en dicho pasaje, decíamos, le ofrecen a Shylock, en compensación, sustanciosos pagos materiales. Sin embargo, con contumacia, él sólo quiere cobrarse su libra de carne, porque «es siempre con nuestra carne que debemos saldar la deuda». La difícil cuestión se resuelve cuando entra Porcia, vestida de Doctor en Leyes, y, luego de un extenso diálogo, le plantea el siguiente dilema: «Este pagaré no te concede una gota de sangre. Las palabras formales son estas: *una libra de carne.* Toma, pues, lo que te concede el documento. Toma tu libra de carne. Pero si al cortarla te ocurre verter una gota de sangre cristiana, tus tierras y tus bienes, según las leyes de Venecia, serán confiscados en beneficio del Estado de Venecia» [6]. De hecho, Porcia había leído el contrato de modo aún más literal que Shylock, lo que impedía la mutilación de Antonio. Lo menos que se puede decir de este pasaje es que involucra toda una dialéctica del don y de la deuda, dando cuenta de qué manera el *a* entra en una suerte de intercambio; aquí, detenido por la letra, que impide el corte. Shakespeare, con ejemplar agudeza, toma la metáfora *stricto sensu*, y no por su valor de remisión, figurado: *Shylock quiere el corazón en tanto órgano corporal.* Visto desde ese enfoque, *el* a *se inscribe ya no en la dimensión sublimatoria del amor, sino en la búsqueda del cuerpo*, como cabal presentificación de lo que Lacan denomina, de modo osado, como la «*tripa causal*» —con una expresión que parece propia del conceptista Quevedo, debido al choque creativo entre dos campos semánticos distantes. En efecto, algo en apariencia tan metafísico como *la causa* aparece ligado a lo intestinal. Y, en ese sentido, conviene recordar cómo Lacan llamaba elogiosamente a M. Klein: «*la tripera*», en virtud de su decidido hincapié en la consideración de la vida fantasmática, antes que en los falsos oropeles del yo. En este punto, nos parece conducente realizar el tránsito a otra temática afín del *Seminario.*

La intención en dicho tramo de «*La angustia*» es trazar una discriminación entre *objetividad* y *objetalidad.* El objeto *a*, esa libra de carne ligada al corazón, posee una relación indiscutible con el orden del deseo, en su remisión a lo corporal. En el cuadro de la división significante del sujeto, cabe que escribamos el lazo del siguiente modo:

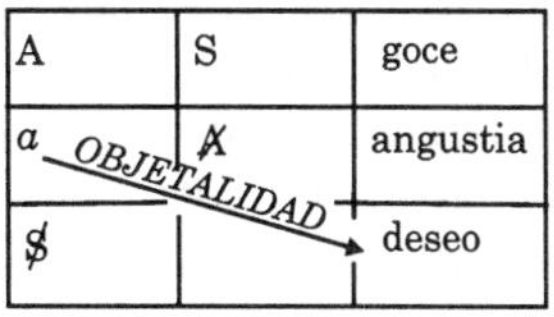

A la relación en cuestión la denomina objetalidad, la cual, en tanto «correlato de un *pathos* de corte», debe diferenciarse de la objetividad, la que constituye el propósito confeso, al menos, de la búsqueda del pensamiento científico occidental. Al respecto, Lacan emite otro aforismo: «*algo es omitido en la consideración del conocimiento*». ¿De qué se trata? Para responder, traza un nuevo arco audaz: lo omitido «es el deseo que anima a la función del conocimiento». Mas, ¿implica esto un esencialismo psicologista? Es de lo que procura evadirse, *escribiendo en la estructura.* Así, cada vez que se invoca la causa, es porque ella constituye el punto ciego en la función de ese conocimiento. *Siempre la causa, como antes dijimos, da cuenta de un blanco, de una ausencia, de un eslabón perdido.* Un ejemplo que encontramos en el *Seminario 11* alude a la incidencia de la Luna sobre las mareas. Un dato «objetivo», sin duda, del cual hasta se puede establecer una *ley* precisa. Pero si los cambios de mareas son *efecto* de la Luna, ¿cuál es la *causa* por la que ella incide sobre las mareas? Allí nos topamos con lo dicho: una hiancia, un blanco, una ausencia, algo que se omite. Confiando en el ideal iluminista que acredita el progreso de la ciencia, podía afirmarse con ingenuidad que dicho vacío se llenará en un futuro; empero, el espacio abierto por la causa —y aquí damos con el trazado osado de Lacan— se relaciona con el objeto *a*, vale decir, el objeto causa del deseo en la objetalidad, lo cual sindica lo irreductible del efecto de estructura, que no es histórico ni tampoco «progresa». Así, *el* a *también se verá ligado con la objetividad*, la cual articula, por medio del formalismo lógico, «esa parte de nuestra carne»:

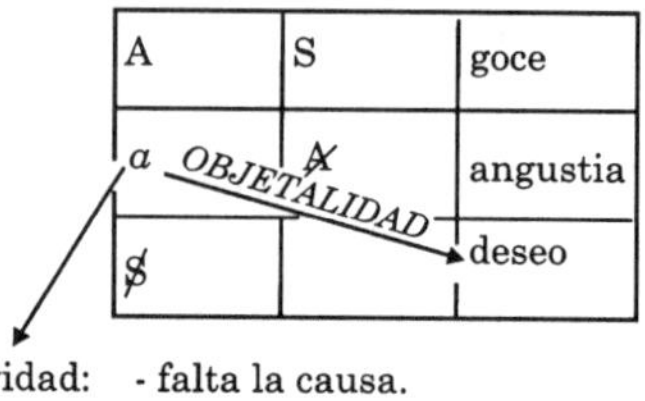

Objetividad: - falta la causa.

Con relación al presunto conocimiento fundado, científico, se debería colocar la condición de objetividad al menos entre comillas, consignando que de ella está ausente la causa, por cuanto el sustrato auténtico de su función se ha perdido. Por ello, *podrán establecerse leyes y prever los acontecimientos en función de ellas; sin embargo, la dimensión de la causa se encuentra en el más alto grado de opacidad.* Allí está la omisión del conocimiento reinando en la «objetividad» misma:

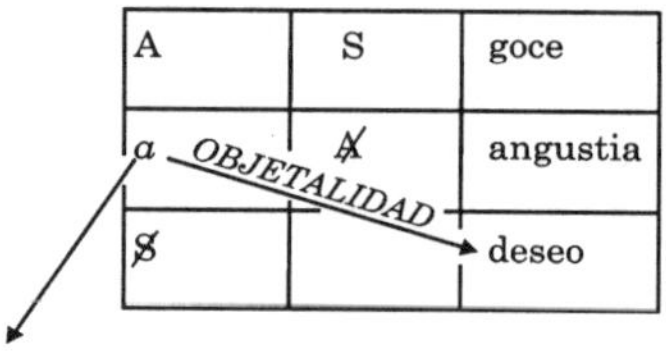

«Objetividad»: - falta la causa;
- conocimiento omitido.

Este es uno de los momentos en que se aprecia con mayor nitidez el modo mediante el cual el cuadro de la división significante del sujeto incide en el orden convencionalmente conocido como «intelectual», ya que hasta aquí parecería tratarse de funciones inherentes a lo que la psicología denomina «afectivo». Pero, claro está, la propuesta lacaniana evade la óptica habitual, según la cual los sentimientos distorsionan o bien obstaculizan el pensar. Aquí se rinde cuenta de una condición de estructura; *el* a *marca una dimensión irreversible, de la cual deriva la temática del conocimiento posible.* Marca un real, o sea, algo que —de acuerdo con la referida primera caracterización del registro aludido— siempre vuelve al mismo lugar. Ahora bien, a ello articula, como «necesidad estructural», que la relación «del sujeto con el significante necesita la estructuración del deseo en el fantasma». ¿Por qué incluye este recordatorio? Para enseñar que el propio fantasma comporta conocimiento, es decir, que *ya hay conocimiento en el fantasma*. Mas, ¿de qué naturaleza? Previo a dilucidar este interrogante, consignemos lo predicho en el cuadro. De ese modo, el campo abarca ahora, a través del punzón, también al sujeto deseante, escribiendo, como sustento del conocimiento, el fantasma:

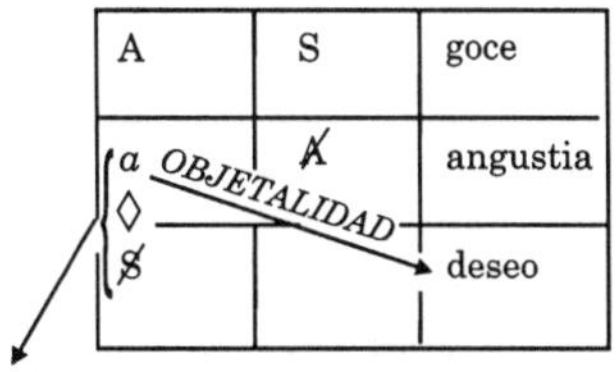

«Objetividad»: - falta la causa;
- conocimiento omitido.

La postulación freudiana permite concebir que una teoría —como ya lo hemos demostrado— no por ser científica es discriminable de otra sexual infantil. Pertenece al mismo orden. Si se devela su estructura, no se diferencian. ¿Y cuál es esta? Ni más ni menos que la del fantasma.

Pero propongamos una nueva vuelta de tuerca sobre la cuestión. Entonces, cuando falta la causa, ¿a qué se debe?

Para responder a este interrogante conviene puntuar una particularidad del funcionamiento del fantasma. Se trata de que este revela *una síncopa, temporalmente caracterizable, del objeto* a *—causa del deseo—, el cual, en determinada fase, se borra, desaparece.* No se lo nota, puesto que cae en *fading*. Entonces, *el* a *oculto, sincopado, da cuenta de la función de la causa.* ¿De qué causa se está hablando? «Falta la causa» significa que falta el *a*, en tanto afanizado. *El desvanecimiento del objeto causa del deseo en la dialéctica fantasmática es lo que provoca que la «objetividad» sea siempre aproximativa, y que la certeza no sea provista sino por la angustia.*

Aquí se enlaza otra articulación lacaniana: «El sujeto, por hablar, está implicado en su cuerpo por esa habla. La raíz del conocimiento es ese compromiso de su cuerpo». En última instancia, es esto lo que tiene como referencia el conocimiento. Podríamos adicionar, en consecuencia, un gráfico en el cual el cuerpo se instalase —acorde con esta puntuación— inserto en el perímetro del habla, según una elemental lógica de clases. Ergo, por vía del fantasma, el sujeto posee el conocimiento que fuese, el cual es factible en la medida en que su cuerpo está «envuelto» por el habla, que es de lo que da testimonio —lo que conoce— el fantasma:

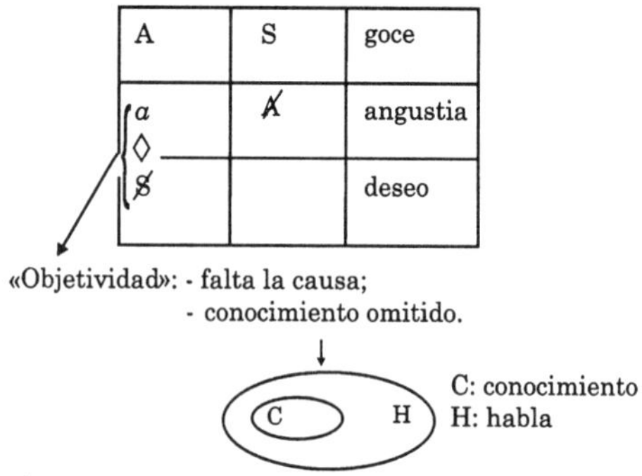

A esta altura, cabe la pregunta: ¿de qué cuerpo se trata, cuando se dice de él que está «recubierto» o comprometido por el habla y que de ello da cuenta el conocimiento? Responder implica recentrar la problemática del cuerpo en relación con el objeto *a*, en el nivel de procesamiento que le cabe en la función del fantasma. Entonces, dado que *en el fantasma se incluye ese fragmento de cuerpo* que es el propio objeto *a* encarnado —llámese libra de carne, prepucio, o similar—, se nos plantea la siguiente articulación en el cuadro:

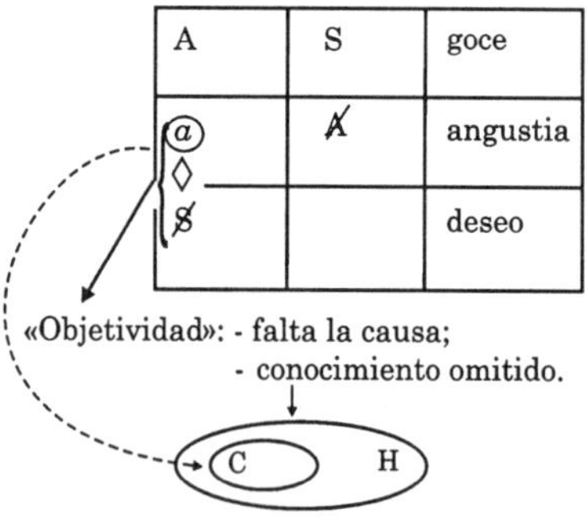

Lo que Lacan encara para dilucidar la problemática abierta por el cuerpo con relación al objeto causa del deseo es, en el *Seminario 10*, lo que denomina *pisos en la consti-*

tución del objeto a, que luego tomaremos en consideración. Baste con decir, por ahora, que a partir de las puntuaciones freudianas —existe un objeto oral llamado seno, uno anal denominado heces, uno fálico (negativizado)— va a agregar dos objetos más —los destacadamente alucinatorios— a la lista original. Es aquí donde *menciona como nivel visual o espacial aquello que en «Los cuatro conceptos. . .» llamará «mirada»*. A este le articula otro que «extrae» del *imperativo categórico kantiano*. Se trata del nivel que da cuenta —según la propuesta inicial freudiana— de la acción del *superyó; aquel que insta de modo inapelable, irrecusable, a cumplir el mandato porque se trata de algo imposible de cumplimentar. Un nivel que, en tanto objeto* a, *estará encarnado en la voz*.

La referencia al superyó es particularmente significativa para finalizar este capítulo, ya que si la conjuntamos con lo expuesto acerca de la condición femenina, puede surgir un problema en cuanto a ligar este concepto con la mujer, a partir de su mayor disponibilidad para el goce. Por otro lado, cabe recordar cómo Freud argüía en el sentido de detectar *menor incidencia superyoica en la fémina*. Es que en ella no aparece como detectable al modo de una formación que se opone al yo (que es en general como se la localiza en el varón). Sería viable hasta plantear los elementos del siguiente modo: *superyó, femenino*. Así daríamos cuenta de la efectiva implicación de los términos. Esta condición no deja de remitir a la mencionada dominancia gozosa, ya que el superyó es lo que ordena gozar conforme con el imperativo categórico. *Su dictamen indica: «Goza todo el tiempo»*. Justamente en ese sentido el mandato resulta de imposible cumplimiento. No se trata entonces de que sus normas sean más o menos estrictas, ni de que los preceptos morales, dictados de modo manifiesto, puedan ser muy restrictivos o penalizantes. Dichas inscripciones hacen a valores consensuales, a la corteza normativa tautológicamente imaginaria, y no al sostén último de cualquier legalidad, que no es otro que un: «te ordeno que goces de modo incesante». Y al máximo nivel, claro está.

En la dimensión estructural, el superyó sólo insiste en un sentido, el «¡goza!», en términos imperativos. De esa forma, *no indica, desde ya, una incitación al placer; empero, tampoco se trata de una compulsión al sufrimiento*, como se lo ha querido entender en algunas ocasiones. La orden insta a mantener la tensión del aparato psíquico sin apuntar a su cese (lo que sí sería una finalidad acorde al principio de placer). Retornemos, para concluir, a la cuestión de la mujer.

En el *Seminario 20*, Lacan claramente la escribe como dividida. En esa división, una parte se dirige hacia el *significante de la falta en el Otro* [S(A̸)] y otra hacia el *falo simbólico* (Φ):

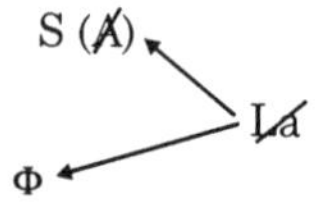

Cabe hacer aquí una acotación sobre la escritura lacaniana que designa a la mujer. Escribe: L̸a mujer, tachando gráficamente el artículo definido, lo cual puede leerse como el ya célebre aforismo: «*La mujer no existe*». Y es así, en tanto *no detectamos una esencia única, una universalización de la feminidad que se repetiría como tal en todas las mujeres*. Pero, volviendo a esta L̸a, puede advertirse que uno de los vectores en cuestión, el que va de la mujer al falo simbólico, se ve cruzado por otra relación, proveniente del lado izquierdo, masculino, «de fallar a la relación sexual»:

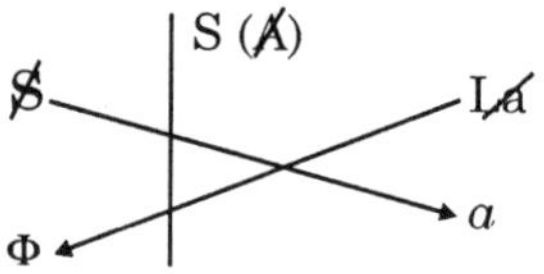

En resumen: *la no ek-sistencia de la mujer como esencia va ligada al hecho de su doble definición, esto es, con relación al significante de la falta en el Otro y al falo simbólico.* Esta partición es pasible de ser aprehendida en la clínica bajo distintos «ropajes». Uno de los más frecuentes es el de la queja de las analizantes acerca de una difícil conciliación entre dos órdenes, como pueden ser el del hogar y el del trabajo, mientras «el hombre sólo se ocupa de una cosa». Aunque este salto de la teoría a la escucha analítica cotidiana pueda parecer brusco, es una referencia cierta al hecho de que la mujer se reclama como dividida. Así, se confronta en no pocas ocasiones con la imposibilidad de «bajar la guardia», o de poder acceder a algún tipo de homeostasis «estable», reduciendo la tensión. Ahora bien, desde el lugar del hombre, se produce una relación entre el sujeto deseante y el objeto *a*, buscado en el campo de L̸a mujer *a*-izada. *La lí-*

nea que parte de $\$$, en efecto, *designa la inevitable función de* a-*ización de la mujer por parte del hombre, inscripta por medio del fantasma (cuya notación grafica).* La única línea que une al sujeto barrado con el *a* no puede sino abroquelar más al hombre respecto del goce, constriñendo la apertura que en ~~La~~ mujer aparece como constitutiva.

Referencias bibliográficas

[1] J. Lacan, *Séminaire «L'éthique de la psychanalyse»*, 7, París: Seuil, 1986, pág. 133.

[2] R. Harari, «Eco de Narciso», en *El fetichismo de la torpeza y otros ensayos psicoanalíticos*, Rosario: Homo Sapiens, 2003, págs. 35-44.

[3] Ovidio, *Las metamorfosis*, México: Porrúa, 1977, pág. 40.

[4] M. Marini, *Lacan: itinerario de su obra*, Buenos Aires: Nueva Visión, Colección Freud ◊ Lacan, 1989, pág. 248.

[5] *Biblia de Jerusalén*, Bilbao: Desclée de Brouwer, 1975, pág. 1144.

[6] W. Shakespeare, *El mercader de Venecia*, México: Porrúa, 1990, pág. 75.

7. ¿Pulsión de saber? El grafo de los pisos del *a*

En el curso del capítulo anterior hemos citado, con relación al cuadro de la división significante del sujeto, un diagrama elemental, que necesita mayor justificación teórica. Se trata de aquel que ahora podemos presentar, en su versión más sencilla, como integrado por dos círculos concéntricos. Uno de ellos remite al habla; el otro, ubicado en su interior, ilustra la incidencia del cuerpo:

El gráfico indica, entonces, que el cuerpo está incluido, inscripto como tal, en la función del habla. Este hecho general implica para la teoría y la práctica psicoanalíticas, por lo pronto, una serie de consecuencias nada desdeñables. En primer lugar, determina que *a los analistas no les incumbe, como territorio de su praxis poiética, el cuerpo biológico.* Aunque la anatomía no nos sea ajena, como expondremos en el curso de este capítulo, lo biológico no es propio del psicoanálisis; pero *sí lo es el cuerpo en tanto se encuentra inscripto en el habla.* Tampoco se trata de aquel diseccionado con minuciosidad vivencial por los fenomenólogos. Varios textos capitales, entre ellos la tan recurrida *Fenomenología de la percepción* de Maurice Merleau-Ponty, consideran al cuerpo como una unidad, una globalidad o estructura general; así, la totalidad de la presencia corporal estaría comprometida en toda percepción. Y esto, si bien parece superar el dualismo mente-cuerpo, *no hace del cuerpo sino un «alma corporizada».* Es que una de las principales diferencias que mantiene el psicoanálisis con la fenomenología se ubica en torno de este punto: mientras el primero parte de un cuerpo donde por definición prima la función de lo parcial, no totalizable bajo ningún concepto, la segunda presupone una unidad inicial, no escindible, en lo relativo a la corporeidad. Un tema capital del psicoanálisis —y, obviamente, no aceptable para las pretensiones «totalistas» de los fenomenólogos— es *el objeto* a, *con lo que este comporta en tanto parte del cuerpo separada, desprendida —por el «compromiso» de la dialéctica significante— y «desde ese momento inerte», esto es, estatuificado.*

El objeto causa del deseo es ese trozo que se encuentra determinado como tal a partir del momento en que «cae» separado del cuerpo. Esto sucede porque dicho cuerpo está implicado en, y por, el habla. No es, por ende, una parte a la que pueda concebírsela como dotada de una suerte de autonomía en lo que hace a su producción. *El* a *no se origina por autogeneración, sino que se desprende en tanto resto de una operación divisoria que se realiza en función del orden significante.* Se trata, por consecuencia, de un fenómeno propio del ser hablante, y no de un suceso ligado con la biología, y/o que respondería a alguna hipotética metafísica. *El objeto* a *es, entonces, producido por la acción del habla en el cuerpo.*

Recordemos que en el *Seminario 10*, al encarar el tema de la producción del objeto *a* en virtud del habla, Lacan procede a realizar un salto conceptual que aparenta ser muy drástico; así, señala lo siguiente: lo que como sujetos podemos conocer depende de la forma mediante la cual este cuerpo inserto en el habla se proyecta y se instala en lo que aprehendemos cognoscitivamente como realidad. De esa manera, postula que es en función del objeto *a* que un ser hablante puede «objetivizar» determinado conocimiento. Aquí nos remitimos de nuevo a la distinción entre una *objetalidad* —relativa al *a*— y la *«objetividad»*, en tanto presunción, como prerrequisito, de la ciencia. La condición a la que aspira todo conocimiento que intenta elevarse a la categoría de científico se cifra en la referencia a un *objeto formal y abstracto*, en virtud del cual puede procurarse cierta aprehensión de los fenómenos de la realidad, acotados socialmente por dicho objeto. Los dos órdenes parecen ser paralelos, sin contacto alguno:

objetalidad................*a*
«objetividad».............objeto formal, abstracto

Sin embargo, Lacan rompe con la supuesta autonomía del conocimiento «objetivo» al advertir que, para una investigación de la «objetividad» factible, una pertinente revisión epistemológica no puede prescindir de una consideración acerca de la objetalidad. De ese modo, como ya hemos señalado, *le otorga a la objetividad una tripa causal. Es desde lo visceral de donde procede el «prístino» objeto del conocimiento científico.* La tan requerida «objetividad» no es ajena, según esta consideración, a ciertas características que remiten a lo corporal separado —«internamente»— por efecto del habla. No se «descuelga», pues, de ninguna esfera de abstracciones, sino de *funciones vinculadas con el cuerpo que le interesa al, y es interesado por, el psicoanálisis: aquel implicado por parcialidades inerciales.* En última instancia —descubrimiento de neta raíz freudiana—, *lo que torna factible algún tipo de «objetividad» radica de modo visceral en la ligazón sexo-muerte.* Este axioma psicoanalítico fundamental impacta de modo rotundo en la reflexión sobre las bases del conocimiento científico. Aunque resuene de modo escandaloso para algunas filosofías de la ciencia, el psicoanálisis demuestra que no hay posibilidad de pensar una «objetividad» que no hunda sus raíces —y en esto está incluida la sublimación, por supuesto— en el orden fundante: sexo y muerte. En ese trasfondo conviene releer —a nuestro juicio— ciertos párrafos de «Un recuerdo infantil de Leonardo da Vinci». Como ya apuntamos, Freud demuestra en su ensayo que lo cognoscitivo no depende de una evolución inscripta en el organismo, sino que deriva de avatares que involucran al sexo y —diríamos nosotros— a los diversos destinos del objeto *a.* En dicho texto, localizamos un fragmento introducido en los siguientes términos: «[. . .] la indagación psicoanalítica nos proporciona un esclarecimiento cabal: nos enseña que muchos niños, quizá los más y en todo caso los mejor dotados, atraviesan hacia su tercer año de vida por un período que puede designarse como el de la *investigación sexual infantil*» [1].

Antes de proseguir con la cita, cabe realizar una pequeña advertencia. Lacan, formidable lector de Freud, no ha dejado por eso de ser crítico respecto de ciertos puntos de la teoría freudiana que le merecían reparos. Uno de ellos se relaciona con los pasajes que a continuación se leen en «Un recuerdo infantil de Leonardo da Vinci». Se trata de las formulaciones esgrimidas por Freud respecto de lo que llama *Wissenstrieb, pulsión de saber.* En los textos freudianos se alude, por otra parte, a un *Wissbegierde*, un *apetito de saber* según el cual el sujeto posee la necesidad de aprehender ciertas legalidades, ciertas relaciones causales de la realidad, impulsado por una pulsión específica que lo lleva, que lo empuja, hacia el conocimiento. Por el contrario, Lacan critica esta consideración, advirtiendo que no hay tal cosa. Más bien, lo que el sujeto padece es una pasión opuesta al *Wissenstrieb.* Al ahondar el concepto, puntualiza que hay tres pasiones: la del amor, la del odio y la de la ignorancia. *El* Wissenstrieb *freudiano, entonces, es neutralizado por Lacan en virtud de su postulación de la pasión de la ignorancia.* Esto implica que, ante todo, *el ser hablante goza, y que, además, «no quiere saber nada de eso»,* según lo tematiza en *«Encore»* [2]. En lo que al psicoanálisis respecta, esto posee consecuencias harto determinantes; en efecto, no se trata de que un sujeto concurra a análisis porque, impulsado por su *Wissenstrieb*, desea conocer más sobre sí mismo, sino porque padece un síntoma y sabe que este algo —que se le escapa— quiere decir. Ahora bien, aunque parezca llamativo, *ningún sujeto posee demasiado interés en saber qué le pasa, en articularse a su saber textual, no-sabido.* Aparentemente tiene interés, pero no pasa por lo general del nivel en que suelen encarar el tema las distintas vertientes psicológicas que propugnan un «autoconocimiento», o algo parecido. Lo notable —¿sí?— es que las generalidades proferidas por los medios masivos sobre el «conocimiento de sí mismo» tienen por función principal obturar la posibilidad de saber aquello de lo cual no se quiere saber nada; por eso suelen ser acogidas con tanto aprecio. El efecto de estos «conocimientos» psicológicos —saber referencial— no puede ser, en tanto ellos son generalizadores y prescriptivos, otra cosa que el incremento del desconocimiento colectivo. Ante ello, se eleva *el valor fundamental que sostiene el psicoanálisis: el respeto por la singularidad.* Teniendo en cuenta lo precedente es que puede abordarse el siguiente pasaje del ensayo freudiano.

Escribe Freud: «Por lo que sabemos, el apetito de saber» —aquí encontramos al *Wissbegierde*, de modo literal— «no brota de manera espontánea en los niños de esa edad, sino que es despertado por la impresión de una importante vivencia —el nacimiento de un hermanito, consumado o temido por experiencias hechas afuera— en que el niño ve una amenaza para sus intereses egoístas». Es conveniente detenernos en este punto para formular algunas apreciaciones. En primer término, es dable destacar que Freud desecha desde el inicio toda posibilidad de una maduración genética, como brote de algo formado interiormente; en cambio, la «impresión» de una «importante vivencia» irrumpe desde el exterior, en forma conmocionante, al modo de un encuentro de lo Real que inviste caracteres traumáticos. En segundo término, debe subrayarse que con especial sagacidad, cuando se alude a «el nacimiento de un hermanito, consumado o temido por experiencias hechas afuera», se elimina el espacio que con frecuencia se abre para las preguntas empiristas, aquellas que plantean, por ejemplo: «¿Y si el niño no tiene un hermanito?», o bien: «¿Y si es hijo único?». Son cuestiones que suelen surgir de modo espontáneo. Pero *como no se trata de fenómenos coyunturales, sino que mentamos la estructura*, lo que sucede va más allá de la vivencia estricta, llegando hasta la fecunda vaguedad de las «experiencias hechas afuera» —a las que Freud remite— y que son el sustento básico de las consecuentes teorías sexuales infantiles.

En términos lacanianos, puede señalarse que se trata de algo proveniente del lugar del Otro, y que hace a la división constituyente del sujeto. Por ejemplo, en cuanto a lo referido a la castración. Recordemos el apólogo: el niño descubre que la niña a la que ve desnuda no posee pene. De allí infiere que también él podría arribar a esa condición. No hace falta que medie ninguna amenaza concreta de castración. De igual modo, no es necesario que le nazca un hermano; basta con que otros lo posean para que presuma la inminente o al menos posible aparición de uno propio. Se trata de situaciones que provocan una apertura a la incertidumbre, que generan interrogantes «angostantes» respecto del deseo del Otro. No deben referirse tales situaciones, en suma, al terreno de lo empírico, por cuanto la estructura es la determinante. De manera que cabe hacer a un lado los habituales consejos que, al estilo de la puericultura «psicoanalítica», se orientan a ahorrar angustia a los hijos; se haga lo que se haga, en virtud de ellos no se podrán eludir los efectos de estructura y el desfasaje concomitante.

El párrafo citado culmina de modo llamativo, ya que incluye un concepto que sería luego trabajado con especial atención por Freud. Señala que «el niño ve una amenaza para sus intereses egoístas». Aquí, la referencia al narcisismo, al amor por la imagen de sí mismo, comienza a jugar de manera crucial en el ensayo sobre Leonardo. Con Lacan hemos aprendido a escribir esta situación del modo siguiente, donde, como sabemos, «m» es yo e «i(a)» es imagen especular:

Ahora bien, en el caso de referencia el narcisismo se encuentra amenazado por la posibilidad del quiebre relacional sustentador, que liga a «m» con la condición de yo-ideal, lo que proponemos escribir así:

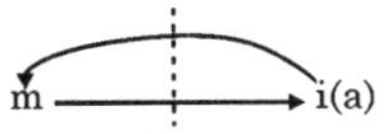

Por otra parte, las circunstancias en que puede tomar incidencia significante esta «amenaza» que el niño advierte no se apoyan en la referencia directa al núcleo familiar. Bien puede ser que haya nacido el hermanito de otro niño al que apenas conoce; pero de esa situación se desprende —desde el Otro— la remisión personal, la amenaza de quebradura de, y en, la ligazón narcísica. Freud prosigue: «La investigación se dirige a averiguar de dónde vienen los niños, como si el niño buscara los medios y caminos para prevenir ese indeseado acontecimiento. Así nos hemos enterado, con asombro, de que el niño rehúsa creencia a las noticias que se le dan; por ejemplo, rechaza con energía la fábula de la cigüeña, tan rica de sentido mitológico, y desde ese acto de incredulidad data su autonomía espiritual; a menudo se siente en seria oposición a los adultos y de hecho nunca les perdonará que le hayan escatimado la verdad en esa ocasión».

En lo anterior debe puntuarse, para comenzar, que la investigación emprendida por el niño se encuentra muy lejos de cualquier búsqueda desinteresada del saber por el saber mismo. El objetivo es pragmático: «prevenir ese indeseado acontecimiento». En cuanto a la temática de la historia de la cigüeña, hay que resaltar otro punto interesante. La fábula en cuestión, claro está, conforma un relato brindado en lugar de la explicación verídica. Puede ser incluso que, en el momento de recibir la narración fabulada, el niño la acepte, pero dicha inscripción va a ser confrontada con la evidencia ulterior, originándose de este modo un efecto de retroacción del cual surge de manera inesperada la autonomía referida por Freud.

La autonomía aparece como efecto de lo inesperado. Se trata, ni más ni menos, que del conocido fenómeno de retroacción causal invocado con frecuencia por Lacan, donde un S_2 provoca la fundación de un efecto novedoso en aquello que lo antecede en la cadena: un S_1. Aquí, el simple matema nos sirve para escribir el mentado efecto de autonomía «espiritual»:

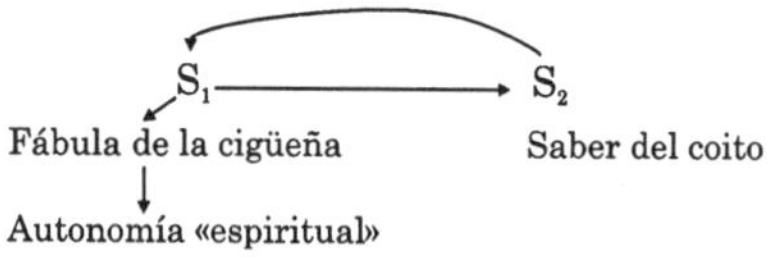

Con referencia al cuento de la cigüeña o equivalentes, la reacción del niño ante el cotejo con otros datos resulta detectable. En efecto, ¿por qué debe creer necesariamente lo que le dicen los adultos? Así, aunque sus progenitores hayan buscado «no traumatizarlo» con una información precoz que se supone desproporcionada para su frágil capacidad de entendimiento, el efecto surge con ribetes a menudo sorprendentes. *La mentira obtiene un resultado no deseado, que es positivo pero por el costado menos esperado por los padres: genera autonomía, a la vez que incredulidad. Respecto del Otro, la ubicación comienza a ser la de un sujeto advertido, el que por vez primera se enfrenta con un Otro engañador.*

Prosigue el texto: «Investiga por sus propios caminos, colige la estada del hijo en el seno materno y, guiado por las mociones de su propia sexualidad, se forma opiniones sobre la concepción del hijo por algo que se come, su alumbramiento por el intestino, el papel del padre, difícil de averiguar, y ya entonces sospecha la existencia del acto sexual, que le parece algo hostil y violento». Entonces, si por un lado es cierto que todo intento neurótico que pretenda escamotear la posibilidad de un trauma conduce de manera inevitable a un fracaso, por otra parte, el acercamiento del niño a una confrontación con la verdad no se realiza gracias a una sabiduría de la especie. No es que a los niños no convenga engañarlos porque son poseedores de un saber «verídico» en germen, que espera el momento para manifestarse. Todo lo contrario; *en su investigación son conducidos a teorías curiosas, tan extrañas como comunes, que incluso repelen las informaciones verídicas.* Por ejemplo, la que considera que los hijos se conciben por la boca y se paren por el ano. *Típica teoría sexual infantil, que pone en primer plano la objetalidad*, ya que plantea la concepción a la manera de la ingesta —objeto oral— para finalmente expulsarlo (al modo del objeto anal).

La mención de las teorías sexuales infantiles sirve a Freud, en su ensayo sobre Leonardo, para atender a aquello que Lacan cifra como *el pasaje de la objetalidad a la objetividad.* Del arte a la ciencia, en sus virajes cruciales Leonardo evidenciaba, con sus descubrimientos y postulaciones, las huellas de un fenómeno que le hacía caer en repetidos fracasos, extraños en alguien que, como él, parecía dominado por un inteligente afán de saber omniabarcativo y aparentemente exclusivo. Así, tanto en sus obras artísticas como en sus búsquedas científicas y diseños técnicos, era «un hombre que no acababa». Este es un ítem decisivo —localizable, en especial, en la gran cantidad de pinturas que dejó inconclusas— que conviene escuchar con todas las resonancias connotativas que el verbo «acabar» posee en nuestro lenguaje coloquial, el castellano rioplatense, el cual aquí vale como usanza en el orden de lo translingüístico.

El último punto a atender de este pasaje podrá parecer arbitrario en un primer momento, aunque es harto propicio para nuestros fines. Escribe Freud sobre el niño: «Pero como su propia constitución sexual no está a la altura de la tarea de engendrar hijos, también tiene que resultar estéril su investigación acerca de dónde vienen los niños, y abandonarse por no consumable» [3]. Conviene aquí detenerse en la referencia especialmente directa en la que este pasaje descansa. En efecto, arguye Freud que *el niño no posee un cuerpo apto para poder concebir en carne propia de qué se trata la relación sexual.* Vale decir que es incapaz de aprehender en qué consiste; no llega a inscribírsele, por cuanto se trata de un conocimiento al que su cuerpo le es ajeno. El acto sexual le es desconocido hasta que en su cuerpo se haga efectiva la posibilidad, como un real, de concretarlo; antes, no logrará «conocer» algo. Y así podría superar la problemática leonardina: no acabar, desilusionado por lo estéril e infructuoso de su investigación, realizada en medio de una vida consecuentemente «casta». Ahora bien: ¿acaso no se señala algo parecido a esto cuando se reitera que no se puede entender lo que pasa en un análisis si uno mismo no entra en él? De no pasar alguna vez por la situación analítica, la teoría permanece como un conocimiento más o menos accesible, una conceptualización o, si se quiere, hasta una cierta filosofía abstracta y especulativa. Esta consideración no es denigratoria para quienes no se hayan analizado. Sólo apunta que es factible estudiar a Freud o a Lacan tal como se lee a Kant o a Hegel. Se podrá ser un erudito dominante de ambos autores, pero de allí a ser psicoanalista hace falta algo irreemplazable: literalmente, *poner el cuerpo*... en un diván, en este caso. De no mediar esta circunstancia —nada aleatoria, sino determinante—, no existirá la posibilidad de acceder a la escucha de un analizante, o podrá haberla, pero bajo todo tipo de riesgos de altísimo costo. Sí, *porque el sujeto que analiza sin haberse analizado sólo «verá» analizantes a su imagen y semejanza; no otra cosa es lo que hace el niño con sus teorías sexuales.* Concibe el coito como una violencia anal, o como un orinarse; en efecto, «teoriza» desde aquellas funciones que puede acometer con su cuerpo. En síntesis: *se puede conocer tan sólo de acuerdo con los límites «bordados» por lo real del cuerpo propio.* Y no está de más reiterar que el cuerpo en cuestión no es otro que el que está en *subsunción* respecto de la función del habla, y que el habla corta los *a* del cuerpo.

Vamos ahora a introducir el tema de *los pisos —o las formas, o variantes— en la constitución del* a. Para ello, nos valdremos inicialmente de este dibujo, incluido en una de las últimas clases del *Seminario*:

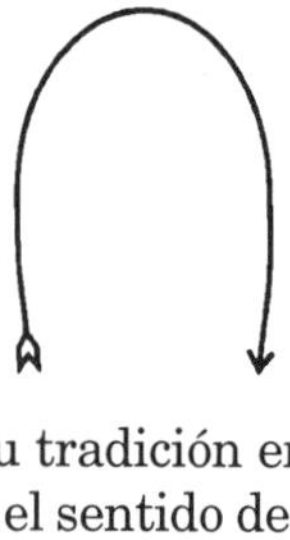

Esta figura posee su tradición en la enseñanza lacaniana, ya que, invirtiendo el sentido de la flecha, nos encontramos con el trazado primero que da lugar al *grafo del deseo*, construido en los *Seminarios «Las formaciones de lo inconsciente»* y *«El deseo y su interpretación»*, consolidado en el escrito *Subversión del sujeto*, y puesto a punto, por último, en el *Seminario «De un Otro al otro»*. Sin embargo, es necesario distinguir las distancias y hasta las rupturas en juego en esas diversas formulaciones. Escribamos entonces, de dicho grafo, su recorrido principal, junto con las líneas que, al marcar los pisos homólogos, lo intersectan en sentido contrario:

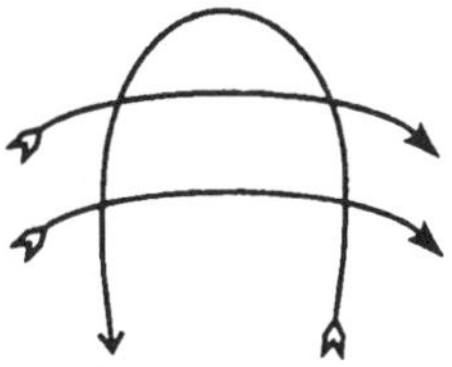

Vale la pena aclararlo aquí de nuevo, por si pudiese llegar a originar confusiones. *Un grafo es algo por completo distinto de un gráfico. En lugar de la representación visual propia del gráfico, asentada en lo imaginario, el grafo da cuenta de relaciones que son independientes de su presentación figurativa.* Un grafo apunta a escribir la estructura, y puede hacerlo a través de diversas presentaciones gráficas; seguiría siendo, a pesar de ello, el mismo grafo.* La digresión sobre el punto se justifica al advertir que durante más de una década la traducción castellana de los *Escritos* de Lacan consignó en *Subversión del sujeto* la presencia de «gráficos» y no de cabales grafos como los que allí se despliegan. Es interesante destacar que este texto fue presentado en el Coloquio de Royaumont en 1960, año en que el tema principal de debate, ante especialistas en filosofía, fue la dialéctica, aunque recién estaba por ser publicado precisamente a fines de 1962. Pues bien, hete aquí que Lacan comienza el dictado del *Seminario 10* reintroduciendo el grafo en cuestión, dando cuenta de los términos principales de sus nodos. Por ende, la construcción de este *nuevo grafo* —no anunciado como tal— brinda testimonio acerca de una elección consecuente con uno de los puntos clave de la estrategia expositiva lacaniana, de acuerdo con la temática trascendente que pretende enseñar. Mas previamente al desa-

* Conforme con estas prescripciones hemos construido nuestro *grafo de la angustia* (capítulo 2).

rrollo de este grafo, nos será conducente recordar —de modo suplementario, y tal como lo hace Lacan— dos ítems definitorios de cada uno de estos nuevos nodos. En primer término, no se debe dejar de lado en ningún momento que *el* a *consiste en una automutilación corpórea de la cual el sujeto se separa, «de una manera en cierto modo interna a la esfera de su existencia propia», a los efectos de poder constituirse.* El ejemplo paradigmático para evocar esta producción del *a*, que desde allí es: 1) *un objeto «amboceptor»*; dicho ejemplo, decíamos, es el de la placenta. ¿De quién es la placenta?, nos hemos preguntado ya en el capítulo 4. *No es posible afirmar que se trata de una propiedad de la madre, ni tampoco del niño. En su cualidad amboceptora, ocupa un espacio intermedio entre ambos.* Tal es la ubicación del *a*, destacando que *el resto que implica para cada lado del corte realizado es disímil*:

hijo (las envolturas)	madre (las caducas)

a

La referencia a la placenta para dar cuenta de la dimensión amboceptora del objeto *a* no deja de tener consecuencias sobre la intelección de los otros *a*. Si en lugar de la placenta se citase otro *corte del cuerpo*, como lo puede ser el pecho, parece tan obvio que puede prefigurar un objeto *a* como que pertenece al cuerpo materno. Sin embargo, aludir a la placenta como paradigma al que atenerse implica el acotamiento de algo que no remite de inmediato al cuerpo de la madre, por cuanto se trata de *una parcialidad instalada dentro de él*, pero cuya pertenencia es discutible en la medida en que las envolturas son homogéneas con el neonato. Pensar en dicha parcialidad constituye un recurso insoslayable para *no* apuntar al presunto «logro» consistente en el acceso del niño a la aprehensión del cuerpo de la madre como totalidad; así, el corte propio de lo oral se realiza entre la mama y el organismo materno, sobre el cual aquella se encuentra como adherida. Es que *de la mama, en efecto, pende el bebé, como parte de sí, hasta su cesión.* Por otro lado, el corte no es un efecto de la agresión sobre el pecho. En fin, todo esto marca notorias distancias con las conceptualizaciones kleinianas, a las que se torna necesario someter a breve consideración, una vez más.

Melanie Klein y sus seguidores afirmaron que la relación objetal inicial se establece con el pecho. Un contacto parcial, para comenzar, pero que luego se completaría salutíferamente mediante la instalación de relaciones totales. ¿En qué se basaron para sostener esto? Pues —de modo explícito, o no—, en datos de la psicología evolutiva. Por ejemplo, consideraron que el bebé, cuando logra sentarse, posee una percepción global de su entorno, a partir de lo cual puede captar la totalidad de su objeto. Una percepción más avanzada conduciría, por ende, a la construcción de objetos totales. Por otra parte, la totalización de los objetos también se asentaría en la valoración afectiva; más allá de los iniciales objetos buenos y malos —idealizados y persecutorios—, se tiende más tarde a la conformación de objetos con aspectos buenos y malos al mismo tiempo (posición depresiva). Esta totalización del objeto es, en rigor, lo que se recusa con especial énfasis en la enseñanza lacaniana.

Al respecto, *Lacan insistirá en la inexistencia de pulsiones totales.* Asimismo, desacredita la posibilidad de que existan objetos totales. *El* a: 2) *es necesariamente parcial.* En todo caso, si aceptamos —con imprescindibles salvedades— la presencia de un objeto del que se afirma que es total, este será el objeto del amor, aquel del júbilo provocado por la devolución de la propia imagen en el espejo, el i(a), proyectado luego como i'(a). Es claro: en este objeto «hay» —en términos gestálticos— buena forma, seducción, atractivo, fascinación y, en última instancia, engaño. En suma: *en el yo-ideal, y en el objeto del amor, se encuentra la unificación.* Una *imagen* que nos cabe remitir, de manera no aleatoria, a una *esfera*, puesto que es la que mejor describe esta circunstancia:

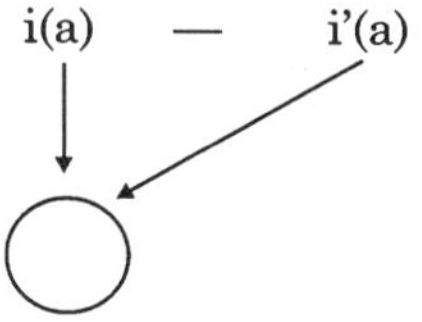

De esta unificación da cuenta, por ejemplo, la necesidad de «redondear», propia de lo imaginario: la de establecer un cierre de circuitos, una simetría perfecta, un sistema de correspondencias absolutas. ¿De dónde viene esa pasión por «redondear», sino del amor por la buena forma, por el atrapamiento fascinante?* En cambio, no es viable una totalización del objeto *a*; un objeto que por lo tanto no es de amor, sino parcial. (En todo caso, recordemos que el objeto de amor puede constituir el «ropaje» de un *a* oculto.)

Replanteadas estas dos características, estamos en condiciones de retornar a la construcción del nuevo grafo, al que, como dijimos, Lacan no denominará como tal. Sobre la línea inicial, entonces, escribirá «pisos» *que se determinan en función de las distintas formas o variantes del objeto* a, *mas en las cuales este siempre se mantiene en dicha condición.* A lo largo del trayecto que sigue el sentido de la flecha, ascendente y progresivo, ubica el clásico recorrido freudiano —objetos oral, anal y fálico—:

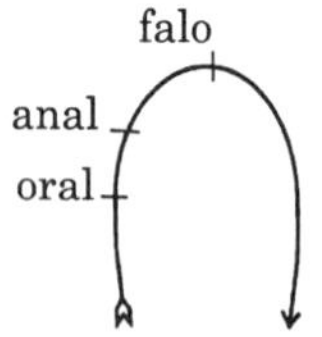

A partir de las puntualizaciones freudianas, en el resto del camino trazado por ese arco, el maestro francés *propone la presencia de dos nuevos objetos* a, ya mencionados. Esto es, con estrictez, propio de su doctrina. Ahora bien, los dos nuevos objetos son postulados en una posición que los coloca en paralelo con dos de los clásicos objetos freudianos, en un trayecto —virtual, implícito— que no inocentemente marca la referencia a una dirección de retorno, regresiva. Es que, así, *no hay progresión sin regresión, y viceversa, en lo que atañe a la reconstitución analítica del deseo reprimido.* El arco, además, implica que nada parecido a una buena forma se diseñará según este grafo. Si se produce un cierre, no será al modo del círculo y su trazado perfecto. A lo sumo, podrá haber un «cierre» que cuestiona el plano imaginario, como el que nos propone el corte topológico conocido como *ocho interior,* que es precisamente el soporte de *la repetición (con diferencia)*, pues marca el registro de una doble vuelta:

* Sin embargo, también el deseo de castración ataca la plenitud de la esfera cuando se vale, en nuestro español rioplatense, de un insulto derivado de aquella forma para denigrar a alguien a quien se le atribuye la condición de tonto, de poco avisado. En efecto, tanto «boludo» —de bola— como «pelotudo» —de pelota— injurian al falto de agujero.

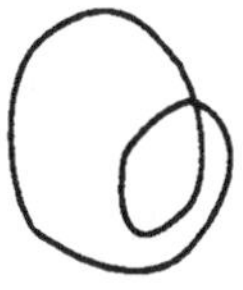

El soporte topológico se hace necesario para evitar la tentación de «redondear», en un cierre reproductivo, la «cara regresiva» de esta estructura. De todas maneras, el grafo que nos ocupa permanece abierto, tal como el del deseo. Y Lacan avanza, en correspondencia con el objeto anal ya postulado por Freud, el objeto *a* que denominará —ya en el tercio final del *Seminario— escópico*:

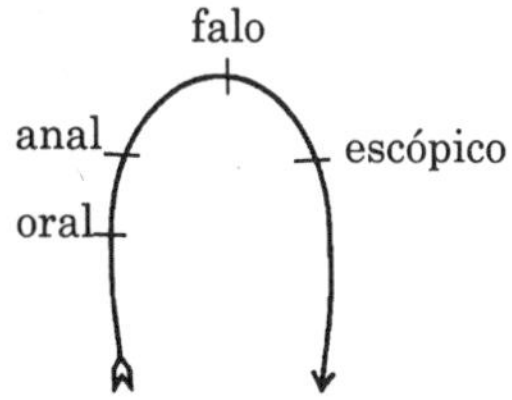

El *objeto escópico* ha de ser trabajado con exhaustividad en el *Seminario 11*, con especial referencia a *la mirada.* No obstante, la aparición en *«La angustia»* de este objeto *surge en primera instancia ligado a la visión.* Lacan realiza un extenso recorrido por la zoología y por la etología para dar cuenta de algunos fenómenos llamativos de lo que sucede con el ojo en la escala animal. Aborda la biología y la fisiología, para señalar de qué manera este ojo —este par— está constituido, y cómo se relacionan entre sí ambos términos. Pero antes de enfocar este punto debemos consignar al otro objeto *a* propuesto, introducido en el *Seminario 10.* En ese momento de construcción del grafo *designa como superyó a la voz:*

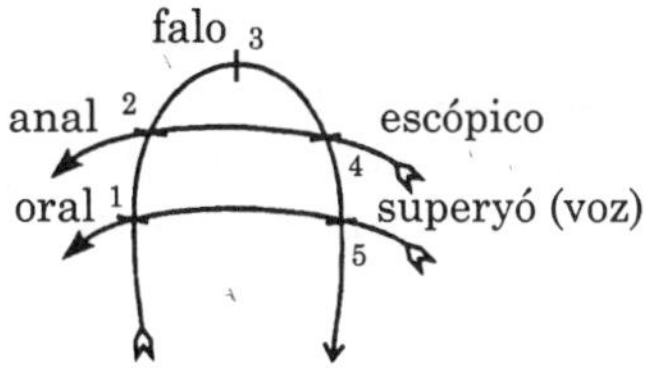

El grafo de los pisos del a

La inclusión del superyó puntúa que la voz queda ejemplificada por esa instancia freudiana escuchable de preferencia en las psicosis bajo la forma de alucinaciones verbales: insultos, injurias violentas, descalificatorias, amenazas, seducciones sensuales, convites tentadores.

Por otra parte, las líneas que marcan, uniéndolos, los pisos en el recorrido del arco son un agregado nuestro a lo expuesto en el *Seminario 10*, con vistas a que quede indicada, así, *la extrema similitud existente entre el grafo de los pisos del* a *y el grafo del deseo*. Simplemente, *uno es la imagen especular del otro*. Sin duda, nuestro diseño se fundamenta en *cómo Lacan relaciona lo anal con lo escópico y la oralidad con lo superyoico*. En este último punto merecen rescatarse los trabajos de Melanie Klein referidos a la línea oral-superyó. Sin duda, la captación clínica kleiniana ha sido perspicaz, aun fundándose en presupuestos teóricos erróneos y contradictorios. La impropiedad conceptual no fue obstáculo para percibir, con especial pertinencia, lo que Klein denominó superyó temprano, o bien superyó arcaico primitivo, superyó materno, etc. Las distintas denominaciones daban cuenta de una instancia de contornos terroríficos, que poco y nada tiene que ver con la agencia impulsora de un orden sociabilizador, en tanto hipotética estipuladora de concordancia con las normas o pautas de conducta aceptadas por una cultura. El superyó que Melanie Klein detectó no propugna la incorporación de la normatividad sociocultural, sino que se rige por la tensión devoradora marcada —por ejemplo, y en nuestros términos— por el vampirismo del Deseo de la Madre.

En cuanto al eje anal-escópico, Lacan señaló que el segundo término se encuentra trabajado con detalle en algunos desarrollos psicoanalíticos clásicos. A ese respecto, recomienda un artículo de Otto Fenichel. De dicho texto rescata el valor de ciertas puntualizaciones, aunque ese texto, al igual que otros afines, se le revela como «insuficiente». Este hecho sirve para mostrar hasta qué punto, aunque mantuviera un hondo disenso con la concepción general sustentada por Fenichel, el maestro francés reconoce que está frente a lo volcado por la experiencia de un psicoanalista. Resulta pertinente recordar tal circunstancia ya que en el terreno psicoanalítico la descalificación más común para un colega con el que se mantiene un grado de desacuerdo mayor o menor la brinda el anatema: «ese no es analista». Con su característico e implacable rigor intelectual, Lacan prefirió señalar que hubo quienes se equivocaron, en ocasiones hasta de manera grosera, pero no por ello dejaron de ser analistas. Por eso, puede causar sorpresa el hecho de que rescate fragmentos de la obra de un autor que, como Fenichel, es vapuleado —con justicia— tan a menudo.

El deseo despertado por el a *escópico —no otra cosa es la escopofilia— posee referencias abundantes en las más diversas tradiciones culturales.* En nuestro idioma encontramos una muy interesante que hace al acervo clásico, remontándose al Siglo de Oro español. En un texto anterior hemos analizado la relación entre lo escópico y lo anal, puntuando la conexión manifiesta inclusive en una palabra soez de uso corriente entre nosotros, como «ojete», para designar el ano [4]. Proviene sin duda del campo de lo escópico, pero designa lo estrictamente anal. El punto interesante es que esta correlación no es un hecho aislado ni novedoso. En efecto, ya Francisco de Quevedo y Villegas, en un breve texto llamado *Gracias y desgracias del ojo del culo*, homologa la abertura anal y el ojo.

Si hay un punto indudable de ligazón entre lo escópico y lo anal, lo crucial será, de todas maneras, establecer una diferenciación entre los correspondientes objetos. Con agudeza, Lacan posterga hasta el final de su exposición las elucidaciones sobre el objeto anal, sobre todo por su incidencia —y este es un tema tradicional para el psicoanálisis— en el neurótico obsesivo. Antes de ello se ocupará, entonces, de lo escópico.

Como objeto a, *el escópico es el que mejor oculta la castración, por una cualidad elemental: el espacio de la visión es homogéneo.* En lo que aparece en mi campo visual se presenta la imposibilidad de esbozar un corte preciso. ¿Por dónde aparece una fisura, esa hiancia necesaria para que la castración pueda perimetrarse, esa *béance*, la abertura por donde puede efectuarse una escisión? *Los cortes en el objeto* a *escópico solamente podrán llevarse a cabo en virtud de un inexorable grado de arbitrariedad, que impide dar cuenta de la castración.* Si el sujeto dispone por dónde cortar un percepto, esta partición no puede ser hecha en función de la castración, la que por definición parte del Otro, y no de la voluntad propia de cualquier «sujeto de la representación». Esta situación puede ejemplificarse con facilidad si la tomamos por el sesgo comparativo de los soportes fenoménicos constituidos, respectivamente, por la imagen y por la palabra.*

En lo que al lenguaje verbal respecta, una palabra es susceptible de ser escindida gracias a ciertas leyes que pautan por dónde hay que cortar. Un término como «amboceptor» puede ser dividido según ciertas reglas que articulan monemas y fonemas. Si le extraemos alguna letra y escribimos, por ejemplo, «amboeptor», el sentido queda coartado por la transgresión de una norma semántica; se pierde la idea. Un sencillo cambio de letra determina una rotunda modificación en el efecto de sentido: al vocablo «pala» puede cambiársele, por ejemplo, la «p» por una «b» y queda «bala». El corte autorizado por la lengua provoca que el término cree un nuevo sentido, lo que no se logra si se elige una combinación con una letra no prevista por dicha lengua, lo cual sucede, por ejemplo, con «xala». Allí no existe la posibilidad de producir un sentido comunicable, salvo en algún idiolecto privado cuyo precio puede ser el de la psicosis. *En la esquizofrenia, en efecto, suele observarse la proliferación de neologismos que transgreden el código lingüístico.* Pero estas pautas de corte no valen en cuanto a lo escópico. No hay algo que desde el Otro indique por dónde practicar un corte. El orden constrictivo que obra sobre lo verbal y del cual el sujeto no puede escaparse si no es bajo serios riesgos, en lo escópico no se advierte sino, por ejemplo, en la mancha o en el lunar. El *punto cero*, del cual Lacan señala que es donde se esconde en este piso el «misterio» de la castración —y de su angustia—, *se despliega en todo el campo de la visión. El deseo se soporta de una anulación circunscripta de su punto central —el* a *escópico—, lo que determina efectos de fascinación, de contemplación, de frágil «suspensión del desgarramiento del deseo», en tanto este depende de la castración. De ahí que el fantasma tenga su piso en lo escópico, en la medida en que su función procura elidir el deseo.*

* Hace mucho que venimos insistiendo, de acuerdo con la enseñanza de Lacan, en que lo Imaginario no es aquello satánico de lo cual cabe huir de modo despavorido. Por eso, si tomamos apoyo en la imagen —a la manera de los ejemplos de Edipo ciego y de los dos cuadros de las santas de Zurbarán—, es porque, al estar del *Seminario*, «es de imagen que se trata, cuanto que lo irreductible de *a* es del orden de la imagen [. . .] por la forma i(a), mi imagen, mi presencia en el Otro es sin resto. No puedo ver lo que allí pierdo».

Ahora bien, *cada piso del objeto* a *mantiene un tipo particular de relación con el Otro.* El hecho de que los pares de objetos compartan un mismo nivel implica que tienen algo en común, pero, además, la ubicación en distintos nodos del grafo indica que también cabe señalar sus diferencias. ¿Dónde está la diferencialidad, por ejemplo, entre el objeto *a* oral y el superyó? De no haberla, de nada valdría puntuar un objeto distinto de los postulados por Freud. *Es precisamente la relación diferencial de cada uno respecto del Otro —cuyo resto son— lo que Lacan intenta escribir con el que nominamos grafo de los pisos del* a.

Si se ha convenido en que la función de efectuar cortes es decisiva en la definición de objetos *a*, y que, por otro lado, marca algo distintivo en la especificidad del objeto escópico, resulta oportuno volver a lo anatómico —tal como lo sugerimos al comienzo de este capítulo—, pero en una aproximación etimológica. Existe, al respecto, una frase célebre de Freud: «La anatomía es el destino». Lacan la ha criticado en diversas ocasiones, pero sin embargo rescata, en este *Seminario*, un sentido viable. En una primera lectura, la sentencia parece indicar que todo se rige en la vida en tanto marcado por el diseño biológico del cuerpo. Nuestro destino estaría así sometido a la conformación corporal: la anatomía es un destino que está escrito y del que es imposible escapar. O, de intentar escapar, es a cuenta y riesgo de padecer «aberraciones». Ahora bien, si avalamos que el cuerpo en sentido psicoanalítico es aquel inscripto en el habla, el aforismo parece estar injustificado por completo. No obstante, Lacan postula una lectura conforme con la cual la proposición, como decíamos, resulta atendible.

La anatomía es el destino, y puede serlo si atendemos a la etimología de la palabra «anatomía». Esta nos remite a la raíz griega *tomein*, que significa *cortar.* En la misma línea se ubican vocablos como «dicotomía» (cortar en dos) o «átomo» (lo que no puede ser cortado). Desde esta perspectiva, si el objeto *a* es algo que se produce por efecto de un corte, Lacan afirma con lucidez que avalar el aforismo mencionado no deja de tener su pertinencia. *Todo lo que en definitiva se puede saber sobre el cuerpo se relaciona con la función del corte.* La anatomía —utilizada incluso como sinónimo de disección— encontró su nacimiento en el corte de los cadáveres que abrió el campo a la observación de órganos y sistemas. Tuvo que superar varios obstáculos de diversa índole —en especial, los religiosos— para que se lograse la desacralización de los cuerpos muertos. En la medida en que pudieron hacerse cortes para mirar por dentro, los conocimientos anatómicos comenzaron a acumularse. Por ende, la anatomía es historia, es significante, y no es corporalidad bruta, empírica. Es notable el giro realizado por Lacan sobre esta frase que Freud dice reconocer en Napoleón: procesa en ella mucho más que su contenido manifiesto, en tanto este había constituido, hasta entonces, lo que le había provocado especial escozor. Por eso, *el corte del cuerpo propio cobra todo su alcance sobre el destino, es decir, sobre la articulación del sujeto con la función llamada deseo.*

Volviendo al grafo, resulta pertinente ahora atender al punto que marca la cumbre —dibujada— del recorrido: se trata precisamente del lugar «3» asignado al objeto fálico, único que no se aparea con otro *a*. Como adelantamos, un año más tarde, en «*Los cuatro conceptos. . .*», Lacan limita el «alfabeto» tan sólo a cuatro objetos: pecho, heces, mirada y voz, que a su vez se articulan en las pulsiones oral, anal, escópica e invocante, respectivamente. ¿Dónde ha quedado el objeto *a* denominado fálico —faltante, caduco— en «*La angustia*»? Se abre ante esto la necesidad de preguntarse acerca del porqué de esta reducción. *El quinto objeto en cuestión posee una cualidad que lo coloca en una situación difícil, por cuanto puede afirmarse que, de modo metafórico, está presente en los otros cuatro.* Lacan sienta, al respecto, una subversiva referencia, la que constituye un resorte fundamental de lo que cabe nominar clínica lacaniana.

¿Qué sucedió con el movimiento psicoanalítico en general luego de que Freud planteó que el fin del análisis se producía ante el tope marcado por la roca viva de la castración? Previamente a encarar la respuesta a este interrogante, conviene recordar aquí que, en términos lacanianos, si lo fálico en tanto imagen se designa por la letra griega (φ), la castración no es sino la (φ) precedida por un signo de resta:

(φ)	$(-\varphi)$
imagen fálica	castración

Colocar un signo «menos» al falo indica, por lo pronto, que la castración no es escindible del falo. La estricta correspondencia entre falo y castración ya había sido introducida por el mismo Freud en un texto de 1923: «La organización genital infantil». *Lacan aprovecha esta relación —en un punto que es de los más importantes del* Seminario 10*— para comenzar a enseñar que hay un fin del análisis, marcado por Freud, pero que él puede, y debe, ser superado.* La roca viva de la castración constituye para Freud un *non plus ultra*; no puede irse más allá en un análisis. No se trata de un fin concebido tan sólo al modo cronológico. ¿Por qué? Porque en cuanto al tiempo, las sesiones podrán multiplicarse de manera indefinida, pero allí ya no sucederá nada en términos analíticos. En cierto modo, en esta prosecución luego de topar con la roca de la castración, *la principal dificultad por remontar es cómo poder cortar el análisis interminable.* Recordemos una vez más a Freud: su primer problema fue lograr que los analizantes permaneciesen en análisis; el segundo, conseguir que se fuesen. Una vez que puso a punto el artificio analítico, no fue este uno de los menores inconvenientes que hubo de encarar para terminar de ajustarlo. Pues bien, Lacan asegura que se puede ir más allá en lo obtenible de, y en, un análisis. *Un programa indudablemente ambicioso, pero fundamentado en una muy certera intelección de los avatares del movimiento analítico post-freudiano, aunada, claro está, con su experiencia en la dirección de las curas a su cargo.*

Cuando los analistas se enfrentaron con el tope marcado por Freud, lo que hicieron fue intentar retroceder cada vez más en las etapas arcaicas, a las que consideraron como ubicadas en un «antes» de la castración. Por ejemplo, Melanie Klein enfocó su teoría en tal sentido, centrándose en el objeto oral. En su atención a la oralidad le pareció que había obtenido respuestas a lo que sucedía en estratos más «profundos» o «primitivos» del sujeto. En una concepción teñida por su imbricación con el sustrato evolutivo, se asevera que cuanto más se retrocede en las supuestas «etapas», más se accede a insondables profundidades, lo cual se afirma como poseyendo un alcance determinativo crucial. Allí está gran parte del desvío post-freudiano —que obviamente no se limitó al kleinismo— al que Lacan intentó ponerle freno. Cuando se hacía referencia a la oralidad o a la analidad, no se dejaba, bien leído, de metaforizar lo fálico, aunque fuese de una *manera* implícita. *No se trata de una autonomía, por ejemplo, de lo oral, sino de corrimientos o deslizamientos de lo fálico, que pasa a recubrir lo predicado de otros «caducos».* De ese modo, puede encontrarse la forma en que un objeto *a* funciona sustituyendo la escritura del falo en tanto castración. Lo cual podemos volcarlo en la siguiente fórmula:

$$\frac{a}{(-\varphi)}$$

Este es uno de los modos de pensar el porqué de la desaparición del objeto *a* fálico faltante en el *Seminario 11*, luego de ser ubicado en la cúspide del recorrido en el grafo de los pisos del *a* propuesto en *«La angustia»*. El objeto *a* sustituye, de esa forma, el lugar de la castración. Sólo que —y aquí es necesario recordar el apólogo de las vasijas, presentado en el capítulo anterior— la cobertura nunca llega a ser total, plena. Si lo fuese, se liquidaría la castración, la cual es a su vez pilar del deseo; entonces, al no ser sino una semiplenitud, *impele de continuo al relanzamiento desiderativo, al no coincidir el punto de angustia con el punto de deseo.* Mas en este *no velamiento del deseo por la angustia,* ¿qué lugar asignarle, entonces, a la angustia de la «roca viva» freudiana, que Lacan se propone franquear? O, mejor dicho: que afirma haber franqueado ya «en muchas ocasiones». La conceptualización de este «más allá» adoptó muchas formas en la enseñanza que nos ocupa. Aquí, tomaremos tan sólo la referencia directamente implicada. Entonces, digamos que *el neurótico no retrocede ante la castración, sino por hacer de su castración lo que le falta al Otro, A. Positivizando su castración, hace de ella «garantía de esa función del Otro», el cual se «escurre en la remisión indefinida de las significaciones». Este último punto es el que daría cuenta de un análisis interminable; por eso, el designio de ponerle fin es inherente al método analítico, y no un elemento adventicio o suntuario de ese método.* En definitiva: *si en el fin del análisis freudiano el analizante —varón o mujer— insiste en el reclamo del falo, es porque no renunció al falo omnipotente, cuya función radica en el escamoteo de un dato irrecusable de la estructura, a saber: que el «algo insuficiente» de la relación entre el objeto y el deseo no sea distinguido, en cada nivel, «de aquello de que se trata como falta constituyente de la satisfacción». Enunciado, a nuestro juicio, no del todo claro, y que sin duda invitó a Lacan a formulaciones posteriores más pertinentes.*

Vamos a abordar ahora el *a* introducido en «*La angustia*» como superyó, y que pronto pasaría a ser simplemente la voz. Lo simple es la denominación, ya que, como objeto, se trata de algo complejo en orden a su intelección. Por lo pronto, remite —como todo objeto *a*— a la puesta en acto de un vacío, implicitado en el (– φ). Sin embargo, Lacan entra al tema por *la plenitud del objeto* a *llamado voz.*

Al respecto, consignemos que, en uno de los pisos del grafo de *Subversión del sujeto*, encontramos la siguiente disposición de elementos:

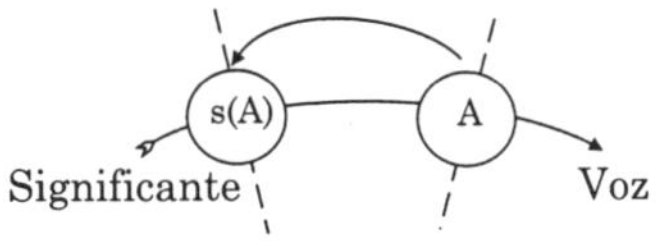

En dicho piso, el vector del significante realiza un recorrido, llegando al *Otro*, A. Del retorno desde A —retroactivamente—, se origina el nodo que llama *significado del Otro* —s(A)—. De esta operación simbólica hay algo que no puede ser sometido al efecto de retroacción: la voz, que «cae» —según lo muestra la escritura— como excediendo al Otro. De ese modo, tal operación no cuenta con un producto exacto, sino que algo es arrojado como resto; como objeto *a*, en última instancia.

En principio, *su ubicación en el grafo indica que la voz es un efecto del significante. Se trata de un avance en su elucidación, aunque no deja de ser problemático, ya que todos los* a *—en tanto productos de un corte— son provocados, son generados, por el significante.* Pero se presume aquí algo que sí parece provenir de un orden distinto. Que se corte un pecho —no en el sentido físico, sino por medio de la acción del significante— puede ser imaginarizable, como punto de partida para concebir un objeto oral. Lo mismo sucede en cuanto al objeto anal. Con mayores dificultades, como vimos, puede imaginarizarse el proceso en lo que atañe al objeto fálico y al escópico. Pero, en cuanto a la voz, ¿cómo pensar el recorte? Pareciera que siempre se circulase por el mismo andarivel. ¿Qué diferencia habría entre la voz y el hecho de estar hablando? ¿No es acaso lo mismo? No, no es así. *La voz no se confunde con el habla; a la inversa, cabe argüir que es precisamente lo que le falta. Dicho de otro modo: al hablar, falta la voz. Por ende,* a contrario, *la voz está presente*

—valga la paradoja— en el mutismo y en la a-*fonía*. Empero, señalamos que Lacan introduce el concepto presentando la voz como plenitud. ¿Dónde, pues, intentar aprehenderla?

La referencia traída a colación en «*La angustia*» —vía plenitud— es bíblica, en tanto «manipulable» y «ejemplar». Remite a ese cuerno —de carnero o de macho cabrío salvaje— de uso ritual llamado *shofar* por los hebreos, instrumento de viento cuya utilización es de rigor en las celebraciones de *Rosh-Hashana* —fin de año— y *Yom Kippur* —día del perdón—. Apunta que, en esas ocasiones, ante el sonido hondo de ese cuerno, puede percibirse lo que se está transmitiendo en dicho acto capaz de provocar un «afecto propiamente auricular». Es curiosa la referencia de Lacan, un no judío, al evocar a algo que no parece ser más que la emisión de un sonido puro, no significante. Las notas sopladas *en el* shofar *no poseen cualidad significable, en tanto no se encuentran articuladas bajo la regencia significante*. Pero se trata de un sonido, remarca, que, más allá de la atmósfera —de recogimiento, de fe, e incluso de arrepentimiento— o del ritual preciso en el que se lo incluye, provoca un estado «profundamente conmocionante». ¿Qué poseerá de especial la emisión de las notas de ese instrumento? Y allí desliza, entonces, la inscripción cultural: la *Biblia*, y los lugares de ella donde el *shofar* aparece tematizado.

Se localiza en las *Escrituras* un momento conmovedor; aquel en que Moisés se encuentra con Jehová, antes de la cesión de los diez mandamientos. Es un punto crucial donde se renueva un pacto. Cabe destacar que el *shofar* suena cada vez que se sella un pacto entre lo humano y la divinidad; es una indicación respecto de una circunstancia que retorna. En dicho pasaje puede leerse: «Al tercer día, al rayar el alba, hubo truenos y relámpagos y una densa nube sobre el monte y un poderoso resonar de trompeta; y todo el pueblo que estaba en el campamento se echó a temblar». La trompeta en cuestión no es otra que el *shofar*, en la versión hebrea. Es necesario reparar en el efecto de estos hechos sobre los hombres. ¿Fueron acaso los truenos, los relámpagos o las nubes sobre el monte Sinaí los que provocaron el temor de la grey? ¿O bien cabe adjudicar la emoción al sonido del *shofar*? Prosigue el libro del *Éxodo:* «Entonces, Moisés hizo salir al pueblo del campamento para ir al encuentro de Dios, y se detuvieron al pie del monte. Todo el monte Sinaí humeaba, porque Yahveh había descendido sobre él en el fuego. Subía el humo como de un horno, y todo el monte retemblaba con violencia». En este capítulo, los traductores de la *Biblia de Jerusalén* han interpuesto una nota al pie de página que señala una importante aclaración respecto de lo que sigue: «El sonar de la trompeta se hacía cada vez más fuerte; Moisés hablaba y Dios le respondía con el trueno». La nota aclara lo siguiente: «Lit. "con (o en) una voz". Esta palabra, cuando se la emplea en plural, siempre significa el trueno, cf. v. 16. También en singular puede significar "el trueno", pero aquí puede expresar la voz inteligible de Dios que "responde" a Moisés» [5]. Característica particular, la de adoptar este sentido, propia del Dios de los hebreos, distinto del de los filósofos, ya que, lejos de ser una entidad abstracta, se aparece, dialoga e incide con singular contundencia explícita sobre sus criaturas.* En el final del pasaje citado se consigna que el sonar del *shofar* se hacía cada vez más fuerte: Moisés hablaba y Dios le respondía o bien con el trueno, o bien con su voz. Es necesario resaltar que, tanto si se trata del trueno como de la voz, importa ese *shofar* sonando de continuo durante el momento del pacto en el monte Sinaí, como trasfondo, marcando la presencia de Dios, de un Dios que desciende a imponer —y esto es un dato por demás interesante— una constelación significante: el *Decálogo*, los diez mandamientos.

Lacan toma, además de la referencia bíblica, otras precisiones realizadas por Theodor Reik, quien produjo varios ensayos sobre aquello mal conocido como «psicoanálisis aplicado». Uno de ellos versa sobre el ritual; en él trabaja la cuestión del *shofar.* Su aproximación le permite a Lacan citar la presencia de un *a* «lleno», tal como la podemos ver ratificada en otros pasajes bíblicos. Por ejemplo, en el *Libro Segundo de Samuel* puede leerse, en el capítulo 6, *El arca de Jerusalén*, lo ocurrido a la llegada del arca de Dios a la ciudad de David, tras diversos avatares: «David y toda la casa de Israel hacían subir el arca de Yahveh entre clamores y resonar de cuernos» [6]. Se trata de otro momento de renovación del pacto, de la Alianza; esto es, que constituye un acicate a la remembranza de Dios (con ambos genitivos).

* Habrá que estudiar, alguna vez, en qué medida esta particularidad puede tener que ver con la condición de judío.

Apunta, además —y este es un detalle notable, por lo que a él le sucederá—, que también se toca el *shofar* en momentos en los cuales la Alianza es suspendida para un miembro de la colectividad. *En la ceremonia de la excomunión mayor, cuando alguien es excomulgado del judaísmo —como fue el caso de Baruch de Spinoza—, el* shofar *suena anunciando la separación de un integrante de la comunidad y, a la vez, renovando la pertenencia de los restantes.*

El tema de la excomunión no es caprichoso en las preocupaciones lacanianas. Será el que dé el punto inicial en el *Seminario 11*, cuyo primer capítulo se titulará «La excomunión», con referencia a la expulsión sufrida por Lacan respecto de la Asociación Psicoanalítica Internacional, y cuya gestación se producía cuando el dictado del *Seminario 10.* El *shofar* también se toca cuando alguien, reputado como traidor, es expulsado de la horda, o de la banda. De modo que la renovación de un pacto no abarca solamente lo festivo, sino que bien puede utilizarse para excomulgar, de modo irreversible, a los disidentes.

Referencias bibliográficas

[1] S. Freud, «Un recuerdo infantil de Leonardo da Vinci», en *AE*, vol. XI, pág. 73, bastardillas en el original.

[2] J. Lacan, *Séminaire «Encore», XX*, París: Seuil, 1975, pág. 95.

[3] S. Freud, *op. cit.*, pág. 73.

[4] R. Harari, «Un ojo muy particular», en *Discurrir el psicoanálisis, op. cit.*, págs. 173-4.

[5] *Biblia de Jerusalén, op. cit.*, pág. 90.

[6] *Biblia de Jerusalén, op. cit.*, pág. 342.

8. Voz, mirada, falo. Hacer el «amorir»

En esa búsqueda desesperada de un «antes» en que se embarcó el post-freudismo en sus distintas vertientes, tal vez haya un recurso que intente llevar el psicoanálisis al terreno, siempre tentador, de la metafísica. Contra lo que pueda suponerse, estas concepciones —lejos de perderse en gratuitas y/o lúdicras especulaciones abstractas— determinan pautas clínicas que poseen serias consecuencias. En tales consideraciones se filtra, desde su inicio, un buen grado de psicología evolutiva, ya que se comparte su *episteme*: la de la maduración intrínseca de un sujeto. A nosotros, en cambio, se nos abre la posibilidad de otra lectura —no maniquea— propuesta por Lacan: la que indica que cuando se produce un tránsito progrediente, este provoca a la par un recorrido regrediente, y recíprocamente. Cuando se progresa en una cierta instancia, algo regresa en otra. Lo cual hace eco a *un dictado de la castración: lo que se gana por un lado, se pierde por el otro. Mas como por lo general no se sabe qué se ha perdido, se cree que sólo se ha ganado.* Mediante este retorno no puntual resulta propuesta de consuno una intelección que se aparta del obstáculo «abrahámico» —por Karl Abraham— que plantea estadios o etapas lineales del desarrollo psicosexual. *Los pisos del grafo de los* a *no constituyen capítulos a ser sobrepasados.* Son denominados como tales sólo en función de la instalación, por corte, de distintos objetos *a*. Con sagacidad, observa Lacan que hay algo del *a* conservado en todos los pisos, a los que sin embargo hay que diferenciar: no será lo mismo un objeto que otro, puesto que, como veremos, *cada uno relaciona diferencialmente al sujeto* (S) *con el Otro* (A) *en tanto resto de este debido a la constitución de aquel (de acuerdo con el cuadro de la división significante del sujeto).*

Ahora bien: *resulta sugestiva la circunstancia de que en los delirios y alucinaciones lo escópico y lo auditivo —los ámbitos que involucran a los* a *apoyados en los sentidos a distancia— conforman campos decisivos, preferenciales, en desmedro de los restantes.* Por otra parte, ambos objetos *a* «surgen» más velados en una primera aproximación; la relación con el cuerpo, la relación «cárnica», se manifiesta más problemática para su intelección, a diferencia de los *a* freudianos. Lacan lo afirma con claridad respecto del objeto *a* escópico; a nuestro entender, lo propio cabe aseverar de la voz. Así, hay tan sólo casos particulares en los que puede notarse al superyó operando con cierto aislamiento en la constelación psíquica, es decir, con visos de autonomía. Por ejemplo, en el delirio que suele acompañar a situaciones de severo deterioro. Alucinaciones auditivas donde prevalecen los insultos de «ellos», o bien donde predomina el manifiesto auto-menosprecio —manifiesto—, tal como sucede en la melancolía. En dichas situaciones el superyó aparece como dotado de independencia, profiriendo sus sentencias inapelables, irreversibles y no sosegables. Allí, a nuestro parecer, *la condición de recepción a distancia opera como soporte para una mayor posibilidad simbolizadora, veladora, «desencarnada».* Este parece ser un argumento aceptable para procurarle un porqué al agregado lacaniano a los clásicos objetos freudianos. Vale decir: *puede ayudar a la captación de qué es lo que incidió para que lograse este avance.*

Pues bien, a renglón seguido continuaremos con puntuaciones atinentes a estos dos *a* «estrictamente» lacanianos. Comenzaremos —al modo regrediente— con el superyó-voz, del cual vamos a destacar su ligazón con un singular *efecto de corte.* Al respecto, *una interesante observación formulada por Lacan en torno de las alucinaciones verbales que acompañan a algunos tipos de psicosis se refiere a la incidencia que, en estas voces, posee la interrupción.* Una característica que resulta notoria en el texto freudiano «Sobre un caso de paranoia descripto autobiográficamente», y hasta en el mismo escrito de Schreber —*Memorias de un neurópata*—, es la presencia insistente de los mensajes interrumpidos, recibidos —en tanto «ellos me dicen. . .»— por el sujeto que sufre *dementia paranoides.* Lacan ya había tomado en cuenta el dato en su *Seminario 1, «Los escritos técnicos de Freud»,* cuando explicaba por qué determinadas circunstancias de la vida cotidiana aparecían en las formaciones oníricas. Cierta idea que puede calificarse como simplista considera que aquello que el psicoanálisis denomina *resto diurno* es elegido entre los sucesos irrelevantes de la vida cotidiana por una especie de inteligencia que, sabiamente, los escoge porque enmascaran mejor el sentido oculto de los sueños. Es de notar que quienes eso sostienen proponen la existencia de una suerte de homúnculo que, obrando dentro del sujeto, gobierna con astucia ciertas palancas sin que quien lo alberga conozca estos hechos. En el caso de los sueños, esta entidad seleccionaría los restos diurnos más apropiados para disfrazar el contenido latente del sueño. A esa difundida intelección, que apela a una mística sabiduría interior, se le opone en el *Seminario 1* la hipótesis que propone que el resto diurno se constituye en virtud de un mensaje interrumpido.

Cuando un acontecimiento de la vigilia es elevado a la categoría de resto diurno, es que allí se produjo un mensaje inconcluso. Hubo ciertas situaciones en las que algo que podía haberse enunciado, o que estaba a punto de ser dicho, por una u otra circunstancia no fue vertido. *La condición de interrumpido, ligada al mensaje, provoca una coincidencia con la estructura del deseo, el que posee por definición una dimensión de falta, de inconclusión. De allí que, por la homología estructural planteada, resulta inevitable que el deseo —y esto puede advertirse en una lectura atenta de la obra freudiana— se transfiera sobre esos sucesos intrascendentes que se convierten en los conocidos restos diurnos.*

La condición de mensaje interrumpido también liga el deseo con lo que hace a una dimensión clínica, decisiva si las hay: la de la interpretación. Si el deseo y la interpretación comparten una misma estructura hasta el punto de poder señalar que el primero es la segunda, cabe a los psicoanalistas pensar que una interpretación que se precie debe encontrar su «culminación» en un estado de apertura. *Una intervención que termine en puntos suspensivos, que no sea asertiva; esto es, lejos del juicio apodíctico, de la clausura provocada por la sentencia concluyente, cuando no pedagógica.* Si, por una parte, la interpretación debe ser polívoca, por otra el efecto de apertura que se obtiene mediante un mensaje inacabado, donde no-todo está dicho, produce en el ámbito de la clínica un resultado fecundo en orden a la mutación de la posición subjetiva en juego.

La alusión a mensajes interrumpidos —contundentes en sus extremos patológicos de delirios estructurados por alucinaciones auditivas— permite entender, además de lo anterior, cómo *el superyó no posee mandatos claros y precisos, tratándose en ese sentido de una instancia especialmente difusa en lo que respecta a la nitidez de su articulación significante.*

Retornando a lo escópico —que nos dará ocasión para desarrollos más extensos—, vale recordar la referencia inserta en nuestro capítulo anterior, a saber, que *ese es el piso propio del fantasma*. Dicho de otro modo: el fantasma es una formación muy específica en la que lo escópico juega un rol decisivo. Debe hacerse aquí una precisión terminológica, ya que el vocablo utilizado por Freud fue *Phantasie*, voz alemana que responde —lexical, mas no conceptualmente— a «fantasía». *Mencionar a un fantasma convoca, en la enseñanza lacaniana, a diferenciar el fenómeno en cuestión de la actividad de la imaginación cotidiana, del fantaseo*. En este emprendimiento también la corriente kleiniana había procurado establecer sus discriminaciones entre las fantasías que responden a lo que la psicología clásica denomina imaginación y las «fantasías inconscientes» detectadas por el psicoanálisis. En este último caso, tanto los kleinianos como Lacan se toparon con una instancia especial, relacionada de manera sustancial con el atrapamiento del sujeto por la sexualidad. *En efecto, el fantasma está ligado con estrechez a una condición masturbatoria desde su mismo origen constitutivo; a menudo, es una precondición para que el sujeto pueda alcanzar el orgasmo*. Si bien una concepción conductista podría hacer pensar que el sujeto participa —llegado el caso— de un coito heterosexual «normal», la escucha psicoanalítica suele descubrir, en muchísimas ocasiones, que el fantasma es condición *sine qua non* para la satisfacción de dichos analizantes. Vale decir que la apelación al fantasma como recurso «suple» aquello que falta en el encuentro sexual; así, en la medida en que (se) activa la fantasmatización, el sujeto puede acceder al orgasmo. Ahora bien, si a veces sucede que el despliegue del fantasma se produce en concomitancia con un encuentro sexual «normal», en otras aparece como una suerte de captura del sujeto, en la que su sexualidad se manifiesta con independencia de la presencia de cualquier *partenaire*; hablamos, claro está, de la práctica masturbatoria. En todos estos casos de referencia, el sujeto está por lo usual presente como actor, pero al mismo tiempo se desdobla como espectador. Por ende, *los fantasmas activan a un sujeto que, en tanto espectador, mira lo que ante él se desarrolla, y donde él también está.* Así es como lo escópico aparece como inexorable piso del fantasma. Un cierto fragmento del sujeto es, en el fantasma, algo que lo mira desde la escena, y que no tiene por qué ser un ojo.

En un caso bajo nuestro control, por citar un ejemplo, una analizante poseía como condición para acceder al orgasmo el «borrado» del coito que sostenía en ese momento con su pareja, y la fantasmatización simultánea de ciertas situaciones en las que aparecía humillada. En tanto en el fantasma era degradada, situada en puestos serviles, comandada de modo violento y hasta castigada físicamente, podía lograr dicha consecución. El fantasma, en ese caso como en la mayoría, no fue manifestado sin ambages. Además, sólo se pudo comenzar a dilucidar dicha fantasmatización a partir del apellido de la analizante, y de cómo este producía un efecto de sentido ligado con la condición de humillada; en particular, el referido a la escena donde debía caminar arrodillada sobre granos de maíz. Era ese significante amo-maestro, su inscripción, el que podía dar cuenta de cómo ella se había articulado a las primeras condiciones de humillación gozosa en su sexualidad, como modo de presentificar reivindicatoriamente su fallida versión del padre.

Más allá del citado ejemplo puntual, es dable advertir cómo el fantasma sustenta al sujeto, permitiendo construir gran parte de su vida en función de esa formación. En dicho caso, además de recurrir a la fantasmatización para lograr el orgasmo, ella era llevada al acto, ya que de hecho la analizante «conseguía» ser humillada y hasta golpeada por su marido, debido a monótonos y tenaces disensos mantenidos por cuestiones de la vida cotidiana. *Lejos de quedar aislado en el terreno de la imaginería interna, el fantasma determina efectos materiales sobre la vida del sujeto.*

El piso escópico, en su referencia al fantasma, le permite a Lacan realizar una nueva puntuación acerca de un caso clásico del psicoanálisis, crucial en cuanto a su recorrido y a la reflexión por él suscitada: el del aludido *Hombre de los Lobos.* En «De la historia de una neurosis infantil», Freud daba cuenta de un hallazgo: se trata del atinente a lo que llamó *fantasías primarias, universales, originarias,* o *proto-*

fantasmas (del alemán *Ur*); esto es, *aquellas reconocibles en todo sujeto, con independencia de lo vivido en su historia singular, y a las que preferimos renominar fantemas, tal como lo consignamos ya.* En el célebre caso, el fantema en cuestión —el dominante— es el conocido como escena primaria, vale decir, el hecho presuntamente avistado u entreoído del traumático coito parental. En los análisis, al menos, la escena primaria suele aparecer como una cuestión propia de lo auditivo antes que de lo escópico. No obstante, en el caso del *Hombre de los Lobos* lo visual adquiere una importancia determinante. Existen verdaderos ríos de tinta escritos sobre la cuestión. Muchos se han ocupado con exhaustividad de este historial; entre ellos, Lacan. *Él observa, en especial, el empeño de Freud —que juzga inoportuno— en tratar de detectar la manera en que fue efectivo el hecho de que su paciente hubiese presenciado el coito de sus padres.* Pero decíamos que el fantasma que aparecía en determinado momento del análisis, y que resultaba consustancial a él, contaba con lo escópico como elemento definitorio. ¿Por qué? En este sentido, el *Seminario* resalta, de modo suplementario, lo que oferta como intelección el conocido sueño de los lobos: cinco animales que miraban desde las ramas de un árbol al fascinado sujeto, a través de la ventana abierta. *De esta ventana abierta súbitamente, Lacan toma la función «ventánica» del fantasma, en obra, por ejemplo, en la defenestración* (*cf.* *nuestro capítulo 3*); *por otro lado, enseña que el sueño muestra al falo velándolo tras la «catatonía de la imagen», que no es otra que la del soñante pasmado, fascinado por lo que ve.* Concluye que aquello «que en la escena lo mira, y que en cierto modo es invisible por doquier, [es] como una imagen», transpuesta, del «estado de detención de su propio cuerpo, transformado en ese árbol cubierto de lobos». Lo cual ubica al sujeto «en el polo del goce, un goce arborificado, que lo fija entero».

Ahora bien, así como la ventana del conocido sueño hace apólogo y se eleva a la categoría de concepto, lo propio acontece con *lo escópico,* en tanto ligado, al estar de Lacan, con *la totalidad de los fantemas, y no solamente con la escena primaria aludida.*

Vamos ahora a considerar dichos fantemas. Su número asciende a cinco, aunque usualmente se citan tan sólo tres; en efecto, existen numerosos escritos que los reducen a esa cifra. Nuestra disposición incluye los tres habituales, dejando al inicio en blanco uno de los omitidos:

fantemas
- a.
- b. seducción
- c. castración
- d. escena primaria

En un texto ya clásico, *Fantasía originaria, fantasía de los orígenes, orígenes de la fantasía*, J. Laplanche y J.-B. Pontalis han dilucidado con rigor *qué se juega en los fantemas: responden —son respuestas— a la pregunta por el origen de algo.* En particular, dan cuenta de un tipo de origen donde entra en acción el orden del sexo. La incógnita planteada por el vacío en nuestro punto «a» no es casual; indica que uno de los fantemas habitualmente no considerado ocupa una posición inicial en más de un sentido. Pero analicemos el terceto aludido con mayor frecuencia. Por ejemplo, el fantema de seducción.

La teoría sexual infantil de la seducción respondería a la pregunta de cómo puede llegar a generarse un sujeto sexuado, dando una respuesta precisa: la sexualidad (me) fue inoculada desde afuera. Es conocida la insistencia de las histéricas de Freud, quienes referían una y otra vez escenas de seducción a cargo de familiares o conocidos como origen de sus padecimientos. Allí es cuando en determinado momento se produce una ruptura y la teoría freudiana se desplaza, desde la aceptación de dichas seducciones como hechos «de la realidad» vividos por sus pacientes, hasta su consideración como fantemas, con dicho «núcleo de verdad»: *la sexualidad se constituye desde el campo del Otro.*

En cuanto al *fantema de castración*, puede señalarse que *viene a responder a la pregunta por el origen de la condición de cada sexo.* ¿Cómo es posible que haya dos sexos? ¿Por qué hay hombres y hay mujeres? En psicoanálisis esta pregunta podría traducirse en: ¿por qué hay falo y castración? Es precisamente la castración lo que da cuenta de la diferencia de los sexos. *Por allí pasa la discriminación: entre fálico y castrado.* En un tiempo lógico posterior, se deriva otra pregunta: *estos que son distintos, ¿qué hacen entre sí? A ella intenta responder el fantema conocido como escena primaria.* Los tres fantemas se acoplan lógicamente, y, en esta problemática, no deja de involucrarse lo escópico como estructurador de respuestas a los diferentes interrogantes. En resumen: del origen de la sexualidad, pasando por el origen de la división de los sexos, hasta llegar al origen de los niños, ya que quienes se acoplan en el fantema de la escena primaria originarán una nueva vida.

Este es, entonces, el clásico tríptico: seducción, castración, escena primaria, al que inclusive limitan su análisis los autores nombrados. Ahora bien, a ellos se les agregan, en una nota al pie de los *Tres ensayos de teoría sexual*, dos más. En las insistentes referencias de los análisis, Freud había notado, hacia 1920, que dos fantemas que no habían sido contemplados en un primer momento aparecían en forma inequívoca e insistente. Uno era el de *retorno al seno materno*, al que escribiremos en el primer lugar vacante, incluyendo también a la segunda omisión, la cual, por ahora, permanece en blanco:

fantemas
- a. retorno al seno materno
- b. seducción
- c. castración
- d. escena primaria
- e.

Como hemos puntualizado en su oportunidad, nada hay en este fantema de nostalgia por una protección perdida. Responde al origen con un perfil siniestro, que da cuenta de la condición de reintegración a la que tiende el Deseo de la Madre. *No remite, entonces, a un cálido ámbito fetal, sino a la amenaza angustiante proveniente del deseo de un Otro devorador.* Su dimensión siniestrizante es opuesta por completo a la añoranza de un tiempo dorado previo al nacimiento.

Por último, cabe ubicar en el quinto lugar un fantema que responde de una manera algo más alambicada a la pregunta por los orígenes. Su nombre es el de *novela familiar*:

fantemas
- a. retorno al seno materno
- b. seducción
- c. castración
- d. escena primaria
- e. novela familiar

Este fantema deriva de una modalidad narcísica de responder a la pregunta por el origen del sujeto. Se remite no a los orígenes en general, sino al surgimiento de uno mismo. Ya hemos dado cuenta de esta situación, en la cual el sujeto se postula como hijo de una pareja que no es la que lo crió, fantasmatizando ciertas circunstancias por las cuales habría sido víctima de una sustitución en el comienzo de su vida. En el fantema, los padres considerados «legítimos» son *invocados* como ostentando rasgos maravillosos y, en tanto ungidos con los atributos de la nobleza, se encuentran a distancia sideral del padre y de la madre comunes y corrientes. El sujeto llega a convencerse de que sus verdaderos padres no son los que lo acompañaron en buena parte de su vida. Ahora bien, cuando se habla de la novela familiar se suele agregar —teniendo presente el título del texto freudiano— «del neurótico». Sin embargo, es preciso aclarar que lo aquí señalado es conducente también para las psicosis. Al abrir en 1977 la *Sección Clínica* en Vincennes, Lacan, al ser interrogado sobre si son valederas para las psicosis las mismas categorías aptas para las neurosis (sujeto barrado, objeto *a*, etc.), responde que sí. Lo afirma con seriedad y no por ligereza; entiende, entonces, que no se realiza una traspolación injustificada. No sólo la novela familiar es un fantema compartible por las neurosis y las psicosis, sino que lo dicho involucra también a los mismísimos fantasmas.

En los últimos años ha cobrado cierto auge una insistente enseñanza según la cual en las psicosis no tendría vigencia la dimensión del fantasma. Aceptar esto sería, a nuestro juicio, derrumbar cualquier intento de concebir a las psicosis como estructura. El error conceptual recae en lo siguiente: *en las psicosis no ocurre lo que es propio de la dinámica del neurótico, a saber, la prevalencia de la demanda.* Como sabemos, lo que hace el neurótico es reemplazar la *a* de la fórmula del fantasma por la D de demanda:

$$(\$ \lozenge a)$$
$$\downarrow$$
$$(\$ \lozenge \mathrm{D})$$

En efecto, esto es lo que no acontece en las psicosis; no sucede ese movimiento de sustitución, que *habla de metaforicidad.* Sin embargo, de allí no se deduce que no haya fantasma. Antes que la liquidación de una estructura, es pertinente optar por la circunscripción rigurosa de las diferencias que le son específicas. *El psicótico también es deseante.*

La propia escucha de un delirio permite puntuarlo. Por ejemplo, ¿no hay acaso fantasma en Schreber? Si hasta Freud lo nomina en esos términos, *convengamos que el problema radica en poder dar cuenta de cómo el «destino» del fantasma se modifica en la estructura psicótica, antes que en la torpe recusación lisa y llana de aquel.*

Cinco son los fantemas, entonces, y cinco los pisos en la constitución de los distintos objetos *a*. Por otro lado, *el objeto causa del deseo es partícipe necesario de esa gramática basal conformada por los fantemas. En estos, el* a *se elabora, se procesa y localiza, cobrando así especial relevancia para la estructura del sujeto.* De ese modo surge, se nos presenta —conteste con Juranville [1]— *la necesaria viabilidad de articular a cada uno de la primera serie aludida con uno de la segunda*; hay suficientes recurrencias para que la problemática pueda ser así planteada. Pero antes debemos retornar al complejo piso donde se posiciona lo escópico, a los efectos de incluir nuevas puntuaciones que involucran también el piso que prosigue en la línea regrediente, y que se desliza en cada uno de ellos: *el fálico.*

Recordemos el peso de la mirada en el historial del *Hombre de los Lobos*, advirtiendo de qué manera este contempló la escena primaria. Con su admirable capacidad de lectura, Lacan subraya, de dicha escena, la condición de ser presenciada de un modo algo equívoco. Nada de ello debe ser notado como anécdota; no es desdeñable en lo más mínimo el hecho de que el *Hombre de los Lobos* entrevió el coito de sus padres, sino que la situación, en el análisis de Lacan, produce efectos de enseñanza. *El entrever marca un dato de la estructura.* Se trata, claro está, de un ver a medias, y no de una visión plena, directa. Hay algo que en esta escena primaria se sustrae, se hurta a la mirada. De ese modo, la plenitud del ver queda anulada en virtud de algo que no termina de asomarse: el falo. Por otra parte, cabe recordar la reacción inmediata del *Hombre de los Lobos* ante la escena. Una defecación constituyó su respuesta ante la turbia visión que no terminaba de tomar forma ante sus ojos, que no dejaba apreciarse del todo. Lacan se permite *elevar estos datos al nivel de apólogo.* Esto significa —volviendo al tema central del *Seminario 10*— repreguntar sobre el porqué de la ligazón existente entre angustia y sexualidad, o el porqué de lo decisivo de la condición fálica. Y la relación surge porque, *cuando se lo espera en un lugar, el falo no aparece.* Solamente podrá entreverse, ya que está subordinado de continuo a una condición de deslizamiento, de sustracción. A partir de esa puntuación, Lacan acotará que eso es lo que, en puridad, sucede en la dimensión de lo fálico. *En tanto que el falo no acude al encuentro con el sujeto que mira, al retirarse la marea no deja de arrojar un efecto de insatisfacción.* Siempre podía haber sido otra cosa distinta de lo que dejó verse; incluso, lo traumático radica, muchas veces, en esa propiedad escurridiza.

Respecto de esto, Lacan desliza, en el *Seminario 10,* nuevas observaciones clínicas harto sagaces. Todos conocen —destaca— los casos en que una mujer tiene a su marido en análisis. Lo que desea con fervor, en dicha situación, es analizarse con el mismo analista que su pareja. No hay otra alternativa para su deseo, ya que —señala— en ese caso lo que se busca es una repositivización del falo. Y escribe lo que allí sucede de un modo bastante llamativo. Lo que la mujer intenta es lo siguiente:

$$-(-\varphi)$$

La repositivización no es buscada por otro medio que el de la negación de la negación de la imagen fálica, vale decir, la negación de la castración. A través de la cumbre deseante que ella cree que su marido ha alcanzado mediante su análisis, intenta hacer algo con la pequeña imagen fálica (φ) que le ha tocado en suerte, subraya Lacan. Sin duda alguna, se refiere en esto último a la apoyatura anatómica de la imagen fálica en la mujer constituida por el clítoris, lo cual implica «tomar el falo por lo que este no es». Con lo que sólo obtiene, así, *una potencia aproximada a lo que imagina del goce del otro, cometiendo una aberración «respecto de su propio goce».*

Como ya acotamos, otra de las maneras en que la mujer puede enfrentarse con los problemas inherentes a la esquiva condición fálica es mediante su sustento a través de la constante excitación del hombre situado en sus proximidades. Por cuanto el falo falta a su lugar, la histérica apela recurrentemente a la seducción, en su huida de la confrontación con la detumescencia del pene, que haría sucumbir la imagen fálica. Para evitar esto, no encuentra mejor solución que mantener la tumescencia. Ahora bien, uno de los puntos decisivos por tomar en cuenta en esta situación es que, del lado de quien ejerce la seducción, puede no haber un compromiso localizado en su cuerpo para sostener la imagen fálica. Es que esta proviene del Otro, se localiza en él. *Justamente es en el Otro —y no sobre ella— donde busca con pertinacia sostener esta teoría del falo —procurando que no caiga— en tanto instrumento de la potencia.* La seducción histérica provee referencias cruciales sobre esta cuestión fálica: no debe extrañarnos que, para obtener las insignias de esta tumescencia siempre presente, la mujer renuncie a su propio goce. Esta suerte de «hipergenitalidad» femenina, explícita, franca y declarada, que induce al hombre a permanecer en estado de constante excitación, puede corresponderse con una situación de frigidez. No debe sorprender esta concomitancia, ya que *esa supuesta hipertrofia de lo genital no está buscando el propio goce, sino esquivándolo, en la medida en que esto mantenga la tumescencia y sostenga el deseo, sofocando la eventual fuente de angustia.* Por otro lado, y concomitantemente: si la función del orgasmo es la de llevarse, *sin duda,* la máxima satisfacción, ¿no se ve que, *en virtud del carácter de la común certeza, el orgasmo es el equivalente de la angustia*?

Por cierto, la temática se desliza, de tal forma, a un punto insistente en la enseñanza lacaniana: ¿qué sucede en lo que se denomina unión «normal» entre el hombre y la mujer? Para retornar sobre la cuestión, apela esta vez a la *teoría de conjuntos*, merced a los conocidos *círculos de Euler.* Hombre y mujer parecen, en el acto sexual, reunirse, recubrirse de un modo al que sus deseos los conducen para alcanzarse:

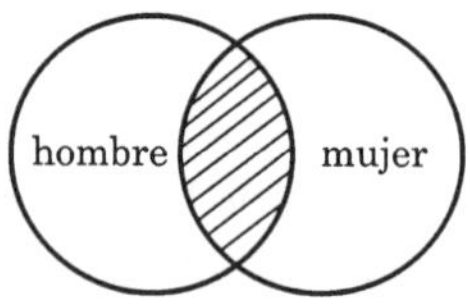

En principio, se observa aquí una zona de intersección. No obstante, *lo que parece ser la región de contacto es precisamente lo que hace de obstáculo para que pueda darse una relación plena, una unión en sentido estricto.* Esa zona fallida, interpuesta entre el hombre y la mujer, convoca sin lugar a dudas la castración, ya que se presentifica allí la mentada evanescencia de la condición fálica (faltante): *«es lo que, para cada uno, cuando resulta alcanzado, justamente lo aliena del otro»*. Si hay goce, este será tan sólo parcial, alejado por completo del envolvimiento absoluto de los cuerpos; el abrazo, por más que se estreche, no puede abarcar el imaginario todo. De modo que el falo, prometiendo la unión, no hace sino impedirla. Hombre y mujer lo buscan en «el plano de la mediación genital», que es donde —al falo— no se lo encuentra. Esta condena al fracaso de toda unión sexual puede resultar poco alentadora para las utopías hedonistas; por otra parte, constituye un hito fundamental en el camino que permitirá a Lacan emitir más tarde —de manera ya formalizada— su clásico aforismo negativo: *«No hay relación sexual»*. Hombre y mujer no «encastran» de manera plena; no hay una justa proporción entre ambos, ya que *«el otro es o el otro o el falo, en el sentido de la exclusión»*. Sin embargo, esto no obsta para que crean que dicha unión completa sea factible, a pesar de su no escriptibilidad.

La fantasía del amor, recordando la clásica referencia del mito del andrógino expuesto en el aludido *Banquete* platónico, conduce a la búsqueda de «la otra mitad», de «la media naranja», para asegurar la plenitud. Empero, una vez sentada la discriminación entre amor y sexo, se abre este interrogante: ¿qué se le demanda al *partenaire* en el acto sexual, ese encuentro limitado, obstaculizado? La respuesta lacaniana es frontal: *se trata de satisfacer una demanda que tiene cierta relación con la muerte, con la «pequeña muerte», hecho que bautiza como «hacer el amorir (*l'amourir*)»*. En lo que toca al involucramiento del sexo, hacer el amorir es algo bien distinto del inocente hacer el amor, ya que este no explica lo descansado del post-orgasmo. En la condensación que origina el neologismo se unen magistralmente *las dos coordenadas siempre presentes desde los comienzos mismos del emprendimiento psicoanalítico: la del sexo y la de la muerte.* ¿Por qué no plantear una conexión más llevadera, como por ejemplo amistad y religión, o al menos sexo y vida? ¿Sería acaso la intransferiblemente psicoanalítica una conjunción arbitraria, gratuita? Como veremos, las reflexiones posteriores permiten puntuar que la relación crucial e inextricable rige entre los dos vectores nombrados, y no entre otros y/o con otros. El punto decisivo para inteligir lo que aquí está en juego —más allá de *la homologación del goce sexual con la pequeña muerte*, asimilación para nada caprichosa— tiene ya un legítimo sustento a partir de su apoyatura en lo real de la biología.

Una regla biológica fundamental que hace a la reproducción de las especies sexuadas es que, para que ellas puedan subsistir, los individuos deben procrear y luego desaparecer como tales. La vida del *homo sapiens*, una especie más entre otras de tal tenor, avanza también en dicho sentido. Esto es lo que conlleva necesariamente la reproducción sexuada, a diferencia de lo que implica la división —escisiparidad— de los organismos más rudimentarios. Por ejemplo, un protozoario se divide en dos y da origen a un nuevo ser. No hace falta, para ello, la participación de otro microorganismo. No hay sexo en él, y por lo tanto tampoco hay muerte, ya que por esas particiones puede reproducirse de modo indefinido, mediante un proceso de tipo interno. *Es la diferencia sexual de las especies más complejas la que trae de la mano a la muerte.* Cada ejemplar debe cumplir su ciclo: nacer, crecer, reproducirse y morir. Un individuo de la especie humana logra que algo se desprenda de él con la participación imprescindible de alguien diferente, de otro sexo. El hijo prolongará el proyecto de la especie, pero en cuanto a la vida singular del individuo que lo engendró, ella no puede sino apagarse en un momento determinado. *Sexo y muerte son así fenómenos coalescentes.* Nada hay de artificioso en esta correlación; es una condición en la que estamos inscriptos desde la misma conformación biológica la que queda indicada en ese buscar la «pequeña muerte», en el seno de la cual podrá darse origen a una nueva vida, prolongando la de la especie.

Respecto de los puntos en común que la conexión entre sexo y muerte en Freud —y, por supuesto, en Lacan— pudiese tener con filosofías como la de Arthur Schopenhauer, cabe marcar unas cuantas discriminaciones. El filósofo alemán fue un autor de notables intuiciones, pero su concepción de la mujer —por adoptar uno entre múltiples sesgos— no coincidía en absoluto con *la óptica freudiana, según la cual la procura de la insignia fálica, luego de realizar un recorrido libidinal signado por la falta de objeto, culmina en la «apuesta» femenina por el hijo (en tanto objeto* a *del cual desprenderse, suplementa Lacan).* Es que no hace falta, en la doctrina freudiana, recurrir a una «sabiduría de la especie» como lo es la *«voluntad»*, en el sentido schopenhaueriano. «El instinto sexual —escribe el filósofo en *El mundo como voluntad y representación*— en general no es, en sí mismo y fuera de toda manifestación exterior, otra cosa que la "voluntad de vivir". Por eso tiene un carácter genérico: la relación entre dos individuos (amor subjetivo) es sólo una "estratagema" mediante la cual la naturaleza alcanza sus fines. Y es en el producto de la unión (el hijo) donde por fin se objetiva la voluntad de vivir de la especie» [2]. Así, troquelando la falacia de postular un Otro del Otro, el filósofo misógino indiferenciaba los sexos, al tornarlos meros títeres de un designio finalmente teísta.

Podemos trasladarnos ahora a una nueva intelección de un punto decisivo en el *Seminario 10*, ya tocado en otras oportunidades durante nuestro trabajo: el de *lo siniestro*. Al respecto, recordemos que *lo siniestro se produce cuando surge aquello que, estando destinado a permanecer oculto, sin embargo se ha manifestado.* Freud retoma, para brindar esta definición, una fórmula acuñada por Schelling. Lacan da una nueva vuelta de tuerca en su lectura de dicha sentencia. ¿De qué se trata en esa situación?, se pregunta. Y henos aquí ante la respuesta: *lo siniestro no acaece cuando desde el lugar del deseante se ubica al otro en el lugar del deseable, pero sí ocurre cuando lo deseable de pronto se manifiesta como deseante, puesto que lo deseante era lo oculto.* En la clínica es factible advertirlo con claridad en los problemas sexuales manifestados por ciertos analizantes varones ante mujeres que, *repentinamente,* sin que nada lo hiciese sospechar, se mostraron «demasiado deseantes». Lacan recurrirá a una graficación aún más contundente. Aconseja reparar en el clásico efecto de siniestro producido cuando un ser inanimado —objeto de contemplación, por tanto de deseo— comienza a moverse. Supongamos, por ejemplo, que una estatua súbitamente adquiriera animación frente a nosotros. ¿Quién no vería en ello el signo de amenaza propio de lo siniestro? ¿Qué implicaría ese movimiento sino que es deseante, que nos desea a nosotros, ya descubierto el ocultamiento? Más allá de lo fantástico que puede resultar este ejemplo —repetido, bajo diversas manifestaciones, en las más contrapuestas tradiciones culturales—, conviene destacar hasta qué punto resulta ilustrativo para advertir que esa inversión desocultante del deseado —instituido por el ojo— en deseante no puede dejar de ser siniestra, ya que el deseo del Otro se vuelve, ya como ingobernable, hacia el sujeto, lo cual suscita su angustia. *¿Qué desea el Otro? Pues me quiere a mí, por cuanto no sé qué* a *soy para él. Tras la angustia se esconde, y se manifiesta, una dimensión de devoración.* Entrelíneas, debe aquí leerse la condición donde el Otro primordial busca reintegrar su producto. El sujeto se ve así desamparado frente a un deseo que no es sino el del Otro respecto de él mismo en su calidad de íntegro. Este deseo tiene por mira reintegrarlo, aprehenderlo, someterlo a su dominio, reingurgitándolo. *En dicha situación siniestra cabe reconocer el trazo inherente al fantema de retorno al vientre materno (nada idílico, por cierto).* Es, al menos, uno de los fantemas donde el sujeto está, de modo literal, *devorado por la angustia.* De tal modo que ese fantema surge en momentos en que lo deseable despunta como deseante, asumiendo contornos siniestros; así, *cuando el sujeto cae en una situación de desamparo, la construcción fantasmática opera como dadora de una respuesta —apaciguante— a la pregunta por el deseo del Otro.*

Otro punto por dilucidar con relación al grafo de los pisos del objeto *a* es, una vez más, el de la *causa.* Se trata de una temática que, lejos de agotarse en especulaciones metafísicas, posee consecuencias clínicas decisivas; en particular, en lo atinente al obsesivo y a la consiguiente dominancia del piso anal.

Cuando hablamos de causa, señalaba David Hume, nos estamos refiriendo meramente a una relación entre un antecedente y un consecuente. Allí residía su crítica idealista a la noción de causa. El filósofo escocés concluía que la causa no era más que una categoría mental, ubicable tan sólo en lo psíquico. Sucede una cosa y luego otra; ambas están relacionadas, pero no se sabe el motivo —explicaba Hume—, dado que no hay intrínsecamente una razón explícita de por qué algo provoca como efecto una cosa y no otra. Lacan, según consignamos, señala que esta ausencia en el registro de la causa debe ser atribuida al objeto *a*, apartándose así de la crítica humiana. *Las innumerables obras que los filósofos y epistemólogos de las más diversas tendencias y épocas han dedicado al problema de la causa son debidas, en última instancia al rodeo en torno del objeto* a. *Esa perdurabilidad indica, entonces, que la problemática categorial en cuestión no es falaz, en la medida en que el* a *es partícipe irreductible de la estructura.* Por supuesto, el *a* no está a la vista, no es su faz «llenista», sino que se marca como un vacío de objeto. Es esa vacuidad la que determina lo incognoscible de la causa. De ese modo, el psicoanálisis se encuentra con otra preocupación compartida con la filosofía y con la ciencia, a la par de la tan requerida y remanida *objetividad* (conforme la trabajamos en el capítulo 6):

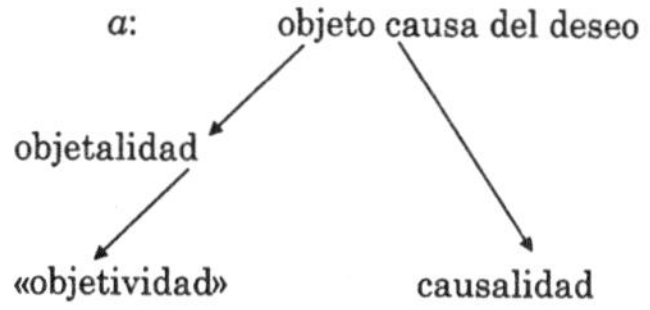

En una maniobra intelectual una vez más de corte conceptista, Lacan realiza el salto de un discurso a otro. Ligando campos que en apariencia no poseen ninguna relación, de manera repentina se hace una pregunta digna del más puro conceptismo: *¿qué le pasa al neurótico obsesivo con la causa?* Aunque parezcan conceptos heteróclitos, cierta relación interna opera —afirma— entre las obsesiones y la dimensión de la causa.

Es preciso, ante todo, reparar en qué le sucede al obsesivo con su síntoma, y cuándo puede llegar a estipular que se encuentra necesitado de conocer su causa. Evidentemente, hay mucha gente que tiene obsesiones; pero el tenerlas no implica que sean admitidas como tales. En ese sentido, quedan fuera del perímetro psicoanalítico. El neurótico obsesivo comienza a serlo en el preciso instante en que reconoce estar a merced de obsesiones; sólo con él podrá hacer algo el análisis, por cuanto *no hay síntoma que sea tal si no es admitido por quien lo padece. Inclusive, cabe agregar que muchas veces el primer paso del análisis es constituir el síntoma.* Ahora bien, cuando el sujeto reconoce su obsesión como síntoma, allí se instala la pregunta por la causa. Al igual que los filósofos, se plantea que su malestar, su obsesión, se origina en eso que no es sino un enigma causal. Algo que nadie parece imponerle pero que no puede apartar de sí. *¿Cuál es la causa por la que le pasa eso? ¿Y por qué, si la desobedece, se angustia? Lugar* princeps, *por consecuencia, para dar cuen-*

ta de la relación entre angustia —patente— y deseo —oculto—. En el obsesivo, entonces, ¿qué funciona como causa? Pues atendiendo a la dupla causa-efecto puede decirse que *si el objeto es la causa, el deseo es el efecto.* Claro, «un efecto que no tiene nada de efectuado», ya que el efecto (es) falta. *El síntoma, por ende, no es un efecto, sino un resultado.* El deseo es lo que en cuanto analistas intentamos cercar, circunscribir —lo que resulta de por sí bastante arduo—. Por su parte, *el síntoma es la marca por la cual el analizante concurre al análisis, y que cumple la función de resultado de la hiancia provocada por el deseo en tanto falta de efecto del* a *causal.* Lo cual podría ser representado así:

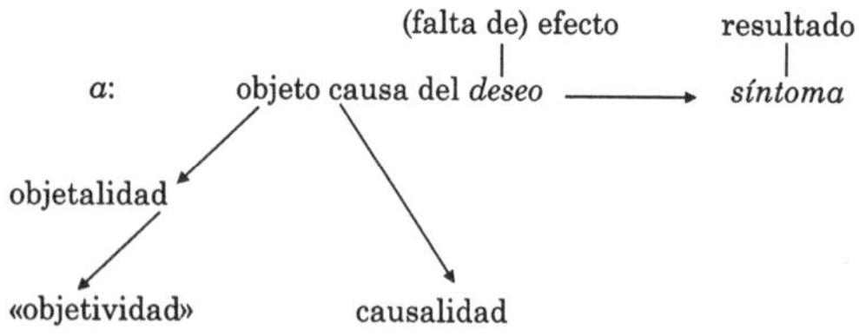

Desde el *a* hasta el síntoma no hay relación causa-efecto, sino una mediatización en la que obra la hiancia propia del deseo. Esto indica que debemos preguntarnos qué ocurre, en cada análisis, con *el objeto* a *velado en, y por, el síntoma, ya que este último no se reduce, en tanto resultado, al mero juego del significante.*

Planteado —en función articulatoria— desde el campo de la neurosis obsesiva, el objeto anal resulta —una vez más— paradigmático de un carácter primordial de todo *a*: se trata de aquello que Lacan, ya en los tramos finales del *Seminario 10*, denominará como *lo cesible.* El *a* concebido, entonces, como objeto que, al cederse, se constituye. Ello le da pie para introducir, consecuentemente, otra de las *sinérgicas lecturas de la angustia: la que la intelige como irrumpiendo cuando está a punto de cederse el objeto* a. Por otro lado, el momento previo a la inminente entrega —que implica un grado de automutilación en el asentimiento al voraz deseo del Otro— es el implicado por la función de la angustia como señal. En el caso del obsesivo queda bien en claro que la demanda en juego —propia de este piso— es educativa: se trata de la atinente al control esfinteriano, formulado —de manera ejemplar— por la madre.

Cabe resaltar que el *Seminario 10* brinda desarrollos aptos para reubicar ciertas problemáticas que, pese a no ser tratadas en él, resultan motorizadas, instigadas, por su itinerario. Por ejemplo, la temática de los fantemas no es tratada explícitamente por Lacan en 1962/1963; sin embargo, la alusión puntual a los cinco pisos del *a* remite —de modo implícito, entonces— a dichos fantemas. Retornamos ahora a procurar dar cuenta de su articulación, conforme con lo adelantado.

Comencemos por remarcar lo siguiente: *los fantemas son formaciones desiderativas básicas a partir de las cuales se construyen fantasmas más elaborados por medio de procedimientos combinatorios.* De estos universales —como efecto de estructura— se derivan los fantasmas singulares, irrepetibles, y con sesgo de uso fundamental, que cada sujeto revela en su análisis. Los cinco operarían como unidades últimas, en forma homóloga a los mitemas, a los fonemas, y similares. Basándonos en estos antecedentes es que hemos propuesto su nominación como *fantemas: unidades fantasmáticas mínimas, irreductibles y combinables, cuya presencia es insoslayable en tanto efecto de estructura* [3].

Para puntuar cómo y con qué se articulan los cinco fantemas, vamos a disponerlos en *un nuevo cuadro,* donde cada uno de ellos es tomado en consideración según ciertas características diferenciales. Dicho cuadro, como veremos, tendrá varias entradas.

Precisados los pisos de la constitución del objeto *a* y los cinco fantemas señalados por Freud, contamos ya con dos de los rubros contemplados y puestos en correlación, de la siguiente manera:

Fantemas	*a*
retorno al seno materno	oral
seducción	anal
castración	fálico
escena primaria	escópico
novela familiar	superyó

Queda por ubicar a cada uno de estos fantemas y sus correspondientes objetos *a* con relación a los restantes rubros: al primero puede denominárselo como *relación del* *sujeto* (S) *con* A *(el Otro)*,* punto en el cual el *Seminario 10* marca también cinco modalidades distintivas. Luego, incluiremos *las diferentes amenazas a las que estos fantemas pretenden conjurar, en una columna que llamaremos «peligros»*. Por último, articularemos diversos *fantasmas* que dan cuenta de la manera en que el sujeto logra, a través de ellos, ser. Como de psicoanálisis se trata, cabe recordar que este sujeto podrá ser sólo en falta. *Ser algo, claro está, que se relaciona con ese movimiento propio de la pulsión que es el hacer-se.* Dicho de otra forma: *la procura apunta a lograr, a través del Otro, el anclaje de los puntos de goce donde anudar —hacer-ser— la sexualidad.*

El cuadro que aparecerá como resultado final de nuestra propuesta puede parecer asertivo o hasta dogmático, pero sus ligazones no son otra cosa que el hecho legítimo de haber logrado que los distintos *a* se correspondiesen con sus respectivos fantemas, extrayendo, a partir de allí, las lógicas consecuencias. El principio rector de esta tentativa radica en la postulación de que *el fantasma brinda el régimen de formación y procesamiento de los* a. Es que estos no caen de ningún cielo platónico, sino que así como encuentran su apoyo en el cuerpo atravesado por el habla, se gestan y se orientan en el seno de la estructura fantasmática.

Referencias bibliográficas

[1] A. Juranville, *Lacan et la philosophie*, París: PUF, 1984; Buenos Aires: Nueva Visión, Colección Freud ◊ Lacan, 1992, págs. 1, 56-8.

[2] *apud* P.-L. Assoun, *Freud, la filosofía y los filósofos*, Barcelona: Paidós, 1982, pág. 206.

[3] R. Harari, *La repetición del fracaso*, *op. cit.*, págs. 139-43.

* Punto que implica un despliegue de los desarrollos respectivos del cuadro de la división significante del sujeto, según lo trabajado en el capítulo 5.

9. Del cuadro fantemático a una nueva versión del cuadro matricial

Las columnas de las que se compone el cuadro que comenzamos a diseñar en el capítulo precedente prosiguen ahora mediante un acápite al que hemos llamado *relación de* S *con* A, de acuerdo con cinco modalidades desprendibles del cuadro de la división significante del sujeto (capítulo 5).

Previamente a ingresar en ello, cabe recordar que cada uno de los objetos *a* se gesta en una distinta estructura fantasmática originaria; o sea, en un fantema. Ahora bien, en lugar de nominar a aquellos como hasta ahora, es decir, de una manera apoyada muchas veces en la función de la pulsión o de la instancia psíquica, vamos a unificar la terminología nombrándolos según corresponde a su «encarnación» habitual: *el* a *oral será entonces el pecho; el anal, las heces; el fálico será el falo —en tanto objeto faltante—; el escópico, mirada, y el superyó, voz.* Pues bien, en cuanto a la relación que S mantiene con el Otro, A, en virtud de las articulaciones de los cinco fantemas con sus respectivos objetos, se requiere partir de una puntuación preliminar: en las cinco categorías singulares que consideraremos, *se encuentra siempre presente la referencia al deseo del Otro, tal como cada piso del* a *preserva el trazo común de dicho objeto.* Es que no debe olvidarse que *la angustia es, ante todo, la sensación del deseo del Otro*, y que señaliza la inminencia de que este deseo llegue a conseguir su objetivo, esto es, reabsorber al sujeto o a uno de sus *a* desde el lugar del Otro, para que este se reencuentre merced a la cesión en juego. Esta circunstancia es valedera para demostrar que el *cuadro* que proponemos llamar *fantemático* —respetando el mito constituyente de su origen— lo concebimos al efecto de que nos sea de utilidad para esclarecer el hilo rector de nuestro decurso: la angustia, obviamente. En este ítem, entonces, Lacan sienta una variación en la conocida proposición: «deseo *del* Otro». En el tramo de referencia del *Seminario* aludirá a

«. . .*en* el Otro» para señalar las diferentes categorías. ¿Por qué esta modificación? A nuestro juicio, lo hace llevado por su temática, que *privilegia lo radicalmente Otro*; el «del», en cambio, por la ambigüedad propia marcada por su genitivo, convoca la eventual juntura de deseos —«tomo el mío del Otro»—, lo cual no ilustra en lo más mínimo la condición de la angustia.

Comienza, en consecuencia, ligando el pecho con la *necesidad en el Otro*, a lo que articulamos el fantema de retorno al seno materno:

Fantemas	*a*	relación de S con A
retorno al seno materno	pecho	necesidad en el A
seducción	heces	
castración	falo	
escena primaria	mirada	
novela familiar	voz	

Para advertir de qué se trata cuando Lacan cita una necesidad en el Otro debe tomarse en consideración que la constelación oral supone no un momento evolutivo, sino lógico. La logicidad en juego está definida por el piso central de este cuadro, que une la castración con el objeto *a* falo; por otro lado, la necesidad en el Otro debe inteligirse teniendo en cuenta la conocida discriminación entre necesidad y deseo. La primera contempla aquello emparentado con el orden de lo biológico (dicho en términos muy generales); el segundo, por el contrario, es privativo de los seres hablantes. Si en ese piso del cuadro se consigna una necesidad, deberá inteligirse un momento primordial, esto es, nuevamente mítico, mas no por ello falaz o ineficaz. Lacan utiliza, mediante esta conceptualización, *una ficción teórica donde el Otro es reconocido, en su relación constituyente con quien no es más que un pre-sujeto —o sujeto del goce—, como una instancia donde sólo puede hacerse presente el orden de la necesidad.* En tanto esta puede encontrarse ausente o presente, marca así una modalidad distinta de relación con el sujeto en estado larvario (por cuanto aún no se vivencia como significante para el Otro). Entre la satisfacción y su resurgir después de aquella en un reciclaje continuo, la dimensión considerada invoca una intrínseca característica de *ritmo*, por cuanto *se trata del pecho que no cesa de faltar.* Según Lacan, este piso o estadio se coloca en el mentado *mítico momento presignificante, donde apenas se entrevé la falta en el*

Otro, en su nivel más primitivo: el de la necesidad. Luego, en el escalón siguiente, se escribe otro concepto cuya dilucidación es crucial: el de *demanda en el Otro*:

Fantemas	*a*	relación de S con A
retorno al seno materno	pecho	necesidad en el A
seducción	heces	demanda en el A
castración	falo	
escena primaria	mirada	
novela familiar	voz	

La demanda en el Otro puede ser reconocida, de modo preferencial, en la condición de la analidad. En rigor, algo muy semejante a la demanda esfinteriana implica el *fantema de seducción, aquel que indica que si el sujeto es capaz de hacer tal cosa, el Otro otorgará algo en virtud de premio.* Sin duda, hay allí en juego una dialéctica del trueque que ilustra el intercambio simbólico, por cuanto *algo que es significante para el Otro dice su presente.* Lacan señalará que en este nivel es donde cabe advertir la problemática del *don* y de la *oblatividad*, tal como Freud, en el mismo nivel, puntuaba el estatuto del *regalo.* Conviene, en este ítem, realizar una pequeña aclaración, a partir de la pregunta siguiente: ¿qué se dona en la relación entre hombre y mujer? ¿Hay allí un don, o, de manera más drástica, cabe afirmar que ni el uno ni la otra dan nada, que *el don es metáfora*? Pregunta, es claro, cuya respuesta ya está brindada.

La demanda en el Otro surge exigiendo un requisito que da cuenta de lo que sucede en el piso que nos ocupa. El pedido de las heces del niño consiste en demandarle: «dame algo que es tuyo». El fragmento a conceder por el sujeto es, de entrada, un trozo de sí. Pero una vez que las heces se desprenden, pasan a no pertenecerle. El Otro las obtuvo; remarca Lacan que, una vez expelidas, la condición cambia a tal punto que el sujeto debe concluir que no son partes valorables de él mismo. Allí juega, entonces, *una dialéctica de dos tiempos. En primer término se exalta agalmáticamente aquello a punto de aparecer, a punto de desprenderse, y que va a ser concedido como regalo, como don, como prenda de trueque simbólico. En el segundo movimiento, ese obsequio inicial pasa a convertirse en lo que «es»: ni más ni menos que un desperdicio.* Algo de lo cual el sujeto debe desentenderse, ya que «no es de él» ni tampoco debe ser él, aunque lo siga siendo. De la misma manera, puede decirse que si el objeto *a* heces posee un peso semejante en la constitución del sujeto, lo obtiene porque *logra simbolizar la presencia-ausencia propia de lo fálico, que también se juega en dos tiempos*. O dicho de otro modo: incide como lo hace porque es «*simbolizante de la castración*».

En el piso ligado a lo anal, entonces, se pasará de la demanda por unas apreciadas heces —antes de ser evacuadas— a la exigencia de desecharlas —luego de la evacuación—. La demanda en el Otro da lugar a esta oscilación, a una ambivalencia observable de manera prevalente en el neurótico obsesivo, bajo la forma de la duda, de la indecisión que lleva a esa *procrastinación* descubierta por Lacan, consistente en *la demora ilimitada de la puesta en acto del deseo* («deja para mañana lo que puedas hacer hoy»). Todo está centrado en ese objeto tan definitorio que es el anal. Al respecto es interesante citar un texto de Dominique Laporte titulado, sin eufemismo alguno, *Historia de la mierda*. En sus páginas puede advertirse, no sin sorpresa, la relación que desde siempre ha unido al ser hablante con este tipo tan particular de desperdicio. Algo para subrayar es que no siempre se le otorgan a las heces las características propias de un desecho, sino que en muchas ocasiones —no necesariamente tributarias de la estructura perversa— ocurre lo contrario. Laporte es también el presentador, en su edición francesa, de un libro que Freud prologó en su versión alemana: *Scatologic Rites of All Nations*, de John Gregory Bourke. En cuanto al libro de su propia autoría, es interesante citar ciertos fragmentos de Laporte que remiten al equívoco lugar concedido al objeto anal, el cual, siendo desperdicio, es además aquello que se llama *abono*, es decir, algo que está puesto al servicio de la creación de vida. De allí que Laporte escriba: «La mierda, principio de vida, fecunda como espíritu. Se sabe, por su diario, que, precisamente cuando la inspiración le faltaba, Michelet iba a *inspirar* su creación, tanto en el sentido propio como figurado, en las letrinas con el olor sofocante que llevaba a su espíritu el soplo *animador*» [1]. De modo ingenioso, el autor de marras juega aquí con la idea de «soplo animador». El célebre historiador y ensayista recurría, para inspirarse, nada menos que a la inspiración del vaho nauseabundo de las letrinas. Aspiración de algo que se huele y que remite al *a* anal. No es casual este ejemplo que indica *una referencia al aire como soplo vital, inteligible así como metáfora de los gases intestinales.*

Por otro lado, Lacan, cuando repasa en el *Seminario* la noción de trauma de nacimiento, apunta que dicho acontecimiento traumático quizá no lo sea tanto por la separación violenta del recién nacido respecto del seno materno, sino más bien por el hecho de que el *infans* resulta casi sofocado al ser introducido abruptamente en un medio aéreo distinto del que hasta entonces lo circundaba. Esta es su lectura de lo que Freud puntualizaba desde el comienzo de *Inhibición, síntoma y angustia* como el momento inicial de la sensación de angustia, y que constituye su basamento irreversible en la corporeidad. En la descripción fisiológica del fenómeno, lo preponderante no es otra cosa que *la falta de aire.* Es que la referencia a la inspiración —de la que, como vimos, no es prescindente en lo más mínimo el objeto anal— lleva a la idea de *anima*, vocablo latino que equivale aproximadamente al griego *pneuma*: a la vez alma y soplo (de allí la noción de soplo vital). La misma palabra «inspiración» remite a la idea de que, si el sujeto inspira el aire, se inspira en su espíritu. Laporte hace al respecto un prolijo análisis de textos de Georges Bataille y de Roland Barthes, para profundizar esta asociación. El libro contemporáneo de Laporte y el clásico de Bourke constituyen referencias insoslayables para advertir las implicancias de ese objeto de aproximación teórica tan problemática que es el *escíbalo.* Designación lacaniana harto precisa, que ilustra más al *bolo fecal* que a las heces. Claro que, a la par, con dicha designación se evita el proferir, al tocar la cuestión, palabras procaces. Y a propósito, un grupo considerable de las llamadas «malas palabras» posee inequívoca referencia a las heces, al ano, a la defecación, al estreñimiento. Si alguien es afecto a ellas, vale decir, *coprolálico*, se dirá de él que es un «boca sucia», en un obvio deslizamiento del piso anal al oral.

El obsesivo será quien, por la manera en la que es capaz de provocar cierta torsión, cierta inflexión en el análisis, se postulará para asumir el lugar del objeto *a* anal, proponiéndose conforme con el destino propio de las heces: como deyecto, como objeto para ser expulsado. *Mas también, dada su condena original a alcanzar cualquier fin, busca hacerse autorizar —demandar— por el Otro.*

Volviendo al *cuadro fantemático* que estamos elaborando, incluiremos una tercera forma de relacionarse el sujeto con el Otro, la que se encuentra ligada al eje castración-falo; es la que queda caracterizada como *goce en el Otro*:

Fantemas	*a*	relación de S con A
retorno al seno materno seducción castración escena primaria novela familiar	pecho heces falo mirada voz	necesidad en el A demanda en el A goce en el A

Todo este nuevo encadenamiento posee una sólida congruencia, ya que parece caer por su propio peso. En el caso del objeto fálico, la cuestión rondará en torno de la tumescencia y la detumescencia (o afánisis del falo). Claro, ¿qué goza? Cabe recordar una vez más que el goce es localizado, focalizado, limitado al falo en su faz objetal. A partir de allí puede decirse, en este *Seminario*, que, siendo el goce fálico, no deja de convocar al situable en el Otro, como sentando una hipotética reversibilidad de las relaciones. *Este goce en el Otro, trabajado en adelante como «goce del Otro» —por ejemplo, en los Seminarios 19 y 20—, es propuesto por primera vez de modo sistemático en «La angustia».* Por ende, ¿es correcto hablar en términos de *pulsión fálica*? Resulta dificultoso el sostenerla como tal, por cuanto Lacan insiste en que *el falo no deja de deslizarse, como significante del deseo, de modo incesante*; así, el falo es una presencia virtual que no está, precisamente estando. Y allí, situamos su goce. *El goce en el Otro es correlativo de la articulación falo-castración —esta, borradora de la faz objetal de aquel—, desde el momento en que trata de erigirse dicha hipotética pulsión fálica.* La cual es difícil de concebir de un modo homogéneo, coherente, tal como inteligimos las restantes pulsiones —oral, anal, escópica e invocante—, dada la juntura, en aquella, tanto de la pulsión con el deseo como del significante con el objeto fálico. Este goce, aunque de difícil aprehensión por su apoyatura en algo que de continuo se sustrae porque sustenta su lugar en otro ámbito, es un paso necesario para dar pie a otra modalidad de relación del sujeto con el Otro. Se trata de una temática que Lacan iría a ampliar en extensión y riqueza durante el transcurso del *Seminario 11*, y que implica, claro está, *la mirada*. En *«La angustia»* denomina el piso respectivo *potencia en el Otro*:

Fantemas	*a*	relación de S con A
retorno al seno materno	pecho	necesidad en el A
seducción	heces	demanda en el A
castración	falo	goce en el A
escena primaria	mirada	potencia en el A
novela familiar	voz	

Ahora bien, resulta un tanto restrictivo llamar potencia a esta relación. Para ser más precisos, un vocablo más abarcativo sería lo indicado: cabría aquí realizar, entonces, una caracterización en términos de *omnipotencia.* Esta condición de la mirada es la que da lugar a que Lacan la postule, desde un inicio, como *algo que está afuera, y más aún, en todas partes.* Pero sin localización; en efecto, si el sujeto mira desde un solo lugar a un cierto punto que no es sino señuelo, previamente es mirado desde todos los puntos. Esta omnipotencia —ligada a una *omnividencia*— es, con justeza, aquello que se le atribuye en primer lugar a Dios. Dicha característica es primordial porque *merced a ella el Otro instituye el mundo y —creen quienes así lo creen— lo comanda.* Él lo puede todo porque en primer término es Aquel que todo lo ve, en tanto Ojo Universal. Lacan efectúa al respecto un razonamiento agudo, señalando que los dioses pertenecen a lo Real, connotando así su irreductibilidad al significante, a la historia, a la simbolización, al deslizamiento. De tal modo, *no hay progreso* ligado al avance de las ciencias o del conocimiento supuestamente objetivo que consiga tornar en decadencia e incredulidad la cuestión de la existencia de Dios. No se trata, por supuesto, de la adscripción al Dios de tal o cual religión; lo que está en juego en cualquier creencia es esta postulación de la omnipotencia a partir de la idea de un ojo abarcativo del Todo, que puede posarse en todas las partes a la vez, y que vigila todos los puntos del universo, conteste con *la «posesión contemplativa».* La noción de un panóptico —entendido al modo de Jeremy Bentham— se deriva de esta presunción de omnividencia propia del Ser Supremo. De allí que Lacan asegure que *la verdadera dimensión del ateísmo es la de quien logró eliminar el fantasma de lo omnipotente. Dicho fantasma, por otro lado, es la forma que adopta el Ideal del Yo para recubrir la angustia en este nivel.* Lo contrario será el creyente en sus más diversas variedades, de conformidad con las distintas construcciones teístas, entre las cuales se incluye también la categoría de aquellos que dicen que no creen en la existencia de dioses.

Un libro enrolado en lo que podría denominarse *filosofía histórica de la visión* despliega argumentaciones y arriba a conclusiones desprendibles de lo enunciado por Lacan. Se trata, en esta oportunidad, de *El espacio y la mirada*, de Jean Paris.

En el comienzo de dicho texto se plantea qué es la mirada en un cuadro, en un retrato, en cuanto mirante y mirado se implican en una relación recíproca, dual. Luego, Paris consigna lo que en la obra de autores como Brueghel aparecería como una pintura de no videntes; la diferencia radica en que allí se rompe con esa relación dual, con la reciprocidad. Con posterioridad, considera una serie de obras donde suele aparecer entrevista la abertura de los párpados, hasta detenerse, por fin, en una serie pictórica que le interesa en particular, la que alude a la cuestión que denomina de los *videntes.*

¿A qué llama «vidente» Jean Paris? En coalescencia con la enseñanza lacaniana, escribe: «Antes de cualquier otro atributo, Dios ve. El Sol es su Ojo, la lámpara del cielo, como el ojo humano será la del cuerpo [. . .] Todo el arte medieval, hasta llegar al corazón del Renacimiento, guardará este carácter celeste de Vidente que fundamenta el espíritu como una variedad de la Luz» [2]. Los desarrollos ulteriores del texto son por cierto atrapantes, incluso debido a su atractiva escritura, que roza lo poético. Por ejemplo, el párrafo siguiente: «Divino, humano, bestial, el dominio es, sin duda alguna, de origen visual, y al instante vemos cómo se dibujan dos clases de seres: los que lo ejercen y los que lo sufren. Lo que los primeros vean deberá evidentemente ser prohibido a los otros: de ahí la necesidad de estar ocultos que tienen los dioses». En síntesis, será dios aquel que llegue a ver sin ser visto.

A renglón seguido, y casi al unísono con Lacan, acota Paris: «La mirada es, pues, el principio de la potencia. Ver es ya conquistar, afirmar una posición mágica del objeto [. . .] Reflexionar, ver claro, ser lúcido, entrever un problema, percibir una solución, desvelar, dar luz, poner al día un punto de vista, una manera de ver, una visión del mundo, etc. De la "iluminación" a las "luces naturales", de las "ideas claras y distintas" al "reflejo" de los materialistas, a la "perspectiva" de los relativistas [. . .] Se concibe entonces por qué confusión la Mirada divina ha podido nacer de la nuestra, nutrirse de los privilegios que nos son denegados. Su campo es lo infinito: su claridad, como la de los astros, alcanza en todas partes distancias ilimitadas». Evidentemente, podrían seguirse muchos desarrollos a partir del comienzo de la citada obra, pero todos los planteos, a nuestro juicio, se condensan en esta brillante sentencia-conclusión: «A la mirada omnipotente de Dios se opone así la mirada débil del hombre» [3]. Más adelante, Paris ofrece una rigurosa seguidilla de autores clásicos citados con frecuencia por Lacan: «La analogía de la visión y del conocimiento aclara la ambición mística de descubrir el mundo por los mismos ojos de Dios. Para San Juan de la Cruz, Jakob Boehme, para Angelus Silesius, retornar a Él será, más allá de sus fronteras visuales, introducirse en su óptica, fundirse en ella [. . .] Ya conocemos las palabras del Maestro Eckhart: "El ojo por el que yo veo a Dios es el mismo por el que Él me ve"» [4]. Esta última frase es una célebre referencia mística que Lacan convoca de modo textual. En suma: Paris despliega un orden de razones que da cuenta de la temática de la potencia en el Otro en su ligazón con la mirada, y la ilustra de manera explícita.

Cabe resaltar, una y otra vez, la decisividad de este piso del cuadro, que es donde *el objeto* a *más se encuentra escamoteado*, debido a la síncopa, a la evanescencia, de su acción. Por otra parte, no debe olvidarse que es *el piso propio del fantasma*, y que *este es el instituyente de la realidad.* Además, reiteremos *la firmeza de los lazos que ligan la mirada con lo siniestro.*

En cuanto al último piso, que articula la novela familiar como fantema con el objeto *a* llamado voz, cabe incluir, como modalidad de relación del sujeto con el Otro, lo que Lacan llama —esta vez, con todo el peso derivado de la puntuación— *deseo en el Otro.* Se trata de *aquella relación que se encuentra más ligada con la cadena significante, que posee —es claro— su faz objetal en la voz*; esto es, se trata de *alcanzar la oreja del Otro para lograr que este lance su voz, oculta por el habla.* Así —tal como la mirada—, la voz no se separa del aspecto subjetivo del Otro, postulándose entonces como el sitio *princeps* para activar su deseo:

Fantemas	*a*	relación de S con A
retorno al seno materno	pecho	necesidad en el A
seducción	heces	demanda en el A
castración	falo	goce en el A
escena primaria	mirada	potencia en el A
novela familiar	voz	deseo en el A

El punto clínico por tomar en consideración en este nivel se plantea en torno de la recurrente problemática de la neurosis obsesiva. ¿Qué le sucede al *obsesivo* con su *deseo imposible*? Que no logra su realización, *deteniéndose en el énfasis de dicho fracaso*. Además, lo que hace de continuo, y por todos los medios, es intentar no realizar algo como obedeciendo a un deseo propio, sino buscando que eso le sea demandado por el Otro. «Yo no lo hago porque quiero —sería su coartada—, sino porque me lo piden». Es allí donde aparece la *demanda en el Otro, que «cubre» el deseo en el Otro.* Ahora bien, nos advierte Lacan al respecto que debe tenerse sumo cuidado cuando esto sucede en un análisis, es decir, cuando el obsesivo comienza a ubicarse con comodidad en el lugar de siervo del Otro, ya que si sucumbe a dicha condición *el sujeto se habrá identificado con las heces.* Vale decir que mientras el obsesivo aparece como obsequioso esclavo, pidiendo permiso, procurando a cada paso que el Otro le indique lo que debe hacer, ocultando así su propio deseo, en ese mismo movimiento *se está instalando en el lugar de desecho, en esa condición bajo la cual lo único que resta es ser arrojado como un desperdicio.* Se trata de un riesgo importante para tomar en consideración, ya que es un desvío para nada inusual en la dirección de la cura. Así, cuando se llega a esta situación, dicha cura no puede sino paralizarse —pese a la continuidad de las sesiones— merced a estériles «análisis» conductistas de las fantasías agresivas de rebeldía y/o de sumisión.

Tal como lo adelantamos en el capítulo anterior, la siguiente columna del *cuadro fantemático* involucra los *peligros.* Se trata, claro está, de lo trabajado por Freud en *Inhibición, síntoma y angustia* y en la *Conferencia 32ª* como «*situaciones de peligro*». A nuestro entender, ellas son también articulables en el cuadro aludido, por cuanto ilustran la aseveración lacaniana acerca de que el peligro del cual la angustia es señal no es otro que el de *la inminencia de la dación de lo cesible: el* a. O sea: ¿qué *a* quiere el Otro que yo sea para él? ¿Qué *a* quiere de mí (porque yo no lo sé)? O directamente: ¿qué (me) quiere?

Al primero de los peligros que cabe puntuar, ligado con el fantema del retorno al seno materno —que engendra al objeto *a* oral— y con la relación de necesidad en el Otro, ya lo hemos incluido en nuestro trabajo. Lo denominamos, con Freud, *desamparo (*Hilflosigkeit*), estado de desamparo. Se trata del estado de indefensión absoluta —«psíquica y motriz»— indicable, en la empiria, a partir de la situación configurada por el nacimiento del* infans:

Fantemas	*a*	relación de S con A	peligros
retorno al seno materno seducción castración escena primaria novela familiar	pecho heces falo mirada voz	necesidad en el A demanda en el A goce en el A potencia en el A deseo en el A	desamparo

A nuestro juicio, esta intelección freudiana da pie al modo en que Lacan concibe, en el *Seminario 20*, al niño: todo él como un objeto *a*. Vale decir que bajo la situación estructural en que es lanzado al mundo desde el Otro primordial, su específica cesión es la de la íntegra corporeidad. O sea, *un resto que no deja resto.* En el piso siguiente se marca *un momento ya más puntual en el cual algo se pierde, configurándose lo que Freud llama pérdida (del amor) del objeto.* Para llevarlo a un ejemplo imaginarizable —valedero—, supongamos a un sujeto en una situación en la que el Otro aparece como a punto de perderse, o de dejar de amarlo. *Esto cambia por completo la valencia de la presencia del Otro, ya que si no se cumple lo que el Otro demanda, dicha presencia puede devenir ausencia.* Reconocemos, en este planteo, la acción de la *seducción*, del *don* y del *trueque anal*:

Fantemas	*a*	relación de S con A	peligros
retorno al seno materno seducción castración escena primaria novela familiar	pecho heces falo mirada voz	necesidad en el A demanda en el A goce en el A potencia en el A deseo en el A	desamparo pérdida (del amor) del objeto

En lo que respecta al tercer peligro cabe reiterar, en su denominación, lo que antes hemos registrado en tanto fantema. Se trata, desde ya, de la *castración*, aquí en carácter de *amenaza para el sujeto*. ¿Qué implica? Que dicha amenaza vehiculiza la Ley, por cuanto es simbólica, trascendiendo así los límites defensivos del respectivo fantema. *La castración fuerza a ceder, entonces, en tanto instauradora peligrosa del falo, un goce al que se cree perdido y que es, en puridad, imposible.*

Yendo directamente al piso final, encontramos en el propio *Seminario 10* la orientación para dar con el peligro pertinente, ya que Lacan intercambia voz con *superyó.* Y el temor al superyó es otro de los peligros postulados por Freud. *¿Qué retorna en la voz, sino la ferocidad obscena de un saber inercial del Otro «prehistórico», conteste con las pautas de la «realeza» originaria de la novela, ante las cuales se cede la singularidad del deseo?*

Fantemas	*a*	relación de S con A	peligros
retorno al seno materno	pecho	necesidad en el A	desamparo
seducción	heces	demanda en el A	pérdida (del amor) del objeto
castración	falo	goce en el A	castración
escena primaria	mirada	potencia en el A	
novela familiar	voz	deseo en el A	superyó

Como puede advertirse, un piso decisivo —el ligado a la mirada— permanece en blanco. Falta una categoría, que no está nombrada en los textos freudianos. Para salvar esta ausencia, vamos a recurrir a una referencia extraída por Lacan de la etología. Aludimos —para ejemplificar al peligro en cuestión— a «la mantis religiosa de voraz deseo, a la cual ningún factor me une [. . .] [lo cual constituye un caso] ejemplar donde el Otro sería un radicalmente Otro». La referencia puede resultar hermética si no se toma en cuenta la fuente entre científica y literaria de la cual proviene este dato, y que no es otra que un conocido texto de Roger Caillois. Este cobijó varios estudios bajo la denominación de *ciencias diagonales.* En el libro titulado *Medusa y compañía*, en efecto, se inserta un breve texto sobre la mantis religiosa que Lacan trabaja con inteligencia. Escribe Caillois hacia 1960, en dicho volumen que une diagonalmente la zoología con la mitología, la antropología, la literatura y la psicología: «[. . .] he ensayado, hace ya casi veinte años, establecer una relación entre ciertos hechos en apariencia, y quizás en realidad, sin relación: las costumbres sexuales de la mantis hembra, que devora al macho durante el acoplamiento; el interés excepcional generalmente manifestado por el hombre respecto de este insecto, que lo tiene, sea por divino, sea por diabólico, casi en todas partes donde se lo puede encontrar: la Provenza, Grecia, Rhodesia, el sur de África; el pavor (*frayeur*),* en fin, del cual brindan testimonio numerosos mitos u obsesiones de que una mujer demoníaca devore, mate o mutile a aquel que se une a ella, en el momento y a favor de esa unión misma» [5]. Más adelante, Caillois se pregunta si resultan valederas estas comparaciones de carácter cuasi etológico o, más bien, del orden de la psicología comparada, y responde de modo afirmativo. Es notable advertir hasta qué punto las precisiones del ensayista francés «son lacanianas». Por ejemplo, señala que la mantis es un insecto, orden que se encuentra —en la escala zoológica— en un extremo opuesto al del hablante. Sin embargo, observa que una y otra especie poseen lenguaje, aunque en los insectos este sea un fenómeno excepcional como lo constituye el caso de las abejas, donde, a diferencia del *sapiens*, no es posible trascender los límites impuestos por «un código de señales fijas e inmutables» [6]. La «correspondencia» también se aprehende en la formación de sociedades complejas. Salvando las diferencias —cruciales, no hace falta destacarlo—, las similitudes son curiosas. Todo ello sirve a Caillois para trazar un sugestivo «paralelo» *entre la mantis religiosa y la mujer devoradora de tantos relatos míticos, o «fabulaciones»*. En las leyendas, dichas mujeres fascinan a sus presas con su mirada. La mantis hembra también paraliza al macho con sus ocelos, los cuales se encuentran excluidos de la vibración palpebral, de la afánisis. La mirada en sí, destaca Caillois mediante la enumeración de datos inicial, viene a ser devoradora, engullidora, «tragona» (del francés *engloutir*). Podría decirse que «come con los ojos», lo que constituye una expresión nada casual que encontramos en el lenguaje coloquial porteño. Al respecto, también cabe recordar cómo se caracteriza gráficamente a ciertas mujeres en tanto «comehombres». *La localización petrificante, y «afuera», de la mirada metaforizada por la mantis omnipotente, ilustra con propiedad lo cesible en este piso, cuya captura queda por lo usual obturada por el mundo y la realidad.* Dicha captura asegura contra la angustia, por cuanto la cesión, en el piso referido, pareciese no llevarse a cabo. Su emergencia, por ende, señala lo radicalmente Otro. En vir-

* Cf. el capítulo 5.

tud de todo ello, *proponemos nominar como mantis religiosa al peligro correspondiente al nivel escópico*:

Fantemas	*a*	relación de S con A	peligros
retorno al seno materno	pecho	necesidad en el A	desamparo
seducción	heces	demanda en el A	pérdida (del amor) del objeto
castración	falo	goce en el A	castración
escena primaria	mirada	potencia en el A	mantis religiosa
novela familiar	voz	deseo en el A	superyó

En el citado texto de Jean Paris, la relación que une la mirada con la devoración no se encuentra ausente. Es que a la postulación de la (omni)potencia en el Otro le es correlativa la de una impotencia en el sujeto, convertido, por el hecho de ser mirado desde los ocelos, en víctima.

Nuestro cuadro requiere, para finalizar su pertinencia, una nueva columna. En ella se registrarán los fantasmas, respecto de los cuales Lacan demuestra —en el *Seminario 14, «La lógica del fantasma»*— que constituyen cabales axiomas: *enunciados o frases taxativas, no susceptibles de cuestionamiento alguno en tanto «verdades» primordiales, y de las cuales cabe derivar consecuencias de modo coherente y consistente.* Así, las consecuencias de estos *axiomas fantasmales* estructurarán la vida de un sujeto. Al respecto y recordando el lugar del *a* en la fórmula del fantasma ($\$ \lozenge a$), cabe advertir que los *a* no son objetos que se ubican frente a él, sino que, antes bien, *el sujeto es su objeto en el fantasma.* Se trata, por lo tanto, de algo del orden del ser («es»). De modo que el primer axioma fundamental, relacionado con su respectivo piso, será no otra cosa que *el fantasma de ser engullido, ingurgitado nuevamente por el Otro primordial en una reabsorción desamparada por parte del seno materno*:

Fantemas	*a*	relación de S con A	peligros	axiomas fantasmales
retorno al seno materno	pecho	necesidad en el A	desamparo	ser engullido
seducción	heces	demanda en el A	pérdida (del amor) del objeto	
castración	falo	goce en el A	castración	
escena primaria	mirada	potencia en el A	mantis religiosa	
novela familiar	voz	deseo en el A	superyó	

Desde ya, afirmamos que el axioma en cuestión no remite a empiria alguna; de ningún modo mienta una antropofagia a punto de ser consumada. Lo que afirma es que el entonces pre-sujeto se relaciona con el Otro que busca devorarlo en función de su falta: la necesidad. *La angustia en cuestión se reconoce, entonces, como una angustia de devoración.*

En el piso siguiente se incluye un axioma fantasmal de abundante inserción en el habla cotidiana, por medio de las más variadas ilustraciones. Se trata de ese fantasma decisivo por el cual el sujeto se localiza en el lugar del objeto *a* anal. En términos tan coloquiales como contundentes, debemos consignar que se trata del *fantasma de ser cagado*:

Fantemas	*a*	relación de S con A	peligros	axiomas fantasmales
retorno al seno materno	pecho	necesidad en el A	desamparo	ser engullido
seducción	heces	demanda en el A	pérdida (del amor) del objeto	ser cagado
castración	falo	goce en el A	castración	
escena primaria	mirada	potencia en el A	mantis religiosa	
novela familiar	voz	deseo en el A	superyó	

Esta es una de las maneras habituales en que un sujeto puede lograr —mediante la puesta en acto de este fantasma— que el Otro demande de él que se coloque en el lugar del escíbalo, para conseguir ser eyectado, humillado, vencido, arrojado como desecho, etc. *Tomar en consideración este axioma fantasmal resulta fundamental para captar una función decisiva jugada en las neurosis de destino.* En la *compulsión al fracaso* reiterado*, por ejemplo, en la que pareciera cumplirse un designio demoníaco —Real— del cual el sujeto no puede sustraerse, en dicha compulsión, decíamos, este axioma tiene un rango preponderante. Así es como una y otra vez dicho sujeto se encuentra involuntariamente implicado en situaciones donde pasa a ocupar el lugar de las heces, lo que se corresponde con la pérdida (del amor) del objeto.

En el siguiente ítem cabe incluir un axioma relativo a lo que se nos ha presentado tanto como *fantema* cuanto como *peligro*: *la castración*. Se trata del ser mutilado —de manera simbólica, por supuesto—:

Fantemas	*a*	relación de S con A	peligros	axiomas fantasmales
retorno al seno materno	pecho	necesidad en el A	desamparo	ser engullido
seducción	heces	demanda en el A	pérdida (del amor) del objeto	ser cagado
castración	falo	goce en el A	castración	ser mutilado
escena primaria	mirada	potencia en el A	mantis religiosa	
novela familiar	voz	deseo en el A	superyó	

¿En qué consiste este ser mutilado? Implica un ser restringido, acotado, que conduce a la localización de un goce

* Cf. el capítulo 4.

que no puede ser sino parcial, dada la afánisis del falo $(-\varphi)$. *La mutilación conduce a imaginarizar la plenitud, como goce en el Otro. Así, mutilado, el sujeto es garante de la castración del Otro.*

En cuanto al cuarto nivel, ligado al *a* mirada, el axioma es, como corresponde al peligro encarnado por la mantis religiosa —la «posesión contemplativa» en función del «espejismo de potencia»—, el de *ser poseído*. Lo que se fantasmatiza es *la captura por la mirada del Otro*:

Fantemas	*a*	relación de S con A	peligros	axiomas fantasmales
retorno al seno materno seducción castración escena primaria novela familiar	pecho heces falo mirada voz	necesidad en el A demanda en el A goce en el A potencia en el A deseo en el A	desamparo pérdida (del amor) del objeto castración mantis religiosa superyó	ser engullido ser cagado ser mutilado ser poseído

El sujeto fantasmatiza, por consecuencia, el ser poseído por una mirada omniabarcativa. En cuanto al elemento que completa el cuadro, cabe señalar que se liga —en concordancia con el tema del origen y la novela familiar— con la llegada del sujeto a este mundo. El axioma en cuestión no será otro que el de ser parido *en forma no del todo honrosa*.

Apelando a nuestros modismos, podría decirse que se trata, específicamente, del *ser (mal) parido*:

Fantemas	*a*	relación de S con A	peligros	axiomas fantasmales
retorno al seno materno seducción castración escena primaria novela familiar	pecho heces falo mirada voz	necesidad en el A demanda en el A goce en el A potencia en el A deseo en el A	desamparo pérdida (del amor) del objeto castración mantis religiosa superyó	ser engullido ser cagado ser mutilado ser poseído ser (mal) parido

En nuestra habla cotidiana, referirse a alguien con el calificativo de «mal parido» no es otra cosa que una injuria que desacredita su honra en función de su origen, de su antecedencia materna.

Nuestro abordaje del *Seminario 10* concluirá, tal como él mismo lo pauta, con una última vuelta sobre el cuadro matricial desplegado en los dos primeros capítulos de nuestro trabajo. Se trata de una razón más para demostrar hasta qué punto el desarrollo de «*La angustia*» no obedece a un itinerario lineal y progresivo. Así, con el cuadro ya completo,

Lacan se propone realizar un examen de él con relación al segundo y al cuarto piso del grafo de los *a*, a los efectos de *calibrar las especificaciones que adoptan las variables del cuadro en función de los pisos aludidos*. Por otra parte, esta cuestión surge, una vez más, en aras de posicionar la condición de la neurosis obsesiva. Precisamente en torno de esta temática retomaremos el diagrama en el cual se habían ubicado, de modo diagonal, los elementos del tríptico freudiano que hace las veces de hilo rector de todo el *Seminario*: inhibición, síntoma y angustia, así como los restantes seis operadores. Estos, recordémoslo, tomaban posición en el cuadro conforme con gradientes de intensidad creciente regidos, en lo horizontal, por la *dificultad*, y, en lo vertical, por el *movimiento*. Poniendo a trabajar el cuadro a partir del establecimiento de estos términos iniciales, Lacan dispone nuevos elementos en este entramado de relaciones de vecindad y de doble entrada. Dicho de otra forma: centrándose en la problemática desiderativa del neurótico obsesivo, define cómo se va singularizando en ella cada uno de los factores en virtud del movimiento, de la dificultad y de los pisos del *a* anal y escópico. Ahora bien, en la medida en que este último brinda especificaciones más novedosas y completas —a nuestro juicio—, vamos a destacarlas de modo prioritario, si bien articuladas con los derivados anales. Desde lo anal, precisamente, encara la puesta a punto de la inhibición, en tanto primer ítem del cuadro. *De aquel «síntoma museizado», articulado en los comienzos del* Seminario, *pasa a caracterizarlo en función del deseo en juego.* Deseo que «puede tomar la función de lo que llamamos defensa». En la inhibición, lo que se logra es la introducción, en una función, de otro deseo, diferente de aquel que, de manera «natural», se encuentra implicado en la función satisfecha. Se entiende, así, por qué se erotizan funciones. No se debe olvidar, al respecto, la puntuación lacaniana del ejemplo clásico de Freud sobre esta cuestión, el cual ostenta el valor de apólogo: la inhibición obra sobre lo (loco)motor. Pero si sobre el punto señala que hay otro deseo que se superpone al deseo en cuestión, interponiéndose al primero, debe tomarse en cuenta que en dicha constelación *aparece otro término vinculado con tales deseos, por el cual el deseo se implica en la inhibición: se trata del acto.* Allí situamos, entonces, tres términos ligados: inhibición, deseo y acto, con los cuales comenzaremos el diseño de esta nueva versión del cuadro matricial:*

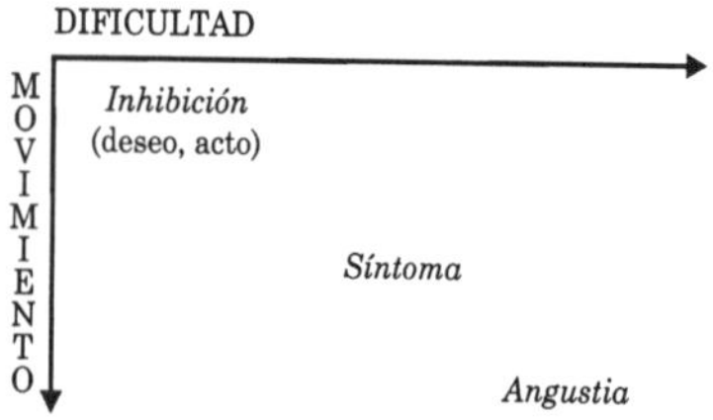

Respecto del acto, Lacan procesa un nuevo intento de precisión. Dice acerca de este concepto: «[. . .] es una acción [. . .] en tanto que en ella se manifiesta el deseo mismo que habría estado destinado a inhibirla». Como se aprecia, liga, en la definición de acto, la inhibición con el deseo. *Un acto, de ese modo, es la resultante tanto del deseo originario como del deseo destinado a inhibir el anterior (en tanto defensa).* Como lo sugiere su nombre, en la inhibición lo que se juega es una retracción fenoménica del sujeto. El acto, al contrario, supera la inhibición porque logra que se articule tanto un deseo como aquel otro que en principio estaba orientado a defender al sujeto del primero, *culminando en una acción*. Mas en este no se trata sólo de la motricidad —que es contingente—, sino de una «insistencia en lo Real» que tiene el carácter de «*una manifestación significante donde se inscribe [. . .] la desviación descartante (*écart*) del deseo*».

Ahora bien, el obsesivo, capturado en la estructura del segundo piso del cuadro fantemático (seducción-heces-demanda en el Otro, etc.), no cesa de apuntar también al cuarto piso —ligado al *a* mirada— para intentar el cumplimiento de su deseo. De modo paradójico, el deseo del neurótico obsesivo en torno de ello puede caracterizarse como *el deseo de no ver*:

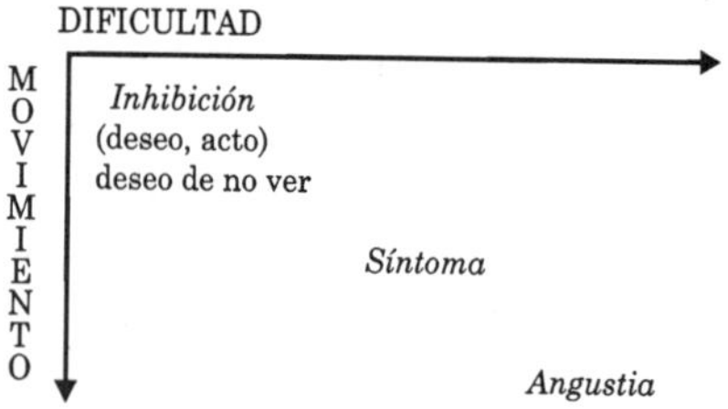

* Cabe consignar que nuestro trazado del cuadro no reproduce los dos del *Seminario* que tiene como referencia, por cuanto procura la incorpora-

Esta particular ceguera que el obsesivo busca no apunta a la dimensión trágica del enceguecimiento —ojos «a-terrados» de Edipo—, porque *«el drama humano no es tragedia sino comedia»*. En efecto, no busca sino cierta situación que podemos ilustrar parafraseando el viejo adagio: no hay mejor ciego que quien no quiere ver. Es una de las modalidades por medio de las cuales el sujeto obsesivo —ubicado en el lugar de la inhibición— procura articular un *deseo* que, por definición, le es resaltantemente *imposible* [7]. *La angustia, por otro lado, resulta rechazada en función del prendimiento por parte de la imagen especular*, i(a).

Como hemos señalado, Lacan postula en un escalón de mayor movimiento que la inhibición a aquello que nomina *emoción*. Allí, ubicará un nuevo término, ligado al *desconocimiento propio de otro tipo de deseo, el deseo de no saber*:

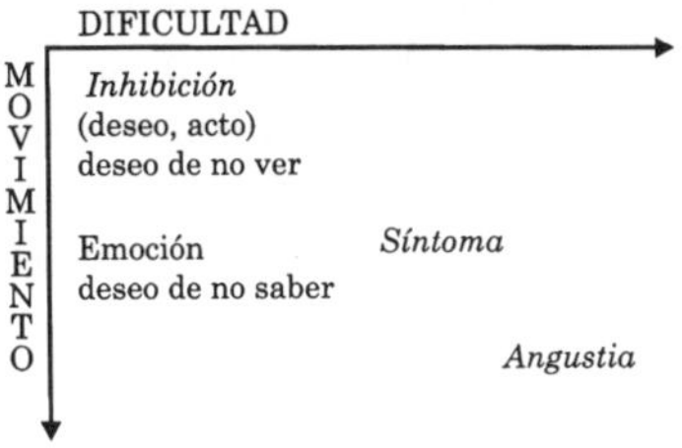

Dicho deseo de no saber acarrea, en su operancia, un problema, por cuanto esta operancia pone en juego la angustia ante un desconocimiento. ¿Cuál? El que puntúa que el sujeto no sabe, en dicha situación, lo que el Otro quiere de él. De modo tal que, *en su intento por «alcanzar» la consumación desiderativa defendiéndose con otro deseo, el obsesivo queda expuesto como presa fácil al Deseo del Otro*. Es así como el *deseo* se posiciona en el lugar que, en un principio, Lacan reservaba a la *emoción*.

En cuanto al grado de máximo movimiento, que en la primera exposición del cuadro era ocupado por lo que se denominaba *turbación*, ahora, en lo escópico, le corresponderá la ubicación del *Ideal del Yo*. Esta variancia se justifica en el hecho de que *el Ideal «es lo más cómodo de introyectar del Otro»*. Precisamente, el Ideal se forma a partir de un trazo del Otro; siguiendo a Freud, decimos que se trata del *trazo*

---

ción explícita de articulaciones cuyo desarrollo no se encuentra contemplado por el diseño visual de aquellos.

unario. Pues bien, *dicha introyección morigera la angustia por cuanto parece poder responder, por vía identificatoria, a la cuestión del sujeto respecto del Otro, o sea, de su deseo por lo cesible procurado.* Cabe registrar en el esquema, de ese modo, al Ideal tal cual se escribe en la notación lacaniana, esto es, como *I(A)*:

DIFICULTAD →			
MOVIMIENTO ↓	*Inhibición* (deseo, acto) deseo de no ver		
	Emoción deseo de no saber	*Síntoma*	
	Turbación I(A)		*Angustia*

En el lugar que sigue a la inhibición, en cuanto a un gradiente mayor de dificultad, Lacan ubicará otro fenómeno ligado a la experiencia del obsesivo. Allí donde había situado el *impedimento*, subrayará ahora, de consuno, una condición de *impotencia*, a la que asevera como correlativa para sostener el previo deseo de no ver. Mas este «estar cazado en la trampa» no es, claro está, tan sólo redoblamiento de la inhibición; así, *la impotencia, el no poder, es también un no poder cumplimentar cabalmente el deseo de no ver, y el deseo de retener. Compulsión, en este último caso, y «pispeo» angustiante del* a, *en el primero, son sus consecuencias.* Ahora bien, recordando que el de *la mirada es el piso de la potencia en el Otro*, la mentada impotencia remite de modo necesario a su antítesis, a la que Lacan ubica en el lugar central de la matriz. Por consecuencia, *la postulación de la impotencia en el impedimento se corresponde con el fantasma de omnipotencia del Otro en el lugar del síntoma.* En verdad este fantasma, como vimos, no es sino la potencia en el Otro, modalidad por la cual el sujeto se encuentra poseído y puesto bajo el dominio de aquel, lo cual se verifica en la cesión conocida como síntoma. De modo que el par impotencia-omnipotencia encontrará la siguiente ubicación en el cuadro:

DIFICULTAD →			
MOVIMIENTO ↓	*Inhibición* (deseo, acto) deseo de no ver	Impedimento impotencia	
	Emoción deseo de no saber	*Síntoma* omnipotencia	
	Turbación I(A)		*Angustia*

Podría decirse que el *síntoma* —en una de sus lecturas— no es sino *el intento desiderativo de cumplimiento, en el fantasma, de la omnipotencia del Otro.* El sujeto se somete a ese Otro todopoderoso, presentado con frecuencia en la problemática obsesiva como Dios —recordemos: el Vidente de Paris—, y derivando el síntoma hacia una construcción ideativa de tipo religioso. En efecto, *el síntoma resulta ser, como Dios, impredecible, ingobernable e inescrutable.*

En el sitio correspondiente al *acting-out,* sorpresivamente, Lacan ubica otro concepto, al que ya consideramos en el capítulo 4, el de duelo:

MOVIMIENTO ↓ / DIFICULTAD →		
Inhibición (deseo, acto) deseo de no ver	Impedimento impotencia	
Emoción deseo de no saber	*Síntoma* omnipotencia	
Turbación I(A)	*Acting-out* duelo	*Angustia*

No es infrecuente advertir en el neurótico obsesivo una condición depresiva, la cual carece del autorreproche característico del melancólico. Este, por su parte, constituye la apoyatura clínica para proponer aquello que escribirá ya no en el lugar del *acting-out*, sino en el del *pasaje al acto*. Muy cerca de la angustia, ocultándola, situará allí esa variedad última de la acción con abandono de la escena: se trata del *suicidio (dominantemente, el del melancólico, por cuanto el del obsesivo es un fantasma de suicidio)*:

MOVIMIENTO ↓ / DIFICULTAD →		
Inhibición (deseo, acto) deseo de no ver	Impedimento impotencia	
Emoción deseo de no saber	*Síntoma* omnipotencia	Pasaje al acto suicidio
Turbación I(A)	*Acting-out* duelo	*Angustia*

El suicidio conforma el paradigma, el apólogo, de lo que caracteriza, en lo escópico, un pasaje al acto. Luego, en el lugar correspondiente a la angustia —a partir del inicial tríptico freudiano— permanecerá imperturbable el término y la experiencia que dan título al *Seminario 10.* Obviamente, se trata de la angustia, «siempre en tanto que encubierta».

Queda, no obstante, un blanco por ocupar: el que antes había pertenecido a la condición que Lacan denominó «embarazo».

En los pasajes en los que introdujimos este vocablo señalamos que la referencia apuntaba en especial a lo que significa una situación embarazosa. Es aquella en la cual el sujeto padece *la máxima dificultad ante lo que implica el salir airoso frente al obstáculo presentado*. Al respecto, hacia el final del *Seminario 10*, Lacan consumará nuevamente un giro inesperado, ocupando el lugar con un término que, además de aludir a un elemento específico, constituye el título de una obra de Sören Kierkegaard de provechosa lectura para inteligir una de las fuentes inspiradoras del *Seminario*, el *concepto de angustia*:

MOVIMIENTO ↓ / DIFICULTAD →		
Inhibición (deseo, acto) deseo de no ver	Impedimento impotencia	Embarazo concepto de angustia
Emoción deseo de no saber	*Síntoma* omnipotencia	Pasaje al acto suicidio
Turbación I(A)	*Acting-out* duelo	*Angustia*

Una nueva versión del cuadro matricial de la angustia

El citado «concepto», claro está, «tiende a» la angustia. Sin embargo, *el orden conceptual donde el fenómeno angustiante parece así involucrado, de alguna manera obtiene su domesticación por la circunstancia de ser atrapado en el terreno simbólico del significante, lo cual configura su límite.* Si hay significante, hay deslizamiento; por ende, como ya hemos señalado, no puede dejar de haber engaño. *La angustia a secas, por el contrario, posee un aplastante grado de certeza, por cuanto es la «única conexión» con lo Real, y, como tal, constituye la «única aprehensión (*prise*) última, y, como tal, de toda realidad».* El concepto de angustia implica, entonces, un orden atenuado de lo que es la angustia propiamente dicha, ya que simbólicamente no tiene lugar la aludida conexión «verdadera». Apoyo de Lacan en Kierkegaard, entonces, que lo distancia de Hegel.

En el apéndice C de *Inhibición, síntoma y angustia*, uno de los principales puntos por procesar, según las preocupaciones que el propio Freud considera irresueltas, es el de la relación entre *duelo* y *angustia.* En cuanto a su manifestación visible, notoria, se trata de dos cuestiones que no parecen tener demasiado parentesco. Sin embargo, volviendo a la problemática, Lacan se pregunta: *¿por qué señala Freud que duelo y angustia se refieren, ambos, a pérdidas de objeto?* Y siendo así, ¿qué diferencias hay entre tales pérdidas?

En el caso de la *angustia*, la situación es pronto esclarecida. Este fenómeno se produce *ante la amenaza de cesión inminente del objeto* a-*Cosa.* Así la implicación mienta de modo directo el orden del *deseo* y de sus avatares. En cambio, en lo que toca al *duelo,* Lacan destaca —y el cuadro lo ilustra— que estamos en el territorio del *Ideal*. Por lo tanto, nos encontramos relacionados decisivamente con el fenómeno del *amor*, el cual, dada su determinación narcísica, sostiene al deseo mediante i(a) llevado a i'(a), antes que hacerlo mediante el *a* mirada. Este, entonces, permanece oculto, a pesar de ser «el verdadero objeto de la relación». Es que *el trabajo del duelo consiste en consumar, de nuevo, «la pérdida provocada por el accidente del destino del objeto amado».* Ligando uno a uno, con minuciosidad, recuerdos y esperanzas enlazados con dicho objeto, en verdad se procura, mediante ello, *restaurar el nexo con el* a *oculto, al que, por último, se le podrá encontrar un nuevo sustituto.* Es que el objeto perdido —i'(a)— también era un sustituto del *a*. Por otro lado, *en el* acting-out *dicho sustituto se monta sobre la escena, señalando una homología con el trabajo que realiza el duelo con el objeto.*

Propuesta esta intelección para el caso del duelo, Lacan posiciona de inmediato la melancolía, haciéndose eco del clásico texto freudiano. En ella, el suicidio da cuenta, en su aludido valor de apólogo, de otra dialéctica entre *a* —cuarto nivel, siempre— e i'(a), concebida y entendida como tránsito «realista», dado en la «realidad», de i(a). Es que *la imagen especular, en el caso del suicidio, no cumple otra función que la de ser quitada del medio*. Hay que atacarla hasta las últimas instancias, para llegar de esa manera al desconocido y oculto objeto *a*, *atravesando el marco*, *la ventana, del fantasma.* El acto consecuente con ese objetivo, en su máximo extremo, no es sino *la defenestración del sujeto*, *identificado de modo absoluto con el* a. Siendo *a*, cae, se precipita.

Otra puntuación incluida por Lacan en los tramos finales de *«La angustia»* hace a la cuestión de la *manía*. En el maníaco, apunta, «*lo que está en juego es la no-función del* a»; no su desconocimiento. Al no existir dicha función, que instaura un corte en la cadena significante «lastrando» al sujeto, se produce —como dato clínico— la *fuga de ideas*. El sujeto se ve conducido por una incesante y —aparentemente— caótica serie de asociaciones, donde una mínima traza da pie valedero a la que le sigue, y así sucesivamente, en una metonimia «infinita y lúdicra». La consideración de la manía, así como la de la melancolía, abre de tal forma un territorio distinto del registro propio del duelo-Ideal-amor, si bien su fecunda caracterización no es sino inicial y programática. De todas maneras, dicha indicación da la pauta de la productividad del entramado dispuesto por Lacan al final del *Seminario 10*. Es que el cuadro matricial se revela, así, como un operador conceptual apto para producir distintas combinaciones —por ejemplo, con base en cada uno de los pisos del *a*— a partir de la combinatoria originaria.

Dicho de otra forma: más allá de ser un gráfico descriptivo, es, por la articulación de sus términos, *una genuina maquinaria conceptual*. Cabe solamente ponerla a trabajar para que muestre sus resultados. Lo cual, sin duda, vale para el conjunto de este impar *Seminario* lacaniano cuya introducción así, y aquí, finaliza.

Referencias bibliográficas

[1] D. Laporte, *Historia de la mierda*, Valencia: Pre-textos, 1980, pág. 43, bastardillas en el original.

[2] J. Paris, *El espacio y la mirada*, Madrid: Taurus, 1967, págs. 26-7.

[3] J. Paris, *op. cit.*, págs. 36-9.

[4] J. Paris, *op. cit.*, pág. 45.

[5] R. Caillois, *Méduse et Cie.*, París: Gallimard, 1960, pág. 25.

[6] R. Caillois, *op. cit.*, pág. 27.

[7] R. Harari, «El obsesivo llega a la conclusión (Acerca del deseo imposible)», en *¿De qué trata la clínica lacaniana?*, Buenos Aires: Catálogos, 1994, págs. 115-27.

Otros títulos de esta biblioteca

Paul-Laurent Assoun, Lacan
Roland Chemama y Bernard Vandermersch (bajo la dirección de), Diccionario del psicoanálisis
Joël Dor, Estructuras clínicas y psicoanálisis
Jean-Baptiste Fages, Para comprender a Lacan
Sándor Ferenczi, Sin simpatía no hay curación. El diario clínico de 1932
Sigmund Freud, Cartas a Wilhelm Fließ (1887-1904). Nueva edición completa
Roberto Harari, ¿Cómo se llama James Joyce? A partir de «El Sinthoma», de Lacan
Roberto Harari, El Seminario «La angustia», de Lacan: una introducción
Roberto Harari, Las disipaciones de lo inconciente
Philippe Julien, Psicosis, perversión, neurosis. La lectura de Jacques Lacan
Sylvie Le Poulichet, Toxicomanías y psicoanálisis. Las narcosis del deseo
Octave Mannoni, La otra escena. Claves de lo imaginario
Juan David Nasio, Los ojos de Laura. El concepto de objeto *a* en la teoría de J. Lacan
Juan David Nasio, comp., El silencio en psicoanálisis
Gérard Pommier, El amor al revés. Ensayo sobre la transferencia en psicoanálisis
Gérard Pommier, El orden sexual
Gérard Pommier, Louis de la Nada. La melancolía de Althusser
Denis Vasse, El ombligo y la voz. Psicoanálisis de dos niños